KB273341

우리 언어문화의 수수께끼

배희임   우리말의 문장과 의미에 관심이 많았다. 특히 우리말 피동표현의 원리를 심층적으로 연구했던 국어학자였다. 국어학의 대중화에 관심이 많았으며, 외국인을 위한 한국어 교육에 매진하다가 영국에 교환교수로 가 있던 중 안타깝게도 2003년 6월 작고했다. 〈국어피동연구〉(1988), 〈국어학개론〉(2001) 등의 저서가 있고, 〈한국어 교육의 이론과 적용〉, 〈중기국어의 격〉, 〈중국에서의 한국어 학습을 위한 교재 연구〉, 〈외국인의 학습 과정을 고려한 '한국어문법 학습사전' 집필에 대한 연구〉 등 다수의 논문이 있으며, 배재대학교 국어국문학과 교수를 역임했다.

박영준   다양한 층위의 말에 대해 관심을 가졌고, 말의 신비함에 빠져 하루하루를 보내던 국어학자였다. 우리말의 역사에 대한 탐구와 우리말글의 대중화 작업에 매진하다가 안타깝게도 2007년 11월 작고했다. 〈명령문의 국어사적 연구〉(1994), 〈관용어사전〉(1996), 〈우리말의 수수께끼〉(2002), 〈광고언어연구〉(2003), 〈한국어가 사라진다면〉(2003), 〈영어 공용화 국가의 말과 삶〉(2004), 〈역사가 새겨진 우리말이야기〉(2006), 〈광고언어론〉(2006), 〈광고언어창작론〉(2007) 등의 저서를 냈으며, 부경대학교 국어국문학과 교수를 역임했다.

시정곤   우리말과 우리글에 대해 관심을 가지고 연구해 왔다. 말글 속에 숨어 있는 무한한 힘과 놀라운 질서의 세계에 매료되어 그 비밀을 찾는 연구자가 되었다. 대중들과 호흡하는 말글살이 연구를 지향한다. 〈국어의 단어형성 원리〉(1994), 〈논항구조란 무엇인가〉(2000), 〈우리말의 수수께끼〉(2002), 〈한국어가 사라진다면〉(2003), 〈북한의 문법 연구와 문법 교육〉(2004), 〈역사가 새겨진 우리말이야기〉(2006), 〈현대국어 형태론의 탐구〉(2006), 〈조선언문실록〉(2011), 〈박승빈〉(2015), 〈한글과 과학문명〉(2018) 등의 저서를 냈으며, 현재 카이스트(KAIST) 디지털인문사회과학부 교수로 있다.

우리 언어문화의 수수께끼

초판 인쇄   2025년 10월 1일
초판 발행   2025년 10월 14일

지은이   배희임, 박영준, 시정곤
펴낸이   박찬익
편집   이기남
책임편집   권효진
펴낸곳   ㈜박이정   ▌주소 경기도 하남시 조정대로 45 미사센텀비즈 F827호
전화   031-792-1195   ▌팩스 02-928-4683
홈페이지   www.pijbook.com   ▌이메일 pijbook@naver.com
등록   2014년 8월 22일 제2020-000029호
ISBN   979-11-7497-013-8 (03710)

가격   19,000원

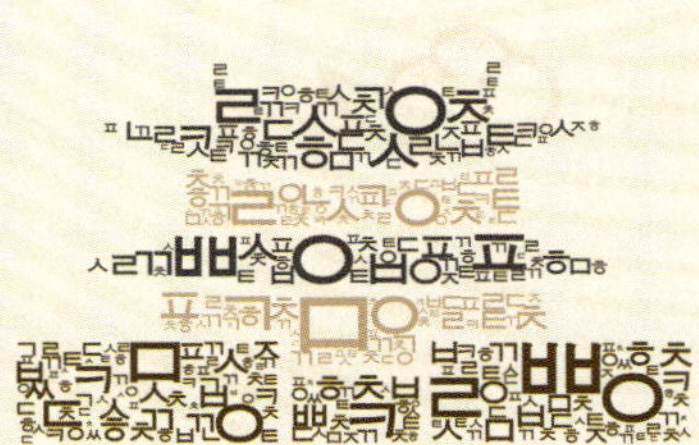

우리 언어문화의
수수께끼

글 배희임·박영준·시정곤

박이정

한류(K-culture)가 전 세계로 퍼져나가고 있다. 세계인의 심금을 울리는 K-드라마, 세계인을 열광케 하는 K-팝, 세계인의 입맛을 사로잡는 K-푸드, 노벨문학상으로 세계인의 마음을 사로잡은 K-문학에 이르기까지. 이러한 열기는 우리 전통문화를 배경으로 한 애니메이션 『케이팝 데몬 헌터스(KPop Demon Hunters)』(2025)로 이어지는 듯하다. 만화영화 한 편이 세계 음악과 문화 시장을 석권하고 있다. 영화 속에서 남녀 아이돌이 부르는 노래와 그들이 즐기는 우리 문화 코드는 이제 세계인의 공유 코드가 되었다. 바야흐로 한류의 시대가 아닌가.

이러한 흐름에 맞춰 국내외에서는 한국어와 한국문화에 대한 관심이 어느 때보다 높아지고 있다. 국립중앙박물관 방문자는 이제 세계 유명 박물관에 버금가는 수준이 되었고, 세계 각국에서 한국어와 한국문화를 알리는 첨병인 세종학당은 141개소나 개설될 만큼 비약적인 성장을 했다. 세계인들이 우리말로 노래하고 우리 전통놀이를 함께 즐기는 시대에 살고 있다.

한류는 세계인과 더불어 우리 대중들도 열광시켰다. 언제부터인가 우리 대중들은 우리말과 우리 문화에 대해 많은 관심을 기울이기 시작했으며, 자긍심 또한 높아만 갔다. 우리말의 맛갈스러움을 새롭게 발견하고 우리 문화의 깊이를 음미하고 멋스러움을 만끽하기 시작했다. 그 옛날 서양말과 서양문화를 일방적으로 동경하던 때가 있었다. 문화적 사대주의라는 말까지 나왔지만, 이제는 옛말이 되었다. 우리나라는 이제 문화강국으로 세계 문화를 이끌어가고 있다.

저자들은 우리말글을 연구하는 사람이다. 우리말글의 참맛을 일반 대중들에게 어떻게 전달할 수 있을까, 또 세계인에게는 어떻게 설명할 수 있을까 하는 생각이 이 책의 출발점이었다. 서점에서 〈한국어와 한국문화〉에 대한 책을 어렵지 않게 만날 수 있다. 내용도 알차고 짜임새도 있어 관련 전공자에게 도움이 될 것이다. 그러나 아쉽게도 일반인들이 접하기에는 조금 딱딱하고 일방적인 지식 전달 방식이 주를 이룬다는 점이 특징이다. 기존 책들의 딱딱함에서 벗어나 일반 독자가 재미있고 흥미롭게 한국어와 한국문화를 음미하면서 그 참맛을 느껴보도록 도움을 줄 수 있는 교양서가 필요하다고 생각했다.

이를 위해 이 책에서는 우리말과 우리문화의 접점이 되는 15가지 키워드(심리, 관념, 정서, 계급, 종교, 어원, 문자, 노래, 욕, 외래어, 말놀이, 의식주, 변화, AI)를 중심으로 흥미롭게 이야기를 풀어가는 형식을 취했다. 단순한 지식이나 정보는 인터넷에 차고 넘치기 때문에, 좀더 세밀하고 재미있는 배경이나 에피소드 중심의 이야기를 통해 문화 속에 숨 쉬는 우리말의 맛을 느껴보도록 하자는 취지였다. 각 장은 역사적 흐름에 따라 다시 3가지 주제로 나누고, 주제마다 다시 3가지 하위 항목으로 나누었다. 어느 주제, 어느 꼭지를 펼치더라도 독자들은 쉽고 재미있는 우리말 이야기를 접할 수 있을 것이다. 따라서 군이 책을 처음부터 순서대로 읽지 않아도 된다.

사실 저자들이 이 책의 초고를 쓴 것은 아주 오래전으로 거슬러 올라간다. 2001년 한국학술진흥재단(현 한국연구재단)의 멀티미디어콘텐츠 제작 연구과제에 〈한국어와 한국문화〉가 선정되면서이다. 그때는 지금처럼 한류의 바람이 거세게 불지도 않았으며, 우리말과 우리문화가 세계인에게 드문드문 선을 보일 때였다. 이듬해 연구 결과물을 제출하고 한시적으로 온라인 공개를 하기도 했다.

부족하지만 우리 결과물에 대해 여러 전문가들이 좋은 평을 해주셨고 책으로 출간하여 좀더 많은 이들이 활용했으면 좋겠다는 의견도 주셨다.

더불어 여러 출판사에서 책을 내보자는 권유을 받기도 했다. 이러한 호응에 힘입어 저자들은 아쉬운 점을 보강하여 조금 더 알찬 책으로 출간할 계획을 세웠지만 뜻하지 않은 복병을 만나게 되었다. 안타깝게도 2003년 영국에 교환교수로 가셨던 배희임 교수님이 불의의 사고로 세상을 떠나신 것이다. 그리고 몇 년 후 2007년 박영준 교수님도 유명을 달리하시면서 우리의 출간 작업은 멈춰버린 채 원고는 창고 깊숙이 묻히고 말았다.

15년 전 할머님이 돌아가셨다. 할머니가 사시던 텅빈 시골집을 나는 어쩌지 못하고 여전히 소유하고 있다. 시간이 흐르면서 기왓장이 하나둘 떨어지고, 벽이 금이 가고, 서까래가 여기저기 무너지기 시작했다. 태풍이라도 부는 날에는 지붕이 들썩거리며 하나둘씩 구멍이 생겨 빗물이 떨어지기 일쑤였다. 이러지도 저러지도 못한 채 한 참이 흘렀다. 차라리 시골집을 허물고 새로 집을 짓는 게 더 낫다는 건축업자의 말이 더 이치에 맞을 것도 같았지만, 그래도 조부모님과 부모님의 체취가 사라질 것만 같아, 어떻게든 집의 골격을 유지하면서 수리하는 방법을 찾고 있다.

이 책은 나에게는 할머니의 시골집 같은 존재이다. 많은 시간이 흘러 원고를 새로 써볼까도 생각해 봤으나, 두 분과 함께 나누었던 수많은 이야기와 고민과 아이디어가 여전히 귓가에 맴돌았다. 나는 두 분의 체취를 고스란히 담으면서 최대한 잘 수리를 해보기로 했다. 초고를 중심으로 하되 낡고 바랜 부분을 고치고 깁고 다듬어보기로 했다. 세 사람이 처음 구상했던 방향과 정신은 그대로 살리되, 지금 독자에게 어울리지 않는 부분은 빼고 따끈따끈하고 참신한 내용들을 새로 보탰다. 독자들도 이 책에서 우리말과 우리문화에 대한 두 분의 열정과 노력의 흔적을 느껴보았으면 좋겠다.

이 책은 일반인을 위한 교양서로 쓰였지만, 대학에서 〈한국어와 한국문화〉 강의의 교재로도 활용이 가능할 것이다. 이를 위해 한 학기 강의에 맞춰 16개 장으로 구성했으며, 각 장의 마지막에 '생각거리·토론거리'를 두어 주제에 대해 함께 생각해 볼 자리를 마련했다. 또한 책 말미에는 '더볼거리·더읽을거리'란을 두어 한 걸음 더 깊이 탐구할 수 있도록 했다. 더 나아가 외국인을 위한 한국어 교육 현장에서도 활용될 수 있다. 특히 좀더 심도 있는 한국어 학습을 원하는 외국인들에게 도움이 되지 않을까 생각한다.

초고를 토대로 책을 새롭게 집필하는 작업은 만만치 않았다. 주춧돌을 손상하지 않으면서도 현대의 옷을 매끄럽게 다시 입히는 과정이 쉽지는 않았다. 다양한 자료를 뒤져보고 여러 문헌을 찾아보면서 내용을 깁고 더하고 새로 다듬어나갔다. 책에 있는 일러스트는 생성형 AI(ChatGPT4)를 활용하여 삽입했다. 도움을 받은 문헌 자료에 대해 꼼꼼하게 언급하려고 노력했지만 오래된 원고의 경우 출처를 다 찾지 못한 경우도 없지 않을 것이다. 기대에 못 미치는 부분이 있다면 그것은 모두 필자의 부족함 때문이다. 널리 혜량하여 주시기 바란다.

마지막으로 원고 이상으로 좋은 책을 만들어 주신 박이정 출판사의 박찬익 사장님과 권효진 편집장님께도 감사드린다. 이 책이 우리말과 우리 문화에 관심을 가진 이들에게 조그마한 디딤돌이라도 되었으면 하는 바람이다. 20여 년 전 저자 세 사람이 함께 모여 머리를 맞대고 토론하던 그 장면이 아직도 눈에 선하다. 배희임, 박영준 두 분은 먼저 떠나셨으나, 우리말글에 대한 두 분의 사랑과 열정은 이 순간에도 생생하게 메아리치는 듯하다. 두 분의 영전에 이 책을 바친다.

2025년 9월
시 정 곤 씀

목 차

언어와 문화는 어떤 관계가 있을까?

문화 속에 살아 숨쉬는 언어

흔히 우리나라 사람은 국물을 먹을 때 "아~, 시원하다!"고 한다. 부글부글 끓고 있는 된장찌개든 고춧가루를 풀어 얼큰한 콩나물국이든 아니면 김치가 듬뿍 들어간 김치찌개든지 간에 뜨거운 국물 한 숟갈 입에 떠 넣으며, '시원하다'고 탄성을 지른다. 그러나 서양 사람들은 그 장면을 보고 도무지 이해가 가지 않는다는 표정이다. 아니 그렇게 뜨겁고 매운 국물이 어떻게 시원할 수 있다는 것인가. 한국문화를 잘 모르는 그들에게 뜨거운 국물은 결코 'cool'이 아니다. 그것은 단지 'hot'이기 때문이다. 따라서 그들이 우리가 뜨거운 국물 음식을 먹으면서 연발하는 '시원하다'의 의미를 이해하기란 쉽지 않다.

어느 외국인 번역가가 한국어를 번역하면서 어려운 단어로 꼽은 것이 다양한 매운 표현이란다. 특히 '칼칼하다, 매콤

하다, 얼큰하다'를 구분해서 번역하는 것이 어렵다고 한다. 그 번역가가 이 세 단어를 구분하는 기준은 이렇다. '칼칼하다'는 일단 목이 따끔거릴 만큼 매워야 하고, '매콤하다'는 떡볶이를 먹을 때처럼 맵지만 달콤한 맛이 들어가 있어야 하고, '얼큰하다'는 일단 국물이 맑아야 한다는 것이다. 이것은 정확한 구분법은 아닐지라도 문화가 다른 외국인의 시각에서 우리 감정 표현의 특징을 잘 잡아낸 것이니 흥미롭지 않은가.

이처럼 언어는 그 민족의 문화와 떼려야 뗄 수가 없는 밀접한 관계가 있다. 이 장에서는 한 언어와 그 언어를 사용하는 민족의 문화 사이에는 도대체 어떤 관련이 있는가를 살펴보고, 우리말과 우리글이 우리 민족문화의 형성에 어떠한 역할을 하며 또 민족문화는 언어의 발전에 어떠한 기여를 하고 있는가를 이해하도록 한다.

미리 한번 생각해보자

- 해외 배낭여행을 하면서 "이점은 우리와 정반대네~"하고 생각한 적이 있는가? 있다면 어떤 점이 그러했는가?
- 우리의 전통적인 세시풍속(정월대보름, 단오 등)을 외국인에게 설명한다고 가정할 때 어떠한 어려움이 예상되는가? 언어 번역에서 이러한 어려움은 무엇 때문에 생기는 것일까?
- 한국어와 영어의 공통점과 차이점은 무엇인지 생각해보자.

1. 문화 속에 숨쉬는 언어

한류(K-culture)가 전 세계로 퍼져나가고 있다. 세계인들은 한국말로 한국 노래를 부르고 한국 드라마에 열광하며 한국 음식의 맛에 푹 빠져 있다. 이러한 분위기에 발맞춰 한류의 고향인 우리나라를 찾는 외국인들이 급증하고 있다. 만약 여러분이 외국 사람에게 한국의 대표적인 음식을 하나 추천한다면 무엇을 추천하겠는가? 김치찌개? 불고기? 잡채? 떡볶이? 한 설문조사에 따르면 외국인들이 가장 먹고 싶은 한식 메뉴 1위는 '비빔밥'이었고 한국 술은 '소주'였다(2024 〈한식진흥원〉).

특히 최근에는 20~30대 젊은 외국인 관광객들이 가장 먹고 싶어하는 한식 메뉴로 '국밥'이 등장했다고 하니(『조선일보』 2024.10.05.) 이제 한국 음식은 우리만의 전유물이 아니라 세계인의 공유물이 된 느낌이다. 이처럼 세계인이 함께 즐기는 우리 음식에는 한국의 역사와 전통과 문화가 담겨 있다. 그 나라 사람들의 과거와 현재의 이야기, 민족성, 풍습들이 음식에 고스란히 담겨져 있는 것이다. 그렇기에 해외여행 중에 그 나라만의 독특한 매력이 있는 음식을 만나보지 못하고 돌아오는 것은 그 나라의 가장 큰 문화를 놓치고 오는 것이 아닐까.

문화란 무엇인가?

지난 2023년 우리나라에서 결혼한 10쌍 중에 한 쌍은 다문화 혼인이라는 통계청 발표가 나왔다.(『경향신문』

한국의 대표 발효음식, 김치, 서양의 대표 발효음식, 치즈

2024.11.07.) 코로나 사태 이후 국제결혼은 증가세이며 '한국 남자-외국 여자' 커플이 70%를 차지하고 있다. 바야흐로 한국 사회도 다문화 사회로 진입하고 있는 셈이다. 그러나 이렇게 국경을 초월해 결혼한 부부 세 쌍 중 한 쌍은 5년도 못살고 헤어진다고 하니 이 또한 커다란 충격을 주고 있다.(『아시아경제』 2025.02.11.) 헤어진 부부에게 그 이유를 물어보면 '문화적 차이' 때문이라는 대답이 제일 많다.

과연 문화적 차이란 무엇일까? 사람은 환경의 동물이므로 태어나 자라 온 배경에 따라 행동방식과 사고방식이 다를 수밖에 없다. 이러한 삶의 양식을 문화라고 한다면 다문화 부부에게는 서로 다른 삶의 양식 때문에 어려움이 생길 수밖에 없다. 하고 싶은 말과 행동을 제대로 표현하지 못해 답답함이 쌓이고, 심지어는 부부싸움을 할 때도 많은 애로가 있다고 한다.

일반적으로 의식주, 관혼상제, 가족이나 친족 관계, 남녀교제 등과 같은 삶의 양식을 묶어서 우리는 관습이라 부른다. 사회 구성원은 이러한 관습을 따라야 하며 만약 따르지 않을 때는 사회적으로 비난을 받거나 따돌림을 당하기도 한다. 당연히 관습은 사회마다 다르다. 미국 사회에서는 '레이디 퍼스트'라 하여 '여성 먼저'를 외치지만, 이슬람 문화권에서는 여성의 지위가 낮고 남성이 있는 자리에 여성이 함께 담소하는 모습은 찾아보기 어렵다. 지하철에도 여성칸이 별도로 있지 않은가. 관습이 오랫동안 유지되어 그 사회 속에 축적이 되면 전통이 된다. 이러한 관습과 전통에 따라 삶의 양식이 정해지고 또 정착되면 마침내 자신만의 문화가 형성되는 것이다.

같은 몸짓과 다른 몸짓 : 음식 문화

한국에 김치가 있다면 서양에는 치즈가 있다. 그렇다면 김치는 왜 우리나라에만 있고, 치즈는 서양에만 있는가? 그것은 아마도 서로가 다른 사회와 문화 속에서 살아왔기 때문일 것이다. 그러나 항상 다른 점만 있는 것은 아니다. 얼핏 보면 서로 이질적인 것처럼 보이는 것에서도 많은 공통점을 찾을 수 있다. 김치와 치즈는 발효식품이라는 점에서 보면 아주 유사하다. 심지어 우리가 사진을 찍을 때 미소를 짓기 위해 '김치~'를 외치는 것처럼, 서양에서는 '치즈~'를 외치는 것을 보면 우연의 일치라고 해도 어쩌면 이리도 같을까 하는 생각이 든다. 인종과 피부는 다르지만 같은 인간으로서 향유하는 문화가 같기 때문에 이러한 공통점이 생기는 것은 아닐까?

식사 예절에서도 문화에 따라 공통점과 차이점이 있다. 먹고 마시는 일은 사람이 살아가는 데 빼놓을 수 없는 절대적인 요건이기 때문에 어느 문화마다 예절이 있기 마련이다. 비록 음식의 형태와 종류는 다르더라도 음식 예절은 옛날과 현대가 달라질 수 없다. 식탁 예절의 기본은 나라나 민족에 따라 크게 다르지 않지만 어떤 점은 조금씩 차이를 보이는 것도 있다.

우리나라나 서양이나 식사를 위한 기본 예절에는 다름이 없다. 식사하기 전에 손을 깨끗이 씻는다든가, 바른 자세로 다른 사람과 보조를 맞추어 식사를 하는 것 등은 어느 문화에서나 마찬가지다. 그러나 서양에서는 여성이 먼저 자리에 착석하지만 우리 문화에서는 연장자를 배려한다. 또한 윗사람과 함께 음식을 들거나 여러 사람이 회식할 때에는 윗사람이 수저를 든 다음에 들어야 하며, 식사를 마칠 때에도 윗사람과 보조를 맞추는 것도 우리 문화에서 더 엄격히 지켜지는 부분이다.

예부터 우리는 음식을 먹을 때 말을 하지 않는 것이 예의로 되어 있다. 부득이 말을 해야 할 때에는 입안에 음식물이 없을 때 해야 하며, 윗사람이 무엇을 묻거나 말을 건넸을 때에는 먹던 것을 삼키고 나서 수저를 놓고 말해야 한다. 그러나 서양의 식사 예절에서는 오히려 말을 하지 않는 것이 실례가 된다. 식사를 시작하기 전에 양옆에 앉은 사람에게 가볍게 인사하고 간단한 자기소개를 하여 식사 중의 환담에 도움이 되게 하고, 식사 중에는 즐거운 분위기를 만들기 위하여 옆 사람들과 가벼운 담소를 나눈다. 이 점에서 우리와 서양의 식사 예절이 가장 차이가 난다고 하겠다.

같은 몸짓과 다른 몸짓 : 긍정과 부정

우리가 상대방의 물음이나 행동에 대해 긍정이나 부정의 의미를 전달하고 싶을 때, 보통은 말로 직접 '좋다-싫다'로 표현할 수도 있으나, 말하기가 귀찮을 때는 더욱 간단한 방법으로 고개만을 끄덕이거나 가로저어 '좋다-싫다'의 뜻을 나타낼 때가 있다. 보통 고개를 위아래로 끄덕이면 긍정이고 머리를 좌우로 흔들면 부정이 된다.

그러나 항상 그런 것은 아니다. 그리스를 관광하던 한 영국인이 렌트카를 몰고 아테네로 접어들었다. 아테네 공원에 다가서자 주차할 곳이 마땅치 않아 고심하던 끝에 출입금지 지역에 주차하고 슬그머니 차에서 내리려는 순간, 교통경찰과 마주치게 되었다. 영국인은 미소를 지으며 잠시동안 주차해도 괜찮겠냐고 손짓으로 차를 가리켰다. 그러자 경찰은 웃으면서 머리를 뒤로 젖혔다. 그것은 그리스에서는 부정의 표시였다. 그러나 영국인에게는 그 동작이 위로 향한 끄덕임처럼 보였으므로 허가의 표시로 해석하고, 경찰에게 감사하다고 손짓하면서 자리를 떠났다. 그러자 경찰관이 소리를 지르며 영국인을 쫓아와 그를 체포하고 말았다. 영국인의 이러한 행동이 그리스 경찰관에겐 반항과 도전으로 생각된 것이다. 문화 차이로 인해 벌어진 에피소드이다.

긍정의 의미로 머리를 끄덕이는 행위는 유럽에서 가장 널리 사용되는 방법이다. 서쪽의 포르투갈에서 동쪽의 러시아까지, 북쪽의 스칸디나비 아반도에서부터 남쪽의 스페인까지 그렇다. 또한 오스트레일리아 원주민뿐만 아니라 아마존의 인디오, 에스키모인, 발리섬 주민, 일본인, 중국인, 그리고 대부분의 아프리카 원주민도 마찬가지이다. 말할 것도 없이 우리나라도 그렇다.

가로젖기의 경우 부정의 의미가 일반적인데, 그 연원은 유아의 거부 동작에서 찾을 수 있다. 부모가 집요하게 음식을 먹이려고 할 때 아이는 머리를 한쪽으로 틀었다가 다시 반대쪽으로 틀어서 먹고 싶지 않은 음식에서 얼굴을 돌리는 행위를 한다. 이와 같이 머리를 좌우로 흔드는 것이 어른의 머리 도리질하기 동작의 출발점이라고 생각되며, 이것이 거부의 신호로 발전한 것이다.

2. 문화에 따라 왜 언어가 다른가요?

우리나라 말 가운데 가장 발달한 것이 의성·의태어이다. 시각적 언어 못지않게 청각적 언어가 풍부하다는 이야기다. 한 방에서 여러 사람이 누워 잘 때 그 숨소리를 나타내는 말을 한번 생각해 보라. 젖먹이 아이는 '색색', 유치원에 다니는 큰 놈은 '콜콜', 아버지와 어머니는 '쿨쿨'이다. 전자 현미경을 발명해 미세한 차이도 구분한다는 서양인들도 이 숨소리 를 가지고서는 그렇게 미분화하질 못한다. 외국 만화에 보면 아이나 어 른이나 그들의 숨소리는 한결같이 '제트(Z)'자로 나타낼 뿐이지 않은가.

서양의 자는 소리   한국말의 다양한 의성·의태어

이처럼 말은 공기와 같이 그 문화 속에서 살아 숨 쉬고 있으므로, 그 나라의 말을 이해하려면 먼저 그 나라의 문화를 이해하라는 말이 생긴 것이 아닐까. 이제 우리 삶의 체취가 흠뻑 배어 있는 문화 속에서 살아 있는 언어를 만나보자.

문화에 따라 인사법과 인사말이 다르다.

고대 이집트에서는 길에서 아는 사람을 만나면 서로 아무 말도 하지 않고 손을 무릎 밑까지 내려 절을 하였으며, 국왕에게 경의를 표할 때는 무릎을 굽히거나 땅에 엎드렸다. 구약성서에 의하면 인사를 할 때 상대편의 지위나 중요성에 따라 세 가지 정도의 단계가 있었던 것 같다. 즉 최대의 경의를 표시할 때는 몸을 땅에 엎드렸고, 보통 경의를 표시할 경우는 중국이나 한국에서 하듯이 상반신을 굽히고, 간단한 인사는 단지 머리만을 수그렸다. 이슬람교도는 액수례(額手禮: salaam)라고 하여 몸을 구부리고 오른손 바닥을 이마에 대는 절을 하며, 뉴질랜드의 마오리족은 코끝을 서로 맞대며 인사한다. 그리스도교국의 남자 사이에는 몸을 앞으로 구부리며 오른발을 뒤로 끌어당기는(bow and scrape) 기사(騎士)들의 인사법에서부터, 가볍게 머리만을 숙이는 인사까지 여러 형태가 있었다.

인사(人事)는 말 그대로 사람 간의 일이며 행동이다. 즉, 인간관계를 원활히 하기 위해 일정한 형식, 또는 서로 의례적으로 하는 행위이다. 따라서 인사는 나라마다 신분마다, 또는 상황이나 연령이나 성별 등에 따라 서로 다르게 나타난다. 과거와 달리 오늘날에는 딱딱하게 경의를 표하는 인사보다는 모자를 벗어 인사하거나 악수를 하는 간편한 인사법으로 바뀌었다. 물론 왕이나 고귀한 사람 앞에서 한쪽 다리를 뒤로 끌며 허리를 굽혀 절하는 옛 궁정풍의 인사도 여전히 남아 있다.

이처럼 문화에 따라 인사법이 다르듯 인사말도 다르다. 일반적으로는 우리나라의 "안녕하세요", "안녕"과 같이 지난밤 별 탈없이 잘 자고 평안한 아침을 맞이했는지를 묻는 인사말이 대부분이다. 일본의 "오하이오 고자이마수(おはう御座います)"나 중국의 "자오안(早安)"도 마찬가지의 뜻이다. 그리고 영어의 "Good morning"이나 인도네시아말 "슬라맛 빠기(Selamat pagi)" 등도 "좋은 아침"이란 뜻이니 이 또한 평안한 아침을 맞이

하길 바라는 비슷한 인사말이라 할 수 있다.

그런가 하면 상대방에게 '사랑과 평화'가 충만하기를 축복하는 인사말도 있다. 이스라엘의 "샬롬(shalom)"이 그런 인사말인데, 샬롬은 '조화로운 온전함', '안녕과 평화의 충만함'을 기원하는 의미가 담겨 있다. "사랑과 평안이 충만하시길 바랍니다", 또는 "건강하고 행복한 삶을 기원합니다"라는 뜻이라고 하니 인사말치고는 매우 깊은 의미를 담고 있다. 이슬람권에서 사용하는 '살람'도 '샬롬'과 같은 계열의 인사말이다.

한편, 인디언의 인사말로는 "미타쿠예 오야신(Mitakuye Oyasin)"이라는 말도 있다. 이 말은 북미 원주민 라코타족이 사용하는 인사말로 직역하면 '나의 모든 관계들'이란 말이다. 이는 '모든 것은 연결되어 있다'는 뜻이니, '우리는 모두 하나다', '우리는 모두 형제고 자매다'라는 뜻으로 해석된다. 자연과 인간이 하나로 모두 연결되어 있다는 것을 뜻하는 것이니, 인사말로는 너무 아름답고 의미 있는 말이 아닌가. 이런 점에서 하와이 인사말 "알로하(aloha)"도 비슷한 맥락의 인사말로 볼 수 있다. 이 말은 '사랑, 평화, 자비'를 뜻하며 하와이뿐 아니라 모든 폴리네시아 언어에서 공통으로 발견된다. 'alo'는 존재를 뜻하고 'ha'는 생명을 뜻한다고 하니, 모든 것에 생명이 깃들어 있으며, 우리는 모두 하나로 연결되어 있다는 것으로 해석된다면 인디언의 인사말과도 일맥상통하지 않은가. 이처럼 인사말에도 자신만의 문화와 전통이 소리없이 흐르고 있다.

나라마다 무지개 색깔이 다르다는데

영어를 모국어로 습득하는 어린이는 하늘을 'blue'로, 풀은 'green'으로 각각 배우지만, 한국의 어린이는 하늘도 '푸르고', 풀도 '푸르게' 보면서 살아가고, 중국 어린이는 '靑, 碧, 綠, 藍'을 구분하는 데 익숙하다.

무지개색 하면 '빨주노초파남보' 7가지 색을 떠올리지만, 아프리카 대륙에 있는 로디지아(Rhodesia)의 쇼나(Shona) 부족은 단지 세 가지 색깔만을 무지개색으로 떠올린다고 한다(cicena-노란색 계통, citena-파란색 계통, cipswuka-붉은색 계통). 그렇다면 이들은 왜 같은 무지개를 보고 서로 다른 색깔을 말

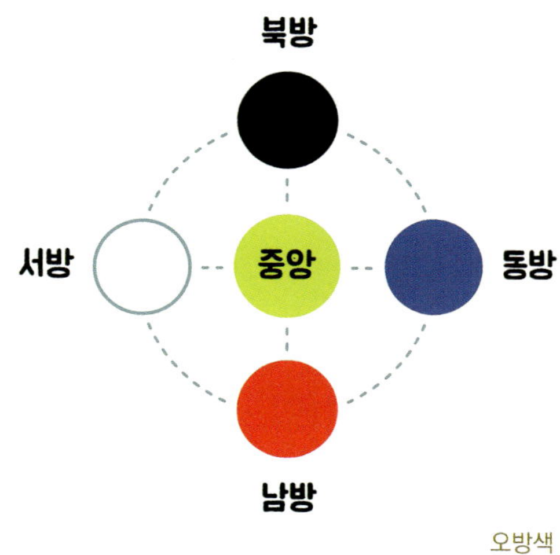

오방색

하는 것일까? 아마도 색을 감지하고 구분하는 데에도 나름대로의 문화와 세계관이 반영되어 있는 것은 아닐까?

재미있는 사실은 우리가 무지개색을 7가지로 알고 있는 것도 근대의 산물이지 우리의 전통은 아니다. 우리 조상들은 고대로부터 음양오행(陰陽五行) 사상에 근거하여 색깔을 구분했다. 즉 빨강, 파랑, 검정, 하양, 노랑과 같은 5가지 색이 기본이었다. 신분의 높낮이를 오방색의 옷으로 나타냈으며, 궁궐이나 사찰의 단청에서도 오방색을 찾아볼 수 있다. 따라서 이러한 오방색의 전통이 근대에 와서 서양 문화의 영향으로 7가지 색채 문화로 변했다고 볼 수 있다.

이러한 사실을 뒷받침해 주는 또 하나의 흥미로운 것이 있다면 그것은 바로 소리의 문화이다. 우리는 소리의 구분을 '도레미파솔라시'라는 7가지 음계로 구분한다. 그러나 이러한 구분은 해방 이후 서양음악이 본격적으로 들어오면서 우리 문화 속에 자리잡은 것이다. 그렇다면 우리의 전통 소리 문화는 몇 음계였을까? 바로 5가지 소리의 구분, '궁(宮), 상(商), 각(角), 치(徵), 우(羽)'의 5음계의 전통을 가지고 있었다. 이러한 사실은 앞의 오방

색과도 밀접한 연관을 갖고 있어 더욱 중요하고 흥미롭다고 할 수 있다.

환경에 따라 문화와 세계관이 달라지니, 소리와 색채의 구분도 자연히 차이가 날 수밖에 없는 것이다. 언어라고 해서 예외는 아니다.

눈과 얼음이 많은 알래스카에 사는 에스키모인에게는 '눈'과 관련된 다양한 단어가 있다. 예를 들어 내리고 있는 눈은 'quna', 땅에 쌓여 있는 눈은 'aput', 바람에 밀려가고 있는 눈은 'piqsirpoq', 바람에 밀려 쌓여 있는 눈더미는 'qimuqsuq' 등 20여종의 서로 다른 '눈'이 존하지만, 영어의 경우에는 'snow'라는 단어 하나밖에 없다는 점이 좋은 대조를 이루고 있다. 또한 에스키모어에는 다양한 눈의 명칭은 있지만 한국어의 '눈'처럼 이를 총칭하는 단어가 없는 것도 특징이다. 또한 사막이 많은 오스트레일리아에는 '모래'와 관련된 단어가 많지만, 영어에는 'sand'라는 단어 하나만 있는 것과는 대조가 된다. 언어도 환경과 밀접한 관련이 있다는 것을 보여준다.

태풍에는 왜 여성이름을 붙였을까?

'사라, 클라라, 다이아나, 베스, 앤'이라는 이름은 대표적인 서양의 여성 이름이기도 하지만 대표적인 태풍의 이름이기도 하다. 1978년 이러한 전통이 없어지기까지 태풍에 여자 이름을 붙이는 것은 하나의 관례였다. 그렇다면 왜 태풍 이름을 남성이 아닌 여성 이름으로 했을까? 서양말에는 흔히 성(性)의 구분이 있어, 남성명사니 여성명사니 또 중성명사니 하는 말을 쓰기도 한다. 그런데 태풍이 하는 짓으로 보면 여성보다는 남성에 가깝기 때문에 당연히 남성의 이름을 붙이는 것이 걸맞지 않을까? 그럼에도 불구하고 왜 여성 이름을 붙였을까? 어떤 이들은 언어의 성차별이라고 주장하기도 한다. 좋은 것은 남성 이름을 붙이고, 나쁜 것은 여성 이름을 붙인다는 것이다. 한국에서도 좋은 귀신(예 : 산신령)은 남성이지만, 나쁜 귀신들은 거의 모두가 여성이라고 한다. 이것도 일리가 있는 듯하다.

아니면 여성 이름을 붙이면 태풍이 잠잠해질 것이라는 기대에서일지도 모른다. 사나운 태풍을 잠재울 수 있는 길은 어쩌면 부드러운 여성일 것이라는 생각도 가능하리라. 한편 이보다는 더 깊은 문화적 배경에서 원인을 찾는 경우도 있다. 재앙이 있을 때 여성을 제물로 바쳤던 고대 전통에서 실마리를 찾으려는 시도도 있다. 예를 들어 『심청전』에서 인당수에 심청이가 빠진 장면을 생각해 보라. 거센 풍랑을 잠재우기 위해 심청이를 바다에 빠뜨리는 장면은 마치 태풍을 잠재우기 위해 여성의 이름을 붙이는 것과 일맥상통하지 않은가? 이렇게 태풍 이름 하나에도 문화적 배경과 전통이 깃들어 있으니 우리 말 하나하나는 곧 우리의 전통과 문화의 단편이 아닌가.

3. 우리 문화의 숨결 속에 살아 있는 우리말

한국의 가정을 방문하여 함께 식사를 해 본 경험이 있는 외국 사람들은 대개 처음에는 한국사람을 매우 비위생적이라고 여긴다고 한다. 한국 사람이 비위생적(?)이라는 생각은 다름 아닌 식사할 때 찌개를 온 가족이 함께 먹는 모습에서 연유한다고 한다. 찌개 먹는 모습이 어떻길래 그렇게 이상하고 비위생적이라고 생각하는 걸까? 여러분들이 집에서 가족과 함께 저녁 식사를 하는 장면을 떠올려 보라. 식탁 한가운데에는 보글보글 끓인 김치찌개가 있고 아버지를 비롯하여 온 가족이 자기 숟가락으로 찌개 냄비에 번갈아 담궈 가며 찌개를 떠먹는 모습은 한 폭의 정겨운 한국 가정의 모습이 아닌가.

그러나 서양 사람들은 찌개 냄비에 모든 가족의 숟가락이 들어갔다 나왔다를 반복하는 모습을 보고 비위생적이라고 생각하나 보다. 그러다가 한국 사람들의 가족 문화를 설명해 주면 이내 자신들의 판단이 짧았음을 인정하게 된다. 한국에서는 '내 아버지, 내 어머니'라는 말이 없고, '우리 아버지, 우리 어머니'가 존재한다는 사실을 말해 주면 이내 고개를 끄덕거리기 시작한다. '나'보다는 '우리'라는 공동체 의식이 한국 사회와 문화에 깃들어 있음을 알려 주면 왜 한국 사람들이 찌개를 기꺼이, 즐겁게 함께 먹을 수 있는지도 곧 이해하게 된다. 따라서 가족도 '우리 가족'이 존재하지, '내 가족'이 존재하는 것이 아니며, '우리 나라'이지 '내 나라'가 아니라는 설명을 해주면, 찌개를 함께 먹는 우리만의 깊은 뜻을 이해하고 아름다운 전통을 간직한 우리를 부러워하기까지 한다. 우리 문화 속에는 우리의 숨결이 숨 쉬고 있고, 우리말 속에는 또 우리 문화가 숨 쉬고 있는 것이 아닐까?

우리말에는 우리의 정서가 담겨 있다.

한국인은 언어 사용에 있어서 지나치게 체면과 격식을 중시하는 면이 있다. 이러한 측면은 전통적인 양반과 상놈을 구분하는 반상(班常) 체제라는 사회·문화적 인습의 결과이다. 지난날 우리 사회에서는 양반 문화는 고귀하고 가치 있는 반면, 상민 문화는 비천하고 보잘것없는 것으로 인식되었다. 이러한 봉건적 사고가 아직까지도 청산되지 못하고 그대로 남아 있어, 조금만 사회적 지위가 높아지거나 물질적 부가 많아지면 자신의 지체를 뽐내는 권위주의적인 언어를 사용하는 경우가 많은 것이 아닐까. 이러한 체면과 허세의 문화는 우리 속담에도 고스란히 남아 있다.

보기 좋은 떡이 먹기도 좋다 / 입은 거지는 얻어먹어도 벗은 거지는 못
얻어먹는다.

양반은 얼어죽어도 겻불은 아니 쬔다 / 양반은 물에 빠져도 개헤엄은
안 한다.

그런가 하면 우리만의 신바람 정서라는 것도 있다. 예부터 음주가무(飮
酒歌舞)를 좋아했고, 신이 나면 무엇이든 못할 것이 없는 신바람의 민족성
을 갖고 있다. 흔히들 한국 사회를 '다이나믹 코리아(Dynamic Korea)'라고
부르는 것도 이와 관련이 있는 것 같다. 이 신바람은 무교(巫敎)에서 기원
한 것으로, '신(神)의 바람'에서 온 것이다. 무교에서 쓰는 다음과 같은
표현도 이러한 신바람과 관련이 있다.

신끼가 있다. 신들린 듯하다, 신난다, 신명나다

이러한 표현은 오늘날에도 우리 생활 속에서 흔히 사용하는 것들이니,
무교의 영향이 우리 문화에 얼마나 깊숙이 자리잡고 있는 것인지를 간접
적으로 알 수 있다. 이 외에도 신바람과 관련된 표현으로는 '기(氣)'가 있다.

기가 세다, 기가 차다, 기가 약하다, 기가 죽다, 기가 막히다, 기를 쓰다,
기를 펴다, 기가 오르다, 기가 살다

'기'는 이러한 표현 외에도 '기력, 원기, 생기, 취기, 시장기, 몸살기,
화장기, 바람기' 등에 이르기까지 다양하게 사용되고 있다.

말에도 예절이 있다

필자가 대학에 다니던 해 여름 어느 시골에서 겪은 일이다. 비가 억수로 쏟아지던 어느 날, 이웃 마을로 심부름을 가게 되었는데, 고맙게도 지나가던 승용차를 얻어 탈 수 있었다. 승용차에 타자 가족과 함께 피서를 가는 길이라며 점잖게 보이는 운전자는 자기와 자기 가족을 정중하게 소개해 주더니, 폭우를 가리키면서 "바깥 날씨가 조금 궂지요?"라고 말했다. 볼일을 마치고 돌아오는 길에도 운 좋게 또 다른 승용차를 얻어 탈 수 있었다. 그의 옆자리에 앉자마자 운전사는 다음과 같이 소리치는 것이었다. "저 놈의 염병할 비 좀 보소!" 그때 필자는 같은 말을 이렇게 다르게 사용할 수 있구나 하는 것을 느꼈다.

사회생활을 하는 데 가장 필요한 것이 뭐냐는 질문을 받는다면 많은 사람들은 '말'이라고 대답할 것이다. 그러나 더 정확한 대답은 '제대로 하는 말'이라고 해야 할 것이다. 말을 제대로 하지 못하면 말을 안 한 것보다 못한 결과를 초래하는 게 우리의 언어 현실이다. 같은 개념을 전달하더라도 자신이 처한 위치나 상황에 따라 다른 표현을 사용해야 하기 때문이다. 이것이 이른바 '말의 예절, 말의 에티켓'이다. 이러한 표현을 제때 제대로 사용하지 못하는 사람은 예절을 모르는 사람으로 취급받을 가능성이 많다. 말은 우리의 사회적 행위이자 서로 지켜야 할 사회적 약속이기 때문이다.

1. 나라마다 감정 표현의 방법도 다르다. 일반적으로 웃음은 긍정적 감정을 나타내는데 이를 표현하는 방식도 나라마다 다르다. 감정 표현을 적극적으로 하는 문화에서는 웃음, 미소, 비웃음, 몸짓 등으로 솔직하게 감정을 드러내는 반면, 되도록 감정 표현을 자제하는 문화에서는 자신의 감정을 감추고 억누르는 경향이 강하다. 예를 들어, 미국인은 웃을 때 치아가 상대방에게 보일 정도로 환하게 웃을 때 상대방이 '웃는다'고 생각하지만, 일본인은 입을 벌리지 않고 눈으로 웃어야 상대방이 '웃는다'고 생각한다(『문화코드로 읽는 지구』 2019).

   (1) 감정 표현이 문화마다 다르게 나타나는 사례를 더 찾아보자.

   (2) 감정 표현이 문화마다 다르게 나타나는 이유는 무엇인지 생각해 보자.

   (3) 감정 표현 이외에 문화마다 차이를 보이는 행동이나 생활방식이 있는지 알아보자.

2. 보통 하나의 국가에 하나의 언어를 사용하는 경우가 많다. 프랑스, 일본, 태국 등 대부분의 나라가 그러하며 우리나라도 대표적인 나라이다. 이처럼 언어는 사용자의 사고방식을 반영하므로 종종 민족을 구분하는 기준으로 사용되기도 한다. 그러나 한 나라에 여러 언어가 공존하는 경우도 있다. 이 경우 언어의 차이로 문화 갈등이 발생하며 나아가 민족 분쟁으로 발전되기도 한다. 캐나다는 영어를 사용하는 나라이다. 그러나 캐나다 동부의 퀘벡 주는 프랑스어를 사용하고 프랑스 문화를 여전히 유지하고 있다. 퀘벡주와 마찬가지로 한 나라 안에서 언어 차이로 갈등을 일으키는 경우는 대표적으로 다음과 같다.

   - 네덜란드어 사용자와 프랑스어 사용자 사이의 갈등이 발생하는 벨기에
   - 에스파냐어 사용자와 영어 및 다른 민족과 갈등이 발생하는 미국
   - 카탈루냐 지방의 언어 갈등
   - 스위스의 다양한 언어와 갈등

(1) 이들 나라에서 어떤 언어 갈등과 문화 갈등이 생겼는지 알아보자.

(2) 이러한 갈등은 왜 생기며 이를 극복할 수 있는 방안은 어떤 것이 있는지 생각해 보자.

3. 다음의 예를 보고 언어와 사고에 대해 생각해 보자.

스키 동호인들은 일반인에 비해 다양한 눈의 명칭을 알고 있다. 눈의 상태에 따라 스키 타는 것이 영향을 받기 때문에 자연스럽게 다양한 이름이 붙여진 것이다. 몇 가지를 소개하면 다음과 같다.

- Powder : 싱싱한 눈
- Ego Snow : 깊이가 적당하고 바닥이 어느 정도 견고한 눈
- Corduroy : 골덴바지처럼 줄이 나 있는 눈
- Crud : 파우더 상태에 중간중간 다져진 곳이나 움푹 패인 곳이 있는 눈
- Packed Powder : 눈이 그치고 며칠 지나 자연스럽게 다져진 눈
- Wet Powder : 젖어 있어 무거운 눈
- Corn : 얼었던 눈이 녹으면서 딱딱하지도 않고 젖은 상태도 아닌 중간 눈

(1) 스키 동호인들이 눈에 대해 더 세분화된 명칭을 사용하는 까닭은 무엇이라고 생각하는가?

(2) 다른 분야에도 이와 비슷한 현상이 있는지 찾아보자.

말은 적게 해야 제 맛이다.

우리말의 심리와 구조

한국 사람들은 식사를 할 때, 되도록 침묵하는 것이 미덕이었다. 특히 어른들과 함께 식사할 때는 말을 삼가고 조용히 식사하는 것이 중요한 예절이었다. "밥 먹을 때 말을 하면 복이 달아난다."는 속담에서도 알 수 있듯이, 한국인의 식사 예절에서 침묵을 지키는 것은 중요했다. 물론 요즘에는 분위기가 많이 달라져 가족끼리도 오붓하게 담소를 나누면서 식사하는 것이 일반적인 풍경이지만 격식을 차려야 하는 식사 자리에서는 여전히 유효한 예절로 남아 있다. '밥상머리 교육'이라는 말처럼 예나 지금이나 그만큼 식사 예절은 우리 문화에서 매우 중요한 부분을 담당한다.

그럼 서양의 경우는 어떨까? 서양 사람들은 남녀노소 할 것 없이 마주 앉아 즐겁게 이야기를 나누면서 식사를 한다. 우리는 침묵이 미덕이지만 서양의 경우는 식사 시간에 오히려 말을 하지 않고 묵묵히 밥만 먹고 있다면 그것이 도리어 실례가 된다고 한다. 식사 예절에서 동서양은 적지 않은 차이를 보이는 셈이다.

그렇다면 이처럼 엄숙하고 조용한 식사 문화는 어떤 이유에서 생겼을까? 가장 먼저 생각해 볼 수 있는 것은 식사 중 어른들에게 실례를 범하

입이 무겁다

지 않으려는 행동 때문일 수 있다. 함께 식사를 하다가 행여 음식이 입 밖으로 튀어나와 어른들께 실례를 범하지 않을까 해서 말을 하지 않는 관습이 생긴 것이 아닌가 한다. 또한 음식을 씹을 때는 소리가 들리지 않도록 입을 꼭 다물고 씹는 것도 이와 연관이 될 듯하다.

그러나 단지 이러한 일상적인 이유 때문만은 아닐 것이다. 왜냐하면 말을 적게 하는 것이 비단 식사 예절에서만 요구되는 관습은 아니기 때문이다. "말 많은 이 말로써 망한다."는 속담에서처럼 우리 사회는 평소에도 과묵한 인간상을 요구하고 있기 때문이다. "입이 참 무겁다!"는 말은 아주 긍정적인 표현이지만, "입이 참 가볍다!"는 매우 부정적인 표현이라는 점에서도 우리 문화는 말을 적게 하는 것이 미덕임을 알 수 있다. 그러나 오늘날처럼 자기자신을 적극적으로 표현해야 하는 시대에서는 이러한 말의 문화도 많이 달라지고 있는 것도 현실이다.

이 장에서는 우리말 속에 담긴 사회·문화적 의식에 대해 알아보고자 한다. 먼저, 우리말의 의식구조를 알아보고 말과 사회심리가 어떤 관련이 있는지 살펴보며, 사회·문화적 측면에서 허용어와 금기어에 대해서도 살펴볼 것이다.

1. 우리말의 의식구조

우리는 편지봉투에 주소를 쓸 때 항상 큰 것에서부터 작은 것으로 열거해 나간다. '04383 서울시 용산구 서빙고로 139'처럼 우편번호 다음에 제일 큰 단위인 '시'를 쓰고 그 다음으로 '구, 로, 번지' 등으로 순서를 매겨가며 주소를 쓴다. 그러나 서양은 정반대의 순서를 가진다. '47 Glendale Rd, Belmont, MA. 02178-2921'과 같이 번지수를 제일 먼저 쓰고 그 다음으로 조금 더 큰 것, 그리고 제일 큰 것 순위로 주소를 써 나간다.

연월일을 쓰는 방법 또한 이와 마찬가지의 순서를 보이는데, 우리는 '2025년 3월 16일'과 같이 연-월-일 순으로 제일 큰 단위부터 작은 단위로 나아가지만 서양에서는 '16 March, 2025'와 같이 작은 단위부터 큰 단위로 나아가는 순서를 택하므로 주소를 쓸 때와 마찬가지의 차이를 보인다. 이름을 쓸 때는 또 어떠한가? '홍길동'과 'Bill Clinton'을 비교해 보면 쉽게 알 수 있듯이 우리는 성-이름의 순서지만, 서양은 이름-성의 순서를 갖는다.

그렇다면 이러한 차이는 도대체 어디에서 오는 것일까? 어떤 이는 이러한 문화가 동양의 농경문화와 서양의 유목문화의 차이에서 유래한 것이라는 설을 말하기도 한다. 자손 대대로 한 곳에서 뿌리내리고 농사를 지으면서 살아온 우리의 전통문화는 수직적인 문화를 낳은 반면, 이리저리 옮겨 다니며 유목생활을 하는 문화에서는 수평문화가 싹텄을 것이고 이를 바탕으로 사고방식도 차이를 보인 것이라는 가정이다.

이러한 가정이 얼마나 설득력이 있는지는 차치하고라도 언어라는 것이 단지 의사소통의 수단이 아닌 문화적 산물임을 절실히 느낄 수 있는 대목이다. 이처럼 말에는 그 민족의 정서와 사상이 고스란히 담겨 있다.

그렇다면 우리말 속에는 과연 어떤 사상과 정서가 담겨져 있을까? 여기서는 그 실마리를 찾아 함께 여행을 떠나보자.

선조들의 언어의식

삼국시대의 생활 모습을 고스란히 전해주는 책이 있다면, 그것은 바로 일연이 지은 『삼국유사』라고 할 수 있다. 물론, 김부식의 『삼국사기』가 정사(正史)로서 가치 있는 책이긴 하지만, 『삼국유사』는 그 이면의 다양한 이야기들을 담고 있어, 고대인의 삶의 양상을 엿볼 수 있는 귀중한 책이 아닐 수 없다. 여기에는 많은 전설과 신화, 그리고 고대인의 노래가 나오는데, 이들을 통해 당시 사람들의 언어관과 종교관 등을 짐작해 볼 수 있다. 다음은 『삼국유사』에 실려 있는 〈혜성가〉인데 당시 고대인들은 얼마나 언어를 신성시하고 있었는지 짐작할 수 있다.

> 예전 동해 물가 건달바가 놀던 성을 바라보며
> 왜군이 왔다고 봉화를 든 변방이 있어라!
> 세 화랑의 산 구경 오심을 보고 달도 부지런히 등불을 켜고
> 별들은 그 길을 쓰는데 그 별을 보고 "혜성이여!"
> 사뢴 사람이 있어라!
> 아으, 달은 저 아래로 떠갔더라, 이 보아, 무슨 혜성이 있을꼬.
>
> [이동환 역, 『삼국유사』에서]

당시 세 화랑과 낭도들이 풍악산(금강산)으로 놀러 갔을 때, 혜성이 나타나 변괴를 부리자 융천사가 나타나 위와 같은 노래를 지어 부르니 혜

성도 사라지고, 왜적들도 물러갔다는 내용이다. 이러한 노래를 통해 당시 선조들이 언어를 신성시 여기는 '언어신성관'을 가지고 있었음을 알 수 있다.

이 대목에서 요즘 세계적으로 유명한 애니메이션 『케이팝 데몬 헌터스 (KPop Demon Hunters)』(2025)가 떠오른다. 영화에서는 아이돌 멤버들이 노래를 불러 악령을 물리치는 장면이 나오는데, 이것도 우리 조상들의 언어신성관이 고스란히 반영된 것은 아닐까.

이러한 언어신성관은 물론 그 이전부터 존재했던 것으로 보인다. 역사학에서도 그 이전의 시기는 제정일치(祭政一致) 사회였다고 하니, 제사장, 즉 무당이 바로 통치를 겸했다는 것을 알 수 있다. 단군이 무당이었다는 설도 바로 여기서 연유한다고 한다.

한자의 기원인 갑골문도 주로 점을 치던 내용이 담겨 있었다고 하니 이러한 언어신성관은 고대 사회 세계인들의 보편적인 가치관이 아니었나 싶다. 이집트문자를 '히에로글리픽(Hieroglyphics)'라는 부르는데, 이 뜻은 '사제-새김 (Prist-Carving)' 혹은 '신성문자(Sacred Writing)'의 의미를 지니고 있으니. 여기서도 언어신성관의 사상이 느껴진다. 아무튼 고대 우리 조상들도 언어의 주술적인 힘을 굳게 믿었던 세계인이었던 셈이다.

한자로 우리식대로 표기하다

1934년 5월 경북 월성군 석장사터 부근 언덕에서 돌 하나가 발견된다. 돌의 길이는 약 34cm, 너비는 위 부분이 12.5cm이며, 아래로 내려갈수록 좁아진다. 두께는 약 2cm이며, 냇돌의 자연석에 5행으로 74자를 새겼다. 1행 18자, 2행 16자, 3행 14자, 4행 16자, 5행 10자로 되어 있다. 이것이 바로 그 유명한 〈임신서기석(壬申誓記石)〉(552?, 612년?)이다.

비문에는 다음과 같이 새겨져 있다(편의상 구절 단위로 띄어쓰기를 함).

壬申年六月十六日　二人幷誓記　天前誓　今自三年以
後　忠道執持　過失无誓　若此事失　天大罪得誓　若國不
安大亂世　可容行誓之　　又別先辛未年七月廿二日大誓
詩尙書禮傳倫得誓三年
(임신년(壬申年) 6월 16일에 두 사람이 함께 맹세하여 기록한다. 하늘 앞에 맹세한다. 지금으로부터 3년 이후에 충도(忠道)를 집지(執持)하고 과실이 없기를 맹세한다. 만약 이 일(맹세)을 잃으면 하늘로부터 큰 죄를 얻을 것을 맹세한다. 만약 나라가 불안하고, 세상이 크게 어지러워지면 가히 행할 것을 받아들임을 맹세한다. 또 따로 먼저 신미년 7월 22일에 크게 맹세하였다. 시(詩)·상서(尙書)·예기(禮記)·좌전(左傳)을 차례로 습득하기를 맹세하되 3년으로 한다.)

임신서기석(보물1411호),
경주국립박물관, 사진: 필자

현재 국립경주박물관에 소장되어 있는 이 비석의 내용은 신라시대의 두 친구가 유교 경전을 습득하고 실행할 것을 맹세한 글인데, 그 내용보다는 표기 방식에 주목할 만하다. 이 글을 자세히 들여다보면 글자는 한자이되, 순수한 한문식 문장이 아니고 우리말 식으로 어순을 재조정하여 썼다는 것을 알 수 있다. 예를 들어 한국어는 '주어＋목적어＋서술어'의 어순이고 중국어는 '주어＋서술어＋목적어' 어순이다. 따라서 중국어 어순이라면, '今自三年以後'은 '自今三年以後'가 되어야 하고, '忠道執持'는 '執持忠道'로 써야 하고, '過失无誓'는 '誓无過失'가 되어야 한다.

그러나 놀랍게도 이 비문은 어순이 우리말 어순에 맞게 배열되어 있다. 한문을 빌려와서 사용은 하되, 우리말 어순에 맞게 변형하여 사용한 흔적인 것이다. 이것은 우리 고유의 문자가 없던 고대에 선조들이 어떻게 우리말을 표기했었는지를 알려주는 귀중한 자료가 아닐 수 없다. 한자를 빌려 썼지만, 그 정신만은 우리말의 의식을 고스란히 담고 있기 때문이다.

어휘 속에 담긴 언어의식

한국 사람들은 외국 사람에 비해 감사의 표시를 잘 하지 않는다는 말이 있다. 서양 사람들은 'Thank you!'를 밥 먹듯이 시도 때도 없이 사용하지만, 우리는 그 말에 인색하다는 것이다. 그렇다면 정말 한국 사람의 언어 예절이 부족하다는 것일까? 그보다는 겉으로 감사를 표현하는 것보다는 마음속으로 새기는 것을 더욱 소중하게 여기는 문화 때문은 아닐까?

이 'Thank you!'에 해당하는 우리말에는 '감사합니다'와 '고맙습니다'가 있는데, 전자가 한자어라면 후자는 고유어라는 점에서 차이가 난다. 그런데 고유어보다는 한자어를 더 많이 쓴다는 통계를 보면서 한자어가 상류층의 언어라는 우리의 의식이 아직도 남아 있지 않나 하는 생각이 든다. 물론, '감사합니다'는 '감사해'라는 평칭으로는 사용할 수 없지만, '고맙습니다'는 '고마워'처럼 평칭으로도 사용할 수 있기 때문에 더욱 그런 생각을 갖고 있는지도 모른다.

하지만 '고맙다'의 어원을 따져보면, 이 말이 'Thank you'와 같이 일상적으로 쉽게 사용할 수 있는 말이 아니라는 것을 알 수 있다. '고맙다'의 '고마'를 '신(神)' 또는 '신령'으로 보는 이도 있고, '고맙습니다'의 기원형을 '곰업습니다'로 보고 '곰업다'를 '신령스럽다' 또는 '신령의 은혜를 입었다'의 뜻으로 보는 이도 있기 때문이다. 이 때문에 어원학자 천소영 교수는 '고맙습니다'의 원래 의미는 'Thank you!'보다는 'God bless you!'에 가깝다고 주장한다. 아무튼 이 표현을 쓸 때마다 '고맙습니다'라는 말 한마디에도 이렇게 신령스러움이 깃들어 있다는 사실을 생각해 볼 일이다.

2. 말과 사회심리

지하철을 갈아탈 수 있는 교차역에는 늘 사람이 붐빈다. 이때 자주 겪는 풍경 중 하나가 연결통로에 있는 에스컬레이터에서 너도나도 뛰는 모습이다. 필자도 점잖게 서서 에스컬레이터를 타고 가다가 다른 사람들이 서둘러 뛰어올라가는 모습을 보는 순간 나도 모르게 마음이 급해져 같이 뛴 적이 한두 번이 아니다. 아마도 갈아탈 지하철이 지금 바로 오는 모양이구나 생각하고 말이다. 그런데 막상 달려가 보면 지하철은 한참 후에 도착할 때가 더 많아 쓸쓸한 웃음을 짓곤 한다.

심리학에서는 이런 행동을 군중심리라고 한다. 어느 텔레비전 프로그램에서 군중심리를 묘사한 장면이 생각이 난다. 어떤 사람이 길을 가는데, 갑자기 반대쪽에서 서너 명의 사람들이 무리를 지어 이쪽으로 뛰어오고 있다. 이를 본 사람은 아무런 이유 없이 그 무리에 속해 뛰기 시작하고, 이러한 일이 계속 반복되면서 그 무리는 점차 커지면서 수백 명으로 늘어나게 된다. 이 장면은 위급한 상황에 대처하는 군중의 심리를 단편적으로 보여준다.

이처럼 한 사회의 구성원은 그 언행에 있어 그 사회의 관습에 영향을 받기 마련이며, 구성원들의 마음에는 항상 그럴 준비를 하고 있다. 그래야만 그 사회 속에서 살아갈 수 있기 때문이다. 어떤 옷이 유행을 타면, 곧 많은 사람들이 그 옷을 입고 다니며, 어떤 말이 유행이 되면 이내 그 말은 장안의 남녀노소 사이에 회자되는 것이 바로 이러한 심리 때문이다. 여기에서는 사회 구성원들 사이에서 살아 숨쉬는 말에 대해 알아본다.

언중과 언어

우리 인간은 수많은 집단과 조직에 속해 있으면서, 그 속에서 그물과 같이 수많은 연결망으로 서로 관계를 맺으면서 사회적 활동을 하고 있다. 이 말은 인간은 홀로 살아갈 수 없으며 공동체 속에서 타인과 함께 살아갈 수밖에 없는 존재라는 것이다. 그래서 인간을 '사회적 동물'이라고 하는 것이 아닐까. 그렇다면 사회 속에 생명력을 불어넣어 주는 것은 무엇일까? 그것은 다름 아닌 '언어(=말)'이다. 말이 없이는 사회가 존재할 수 없기 때문이다. 이때 한 사회에서 공동생활을 하며 의사소통을 하는 사람들을 우리는 언중(言衆)이라고 한다.

이처럼 어떤 특정한 지역에서 언중들에 의해 공유되는 생활공동체를 '언어공동체(Sprachgemeinschaft)'라고 부르기도 한다. 우리가 사회라고 말하면 보통 이러한 언어공동체를 의미한다. 언어공동체는 그 크기에 따라 좁게는 가족으로부터 넓게는 국가나 국제사회로까지 확대될 수 있다. 우리가 매일 부모 형제와 대화를 하고, 동료들과 잡담을 하고, 또 학교에서 강의를 듣고 토론에 참여하는 것도, 그리고 대통령 선거에서 유세를 듣고 한 표를 행사할 수 있는 것도 크고 작은 언어공동체가 존재하기 때문이다. 따라서 말은 공동체라는 몸속에 흐르는 피요, 공기인 것이다.

속담 속에 나타난 사회심리

속담에는 그 사회의 문화와 정서, 그리고 그 시대의 시대정신 등이 고스란히 담겨 있다고 한다. 이런 까닭에 속담을 세상사 및 인간 삶에 대한 지식이며 신념체계, 즉 그 사회의 가치관이며 얼굴이라고 일컫기도 한다. 이 점에서 보면 속담이야말로 우리말과 우리 문화의 상관성을 엿볼 수 있는 최고의 자료가 아닌가 한다. 다음의 속담을 보자.

① 오는 정이 있어야 가는 정이 있다. / 오래 사귈수록 정이 두터워진다.
② 말로 온 공을 갚는다. / 말만 잘하면 천냥 빚도 갚는다.
③ 양반이 물에 빠져도 개헤엄은 안친다. / 냉수 먹고 이빨 쑤신다.
④ 공짜는 양잿물도 마다 아니한다. / 나중에 꿀 한 식기 먹기보다 당장 엿 한 가락이 낫다.

①의 속담은 한국인의 인간관계를 대표하는 속담이 아닌가 한다. 주고받는 정(情)을 중요시하는 한국 사회의 단면을 엿볼 수 있다. ②는 언어를 중시하는 한국인의 특성을 나타내고, ③은 체면을 중시하는 사회상을, ④는 금전적인 이해관계를 중시하는 사회상을 보여준다. 구체적인 속담을 들여다보면 그 속에 어떤 사회성이 존재하는지 알 수 있다.

사회가 말을 결정한다

"야, 난데!"로 시작되는 말은 어느 상황에서 쓰는 말일까? 요즘 스마트폰을 가지고 다니는 젊은이라면 한 번쯤은 이러한 인사말(?)을 들었을 것이다. 스마트폰 보급률이 98%로 세계 최고라는 우리나라에서는 이제 전화 예절도 달라지고 있다. 전화가 보급하기 시작한 초창기의 전화 예절은 교환원과 대화하는 것에서부터 시작된다. "안녕하세요. 대추나무집 대주세요."라고 교환원에게 말을 하면, 교환원은 대추나무집과 연결을 해주고, 그 다음에서야 내가 만나고자 하는 사람과 통화를 할 수 있었기 때문이다. 교환원이 없어지고 곧바로 전화통화가 가능하게 되던 시절에는 "안녕하세요, 저는 누구 친구 아무개입니다. 아무개 있습니까?" 정도의 인사말이 기본적인 전화 예절이었다. 그러나 스마트폰 시대인 오늘날은 어떤가. "개똥이냐, 나야!"로 대변되는 요즘 인사말을 보면 과거와는 많은 차이가 나는 것을 알 수 있다.

시대가 달라지고, 기술 문명이 발달하면서 사회는 보다 급속도로 변해 가게 되었고, 이에 따라 문화와 언어 예절도 자연스레 변화하고 있다. '사다'라는 말도 그 변화의 양상을 보면, 요즘의 세태를 잘 반영하고 있는 듯하다. "오늘은 내가 살게."라는 말이 "오늘은 내가 낼게.", "오늘을 내가 한턱 쓸게."로 변하더니 급기야 요즘은 "오늘은 내가 쏠게."로 변하고 있으니 말이다. 변화의 강도가 점점 더 세지고 있는데, 이러한 변화를 마냥 비판할 수만은 없지만, 다른 한편으로는 그 변화의 방향이 과연 바람직한 것인지도 다시 한번 생각해봐야 하지 않을까.

3. 허용어와 금기어

어렸을 때, 빨간 볼펜으로 이름을 썼다가, 어른들께 혼난 적이 있다. 빨간색으로 이름을 쓰면 안 된다는 것인데, 아마 여러분들도 비슷한 경험을 한 사람들이 있으리라. 이것은 '피 = 빨간색 = 죽음'을 연상하기에 이를 금기한다는 설도 있고, 사자(死者)의 관을 덮는 천(명정銘旌)이 붉은데서 '빨간색 = 죽음'을 의미한다는 설도 있다. 또한 인명록에 적힌 이름에 빨간 줄을 쳐서 죽은 사람을 표시했다거나, 군인의 전사 통보서에 이름을 붉은색으로 썼던 데서 연유한 것이라는 설 등 매우 다양하다.

이러한 행위는 이후 붉은색으로 이름을 쓰는 것을 금기시하는 문화를 낳게 된다. 이처

럼 문화는 저마다 허용하는 관습이 있고, 또 금기하는 말들이 있다. 물론 이러한 금기 문화가 얼마나 신빙성이 있느냐 하는 것은 또 다른 문제다. 복을 바라며 쓰는 부적도 붉은색이요, 자신의 이름을 나타내는 도장도 붉은 인주를 찍어 사용하지 않는가. 여기에서는 어떤 상황에서 어떤 말을 해야 하며, 반대로 어떤 상황에서는 어떤 말을 해서는 안 되는지에 대해서 알아보자.

이럴 땐 침묵을

유교 문화가 뿌리 깊게 자리 잡고 있던 조선 시대에는 시집간 며느리에게 3가지 금기 사항이 있었다. '장님 3년에, 귀머거리 3년, 그리고 벙어리 3년'이 바로 그것이다. 보고도 못 본 체하고, 듣고도 못 들은 체하고, 불길한 말은 하지 말라는 뜻이 담겨 있으니, 침묵은 이 시대의 필수적 요소 가운데 하나였다. 비단 이러한 침묵이 여성에게만 강요되는 것은 아니었다. "밥 먹다가 말을 하면 복이 달아난다."거나 "침묵은 금이다."라는 말은 남녀에게 모두 해당되는 말이고, "남자는 입이 무거워야지."라는 말에서 알 수 있듯이 남성에게도 침묵이 중요한 덕목이었다.

이러한 침묵의 문화는 우선 유교 문화의 영향으로 보인다. 유교의 경전 중의 하나인 『예기(禮記)』에도 "군자는 말이 없고 소인배는 말이 많다."라는 구절에서 알 수 있듯이 침묵은 군자가 지켜야 할 덕목 가운데 하나였다. '과묵한' 사람은 긍정적인 이미지이지만, 말이 많은 사람은 '수다스럽다'고 하면서 부정적인 이미지로 그려진다. 이밖에 부정적인 표현으로는 '입방정을 떨다', '촐랑거린다'는 말도 있는데, 이들은 모두 말을 많이 하는 행동과 관련이 있다.

또한 '이심전심(以心傳心), 불입문자(不立文字), 묵언수행(默言修行)'과 같은 말에서도 알 수 있듯이, 침묵은 불교 문화의 영향도 받았으리라. 그러나 침묵 문화의 연원을 더 멀리로 올라가면 언어를 신성시하는 고대 한민족의 언어관에서 비롯된 것인지도 모른다. 말에는 신비로운 힘이 있으니 함부로 해서는 안 된다는 생각이 후대에 그대로 전승되었을 가능성이 있기 때문이다.

이럴 땐 이런 말을

적절한 상황에서 격식에 맞게 적절히 말을 하는 것 또한 언어 예절 가운데 중요한 부분이다. 예를 들어, 해마다 한 해의 시작을 알리는 새해가 밝으면 가까운 어른들께 세배를 드리는 것이 우리의 명절 풍습 가운데 하나인데, 이때도 격식에 맞는 언어 예절이 필요하다. 세배라고 하면 새해 들어 드리는 인사로 알고 있지만, 옛날에는 새해뿐만 아니라 그믐날에도 어른들을 찾아 뵙고 송년 인사를 드리는 것이 관례였다고 한다. 이를 '묵은세배'라고 부르는데, "신구세(新舊歲) 안녕히 계십시오."라고 하든가, 아니면 "한 해 동안 보살펴 주셔서 고맙습니다." 정도로 인사하고 인사를 받은 어른들은 "한 해 동안 수고했네."라는 인사말을 건네주는 식이었다. 그러나 요즘은 묵은세배를 하는 사람을 찾아보기 어렵다.

흔히 새해에 세배를 드릴 때 "아버님, 절 받으십시오!"라고 하든가 아니면 절을 하면서 "새해 복 많이 받으십시오!", "새해 건강하세요!"라고 인사말을 하는 경우가 있는데, 이러한 명령조의 말들은 예법에 어긋나는 것이다. 세배는 절하는 자체가 인사이므로 세배할 때는 그저 아무 말 없이 절을 드리고, 어른의 덕담을 들으면 된다. 보통 절을 받은 어른들은 "새해 복 많이 받게!" 또는 "올해는 소원 성취하게!" 정도로 인사말을 건네는 것이 일반적이다. 우리가 흔히 세배를 하면서 말하는 "과세 안녕하십니까?"

나 "새해 복 많이 받으십시오!"는 어른의 덕담이 끝난 다음에 하거나, 아니면 덕담이 곧이어 나오지 않을 때, 어른께 인사말로 할 수 있다.

왜 금기어가 생겼을까?

옛날 아기가 태어날 무렵, 남성들이 준비했던 것이 바로 금줄이다. 깨끗한 볏짚으로 왼새끼를 꼬아서 거기에 숯과 붉은 고추, 그리고 청솔가지를 매다는 의식에서 우리의 탄생문화를 엿볼 수 있다. 금줄이 걸리면 삼칠일(21일) 동안은 가까운 친척이라도 출입이 통제되었다. 아마도 금줄의 역할은 부정(不淨)을 막는 한편, 잡인의 출입을 막고자 한 데에서 연유한 것으로 보인다. 금줄을 통해 탄생을 알리고, 또 금줄을 통해 산모와 아기는 삼칠일 동안 성스러운 공간에서 안전하게 몸을 추스를 수 있었던 것은 아닐까.

요즘은 금줄 문화가 사라진 지 오래다. 오늘날 산모와 아이는 산후조리원 같은 전문기관에서 몸조리를 하는 문화가 일반적이다. 또 삼칠일

금줄

동안 아이를 보지 못하는 문화도 이제는 옛이야기가 되었다. 친척들이 산후조리원에 가서 언제든 산모와 아이를 볼 수 있기 때문이다. 다만 요즘은 아이의 건강을 위해 백일해 같은 예방주사를 양가 부모님이 미리 맞는 경우가 늘어난다고 하니, 예방주사가 그 옛날의 금줄 역할을 하고 있는 것이 아닐까 생각해 본다.

이러한 금지된 행동이나 의식을 타부(taboo)라고 하는데, 이 말은 폴리네시아 말로 '금지하다' 또는 '금지되다'는 뜻이라고 한다. 서울대 심재기 교수는 이러한 금기가 발생하는 배경을 다음과 같이 설명했다.

① 중요 인물을 사회적인 여러 피해로부터 보호하기 위한 것
② 약자(여자나 유아)를 추장이나 사제의 힘, 또는 주술적인 영향으로부터 보호하기 위한 것
③ 사체(死體)를 취급하기 위한 준비로 행하는 것
④ 인생의 중요 행사(출생, 결혼 등)에 대한 질서를 유지하기 위한 것
⑤ 신이나 망령의 격노로부터 인간의 안전을 도모하기 위한 것
⑥ 태아나 유아를 음식물의 위험에서 보호하려는 것
⑦ 개인의 재산을 탐내지 않게 하여 보호하려는 것

그렇다면 이러한 금기의 목적을 담은 금기어에는 어떤 것들이 있을까? 금기어들은 언어 신성관과 깊이 관련되어 있는데, 대부분 신이나 죽은 사람 또는 악령의 이름을 불러서는 안 된다거나, 완곡한 표현으로 돌려 말하는 것으로 실현된다. 예를 들어, 홍역이나 천연두 같은 무서운 전염병을 '손님'이나 '마마'와 같은 존칭어로 부르거나, 물가에 놀러 가는 아이들에게 "물에 빠져 죽으면 안 된다!"고 말하지 않고, "물 조심하며 놀아라!"라고 말한다든지, "차에 치이면 죽어!"라고 하지 않고, "항상 차 조심해라!"라고 완곡하게 표현하는 것들이 모두 여기에 해당한다.

1. 〈구지가(龜旨歌)〉는 『삼국유사』에 기록되어 있는 최초의 한국 민요이다.

龜何龜何	거북아 거북아
首其現也	머리를 내밀어라
若不現也	만약 내밀지 않으면
燔灼而喫也	구워서 먹으리

(1) 〈구지가〉의 노래가 어떤 의미를 담고 있는지 알아보자.

(2) 이 노래는 신을 맞이하는 노래(영신가〈迎神歌〉)로도 알려져 있는데 이렇게 이름이 붙여진 이유를 언어신성관의 관점에서 알아보자.

(3) 이 노래 이외에 우리 민요에서 언어신성관을 나타내는 노래가 더 있는지 찾아보자.

2. 다음 글을 읽고 한국 속담의 언어 문화적 의미를 탐구해 보자.

2023년 국제 한국학 학회는 〈한국 속담을 통한 문화 이해〉라는 주제의 대규모 연구 프로젝트를 진행했다. 전 세계 20개국에서 온 50명의 외국인 한국학 박사가 참여하여 각자의 전문 분야와 문화적 배경을 바탕으로 한국 속담을 다각도로 분석하는 프로젝트였다. 그들이 가장 한국적인 속담 5개를 선정했는데 그 결과는 다음과 같다.

고래 싸움에 새우등 터진다.
빈 수레가 요란하다.
김치국부터 마신다.
돌다리도 두들겨 보고 건너라.
가는 말이 고와야 오는 말이 곱다.

학자들이 속담을 선정한 기준은 다음의 5가지였다.
① 한국의 고유한 문화적 특성을 얼마나 잘 반영했는가?
② 한국어의 특징적인 문법구조나 표현을 잘 담아냈는가?
③ 한국의 역사적 경험이나 사회적 변화를 반영했는가?
④ 현대 한국 사회에서도 여전히 의미가 있는가?
⑤ 외국인도 이해하고 공감할 수 있는 보편성이 있는가?

(1) 위의 5가지 선정 기준으로 위 5개의 속담을 10점 척도로 각자 다시 평가해 보라.

(2) 각자 자신의 평가 결과를 발표해 보고 그 근거를 선정 기준을 토대로 이야기해 보자.

(3) 평가 결과를 옆 친구들과 비교하여 평가 이유와 근거가 합당한지 토론해 보자.

(4) 5가지 선정 기준을 바탕으로 자신이 선정한 다른 속담이 있다면 무엇인지 말해보자.

3. '터부(tabu)'라는 말은 원래 폴리네시아 섬지방에서 '금지'의 의미로 사용되던 말이었는데, 1777년 영국 선장 쿡이 여행기에 쓴 이후 영어가 되었다고 한다. 터부와 관련된 다음 물음에 답해보자.

(1) 우리나라 사람 중에도 왼손 사용을 부정적으로 보는 사람이 많다. 한국 사회에서 왼손 금기가 생긴 이유는 무엇일까?

(2) 자기 집안에서 금기하는 말이나 행동이 있다면 무엇인지 말해보고 그 이유에 대해 생각해 보자.

03

한국어, 관상 좀 봅시다

한국인의 시간과 숫자의 미학

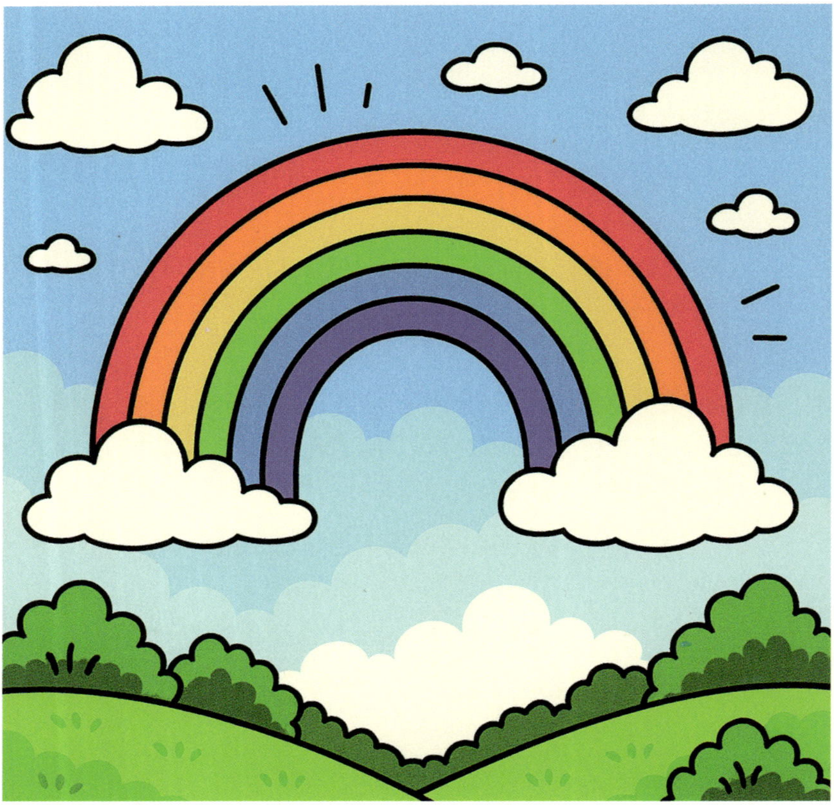

비 온 뒤 하늘 저편에 둥그렇게 떠 있는 무지개는 아름답기 그지없다. '빨주노초파남보' 일곱 빛깔 무지개라는 말을 어려서부터 듣고 말해 왔기에 우리에게 무지개 색깔은 당연히 일곱 가지이다. 하지만, 프랑스 어린이에게는 무지개가 아홉 가지 색깔로 보이고, 아프리카 어느 민족에게는 세 가지로 보인다고 하니 무지개는 하나인데, 이를 바라보는 시각은 서로 차이가 있음을 알 수 있다.

그렇다면 이러한 차이는 어디에서 오는 것일까? 그것은 바로 그 나라의 언어 가운데 색깔을 나타내는 어휘 수의 차이에서 오는 것이다. 유명한 독일의 언어철학자 바이스게르버는 "언어는 곧 그 민족의 사고를 반영한 것"이라고 한 바 있는데, 그 말이 딱 들어맞지 않은가. 언어가 머리 속의 생각을 표현하는 수단이라고 하지만, 한편으로는 그 생각은 다시 언어의 영향을 받고 있다는 사실을 알아야 한다. 이제 이러한 눈으로 한국어를 들여다보자.

이 장에서는 한국어에 담긴 우리 민족의 사고와 관념을 발견해 보기로 한다. 먼저, 한국인의 시간관념과 시제에 대해 알아보고, 탄생과 죽음에 얽힌 언어문화를 살펴본다. 그리고 문화에 나타난 한국인의 숫자관에 대해서도 알아보기로 한다.

1. 한국인은 정말 시간관념이 없는가?

우리나라 사람들의 시간관념을 상징적으로 나타내 주는 말이 있다면, 그것은 '코리안 타임(Korean Time)'과 '빨리빨리' 문화가 아닐까 싶다. 이 두 가지 표현은 하나는 늦고, 하나는 빠르다는 점에서는 상반되는 것처럼 보이지만, 이들이 모두 부정적인 표현이라는 점에서 공통적이다. 이제는 옛말이 되었지만 과거 약속 시간에 늦게 나타나서 '코리안 타임'을 외치던 모습은 밉상 중에서도 제일 밉상이었다. 더욱이 '코리안 타임'이라는 말에는 마치 이러한 지각 문화가 우리의 전통적인 시간관념인 듯한 인상을 준다는 점에서 더 좋지 못했다.

또 근래에는 '빨리빨리' 문화가 세계인들에게 희화적으로 회자된 적이 있었다. 물론, 이 또한 부정적인 표현이다. 식당에서 음식을 느긋하게 기다리지 못하고 빨리빨리를 외치고, 엘리베이터를 타면 문이 저절로 닫히기 전에 닫힘 버튼을 서둘러 누르고, 전자레인지에 음식을 돌릴 때도 몇 초를 남기고 참지 못하고 취소 버튼을 누르는 장면이 한국인에게는 익숙하게 느껴진다. 세계에서 가장 빠른 속도로 고령화 사회로 진입했고 출생률 또한 최고속으로 급감하는 것을 보면 여전히 '빨리빨리' 문화가 살아 있는 것 같기도 하다.

물론 '빨리빨리' 문화가 긍정적으로 인식될 때도 있다. 전쟁의 폐허 속에서 가장 빠른 시간에 선진국으로 탈바꿈했고, 세계에서 가장 빠른 인터넷망을 가진 나라라는 타이틀도 '빨리빨리' 문화와 연관이 있기 때문이다. 더 나아가 어떤 이들은 이러한 시간관념이 우리의 언어에도 그대로 나타나 있다고도 말한다. 인구어에 비해 한국어의 시제표현이 명확하지 않다는 점이 바로 그러한 지적이다. 그렇다면 과연 한국인은 시간관념이 없으며, 또 한국어에는 시제표현이 없는 것일까?

시간이란 무엇인가?

"너 시간 좀 있니?", "지금 몇 시냐?", "쉬는 시간은 왜 이리 빨리 가지?"
이처럼 우리는 일상생활에서 시간이라는 말을 흔히 사용하고 있다.
그렇다면 시간이란 무엇일까? 물리학에서 말하는 시간의 정의는 시각(時
刻)과 시각 사이의 간격 또는 그 단위를 말한다고 한다. 즉, 자연현상이
물리적으로 반복될 때, 그 현상이 되풀이되는 주기가 바로 물리적 시간
인 것이다. 지구가 태양 주위를 도는 공전과 지구 자체의 자전 현상이
바로 그러한 것들이다. 태양 주위를 돌면서 계절이 변하고, 지구가 스스
로 돌면서 하루가 가는 것을 생각해 보면 쉽게 짐작이 간다.

그러나 이러한 물리적인 시간의 개념 이외에 심리적 시간이라는 것이
있는데, 이것은 개인의 경험에 좌우되는 주관적 시간을 말한다. "시간이
쏜살같이 흐른다."거나 "군대 시계는 왜 이렇게 안 가지?"와 같은 표현에
서 알 수 있듯이, 같은 길이의 물리적 시간일지라도 개인마다 다르게
느껴지는 것이 바로 주관적 시간이다. 보통 장년기를 지나면서 세월의
흐름이 빠르게 느껴지는 것도 바로 심리적 및 생리적 시간의 결과라고
한다.

시간관념과 시제

시간관념은 민족마다 조금씩 다르다. 아랍 속담에 "서두르는 것은 악
마가 부추기기 때문(Haste is from the devil)"이라는 말이 있는데, 이 말은
결국 서두르면 일을 그르친다는 뜻이니, 시간 엄수와 빨리빨리 문화를
그리 중요하게 생각하지는 않는 것 같다. 실제 아랍국가에서는 약속 시
간에 5~10분 정도 늦는 것은 일상적인 일이라고 하니, 시간에 대한 철학

을 실제 생활에 그대로 반영하고 있는 셈이다.

지금은 그렇지 않지만 과거 우리나라도 코리안 타임이라는 것이 있어, 시간 약속에 대해 어느 정도의 융통성이 부여되던 시절이 있었다. "내일 점심 먹고 보자."라든가 "저녁 무렵에 놀러 갈게."라는 표현이 자연스러운 것도 우리의 시간관념을 나타내주는 것이 아닐까. 수사에서도 이러한 시간관념을 엿볼 수 있는데, "한 서너 시간 걸릴 겁니다." "두세 시쯤 만나죠."라는 표현을 보면 정확한 시간보다는 두 시간대를 대략 아울러 이야기하는 것이 우리의 표현 습관이라는 것을 알 수 있다. 이에 따라 '두세, 서너, 네댓' 등의 표현이 발달한 것인지도 모른다.

시제는 이러한 시간적 위치를 언어 속에 나타내는 장치이다. 시제를 의미하는 'tense'라는 말의 어원에도 이러한 의미가 고스란히 담겨 있다. 'tense'는 '시간'을 나타내는 라틴어 'temps'에서 온 것이기 때문이다. 한국어나 영어나 기본적인 시제는 현재와 과거로 이루어진다고 볼 수 있다. 한국어가 "철수가 간다."와 "철수가 갔다."에서처럼 동사에 '-는 -/-았-'과 같은 시제형태소가 붙어 시제를 나타낸다면, 영어에서도 "You play."나 "John played."처럼 동사에 'ø/-ed'를 붙여 시제를 나타낸다. 물론, 영어에는 "I go"와 "I went"처럼 동사 자체가 변하여 시제를 나타내는 경우도 있지만 말이다.

미래시제에 대해서는 한국어나 영어나 단순히 미래만을 나타낸다기보다는 의지나 추측과 같은 서법을 함께 나타내는 경우가 더 많다. 우리말에서 "나는 내일 부산에 가겠다."고 한다면 단순한 미래라기보다는 화자의 '의지'를 나타내는 경우이며, "내일 비가 오겠다."라고 하면 단순한 미래보다는 '추측'을 의미한다. 영어에서도 'I will go to New York."이라고 하면 미래 뿐 아니라 화자의 의지가 들어가 있다고 본다. 의지나 추측은 보통 아직 일어나지 않은 일이나 행동에 대해 사용하는 말이므로, 자연스레 '미래'의 의미를 내포하고 있기 때문이리라.

시제는 살아 있다

시제를 말할 때, 중요한 개념이 있다면 그것은 바로 '사건시'와 '발화시'이다. 즉, 사건이 일어난 시점이 사건시이고, 어떤 사건에 대해 이야기하는 시점이 바로 발화시이다. 두 시점의 상관관계에 따라 시제가 결정된다. 예를 들어, 현재는 두 시점이 일치하는 것이고("현지가 밥을 먹는다."), 과거는 사건시가 발화시보다 앞선 것을 말하며("나는 어제 친구를 만났다."), 미래는 반대로 사건시가 발화시보다 나중인 것을 의미한다("내일 도서관에 가겠다.").

	정 의	언어 표현
사건시	사건이 일어난 시점	현재 : 현지가 밥을 먹는다. (사건시와 발화시 일치)
발화시	어떤 사건에 대해서 이야기하는 시점	과거 : 나는 어제 친구를 만났다. (사건시가 발화시보다 앞섬) 미래 : 내일 도서관에 가겠다. (사건시가 발화시보다 나중)

우리말에서는 일반적으로 현재시제는 형태소 '-은-/-는-'이 담당하고, 과거는 '-었-/-았-', 그리고 미래는 '-겠-'이 담당한다고 한다. 그러나 그 역이 항상 성립하는 것은 아닌 듯하다. 즉, 이러한 형태소가 곧바로 각각의 시제를 보장하는 것은 아니라는 말이다. 여기에 시제의 오묘한 특성이 담겨 있다. 예를 들어, 현재시제 형태소 '-은-/-는-'은 미래로도 사용되며("나는 내일 시골에 간다."), 과거 시제 형태소라는 '-었-/-았-'은 현재의 상태를 나타낼 수도 있으며("벌써 봄이 왔네."/ "이 음식이 맛이 갔네."), 미래 시제를 나타내는 '-겠-'은 화자의 의지를 나타내거나("나는 암을 꼭 극복하겠다."/ "아무리 말려도 나는 지금 떠나겠다."), 화자의 추측을 나타내는 경우가 있기 때문이다("승진하는 김 과장은 기분이 참 좋겠다."/ "그렇게 돈을 막 쓰다

가는 앞으로 참 힘들겠구나."/ "아인슈타인은 어렸을 때도 똑똑했겠다.").

따라서 시제와 시제형태소가 일대일 대응관계를 이룬다고 볼 수 없으며, 때로는 시간을 나타내는 부사가 시제를 더 명확히 구분하는 경우가 많다. 시제형태소가 없는 중국어의 경우, 시간부사가 시제를 담당한다는 사실에서도 부사가 시제에서 얼마나 중요한 것인지를 알 수 있다.

2. 탄생과 죽음의 문화

어느 사회 건 관혼상제(冠婚喪祭)는 가장 중요하고도 의식적인 행사로 간주된다. 그 가운데서도 가족이나 친구를 저 세상으로 떠나 보내는 장례 의식이야말로 가장 엄숙하고도 슬픈 행사가 아닐 수 없다. 이런 까닭에 상가에 가서 문상(問喪)을 할 때, 상주에게 어떤 말을 해야 할지가 고민이 아닐 수 없다. "얼마나 상심이 크십니까?", "정말로 애통하시겠습니다." 이와 같은 표현은 어떨까? 그러나 정작 제일 좋은 방법은 상주에게 아무 말도 하지 않는 것이라고 한다. 무슨 말로 상주의 아픔을 대신할 수 있겠는가. 그저 고개를 숙인 채 그 아픔을 함께 느끼는 것이 최선의 방법이라는 것이다. 상주에 대한 격식은 아마 서양의 장례 풍습에서도 비슷할 것이다.

그러나 장례에서 서양과 우리가 차이를 보이는 대목이 있다면, 바로 사자의 영혼을 지키고 달래주는 뒷풀이 의식이 아닌가 한다. 이제는 장례식장 문화로 인해 보기 어려워졌지만 몇십년 전까지만 해도 한국의 상가를 가보면 날밤을 새우는 사람들로 북적거렸다. 화투장을 두드리는 사람들, 요란스럽게 윷놀이를 하는 사람들, 그리고 이러한 풍경을 보면서 간혹 웃음을 보이는 상주를 보고 있노라면, 이곳이 상가인지 잔칫집

인지가 구분이 안 갈 때가 많았다. 이러한 풍습에 대해 어떤 이는 사자가 저승에 갈 때 심심하지 말라고 흥을 돋구는 것이라고도 하고, 또 다른 이는 슬픔에 잠긴 유족들을 잠시나마 위로해 주기 위한 것이라고도 한다. 이유야 어쨌든 우리의 장례문화는 축제 그 자체가 아닌가.

죽음을 찬미하는 민족

삶과 죽음이라는 것은 무엇일까. 태어남이 있으면 곧 죽음이 있고(生者必滅), 만남이 있으면 헤어짐이 있는 것(會者定離)은 우리 삶의 가장 기본이 되는 축이 아닌가 한다. 따라서, 영원히 죽지 않고 살고 싶은 마음이야 누구인들 갖지 않았으랴. 진시황이 불로초를 구하기 위해 한반도에 사람을 보낸 이야기나, 미라를 보존하면서 영원히 살고자 했던 이집트의 파라오나, 또 최후의 심판의 날에 무덤에서 다시 살아나신 예수를 기리는 그리스도교나 모두 영생을 얻으려는 인간의 간절한 마음이 깃들어 있다고 할 수 있다.

이처럼 육체는 소멸되어도 영혼은 불멸하고, 이승을 떠나 저승에서 행복하게 살 수 있다고 믿는 사상은 동서고금을 막론하고 널리 퍼져 있다. 예를 들어, 불교의 극락정토(極樂淨土) 사상이나 유대교나 그리스도교의 천국과 지옥의 개념도 여기에 속한다. 극락정토에서 정토란 속세의 반대되는 개념인데, 근심과 괴로움으로 가득 찬 세상이 속세라면, 정토는 근심과 괴로움이 없는 즐거움만이 가득 찬 세상을 말한다. 정토의 대표적인 예가 바로 극락이다. 속세와 극락에서 이승과 저승의 관념이 자연스레 연결된다. 또한 유대교나 그리스도교에서 죽은 뒤에 가는 천국과 지옥의 개념도 이승과 저승의 관념을 기반으로 한다. 또 인간이 여러 가지 형태로 다시 환생하는 윤회(輪廻) 사상도 죽음이 끝이 아니고 또 다른 세상이 있다는 전제에서 이해될 수 있다.

조선 후기 천주교가 들어오고 교도를 탄압하는 여러 번의 박해가 일어났다. 천주교도들 가운데 양반층도 없지 않았지만 대부분 평민 신자가 많았는데, 그 이유는 이승에서의 고단함과 괴로움을 천국에 가서는 해소할 수 있다는 평민들의 갈망과 믿음 때문이 아니었을까 생각해 본다. 천국이라는 죽음 이후의 세상을 믿었기에 목숨을 바쳐가며 자신의 종교적 신념을 지켰던 것이 아닐까.

죽음은 곧 탄생이다

우리는 죽으면 '저승으로 간다'고 하고, 어떤 이가 죽었을 때, '저승으로 갔다'고도 말한다. 여기서 저승이란 어디일까? 저승의 어원에서 그 답을 얻을 수 있다. 저승은 중세국어에 '뎌싱'으로 나타난다. '뎌'는 지시 형용사로 오늘날 '저'로 바뀌었고, '싱(生)'은 '승'으로 바뀌어 '저승'이 된

것이다. '저승'의 반대말은 '이승'이라고 하는데, 이 말도 '이생'에서 왔음을 쉽게 짐작할 수 있겠다. 이 두 말뜻을 가만히 들여다보면, 모두 삶이라는 공통어를 가지고 있는 것이 특징이다. 살아서든 죽어서든 모두 삶을 영위하는 것인데, 다만 이쪽의 삶과 저쪽의 삶이 다를 뿐이라는 생각이다. 죽어서도 또 다른 삶이 시작된다는 말이니, 죽음이 세상의 끝이 아니라, 오히려 새로운 탄생의 의미를 갖고 있다고 봐야 할 것이다.

그런 의미에서 보면 죽음을 슬픔 자체로만 보지 않고 찬미하는 풍습이 바로 이러한 생각에 뿌리를 두고 있음을 알 수 있다. 따라서, 죽은 자를 보내는 장송의례(葬送儀禮)는 죽은 사람과의 유대를 끊는 시체 처리의 의례로부터 시작되었으나, 종교가 발달하면서 죽음이 끝이 아니라 또 다른 탄생으로 승화된 것은 아닐까 생각해 본다. 그렇다면 동양이든 서양이든 망자를 기리는 장례문화가 왜 슬픔으로만 가득 차지 않고, 웃음이 뒤범벅된 분위기를 띠고 있는지를 어렴풋이 이해할 수도 있을 것 같다. 이처럼 장례는 죽음에 대한 슬픔을 기리는 한편, 또 다른 세상에서의 탄생을 축하하는 자리이기도 하기 때문이다. 죽음은 곧 탄생이 아닌가.

그렇게 보면 '웃다'와 '울다'라는 말도 어쩌면 한 뿌리에서 나온 것일 수도 있지 않을까? 우리말에서는 서로 대립되는 말을 받침의 교체나 모음의 교체를 통해 만들어 내는 일이 많았기 때문이다. '믈-뭍, 설-섣'이 그렇고 '나-너, 설-살, 낳다-넣다' 등이 바로 그 예라고 할 때, '웃음-울음'도 어쩌면 한 뿌리에서 나온 말인지도 모른다. '웃-울'은 'ㅅ-ㄹ'이라는 자음 하나의 차이로 구분되기 때문이다.

말에 담긴 삶과 죽음

삶과 죽음이라는 말은 언어학적으로 보면 공통점이 있다. 둘 다 서술어 '살다'와 '죽다'에 접사 '-(으)ㅁ'이 붙어 형성된 말이기 때문이다. 이렇게 언어학적으로만 보면, 삶과 죽음은 같은 값어치를 지니고 있는 듯하다. 어쩌면 이 두 개념을 동일선상에서 공평하게 처리하려는 사상에서 나온 결과인지도 모른다.

그러나 요즘에는 삶보다는 죽음이 더 인기(?)가 있는 듯하다. 우리가 쓰는 말을 들여다보면, '살다'보다는 '죽다'라는 표현을 더 자주 접할 수 있기 때문이다. "바빠 죽겠네.", "더워 죽겠네."는 물론이고 "좋아 죽겠네."라는 표현도 있다. 또 친구들 사이에는 "너, 죽어."라는 말이 흔히 사용되고, 너무 좋은 상황에서는 "죽여 주네!"라는 표현도 쓴다.(줄여서 "죽이네!"라는 표현도 있다) 삶보다는 죽음을 더 찬미하는 민족이기 때문일까?

깊이읽기 – 죽음과 관련된 표현

- 세상을 떠나다 / 세상을 뜨다 / 숨을 거두다 / 숨이 넘어가다 : 죽다.
- 영면(永眠)하다 / 운명(殞命)하다 / 사망(死亡)하다 : 죽다. / 붕어(崩御)하다 : 임금이 죽다.
- 눈에 흙이 들어가다 / 눈을 감다 / 밥 숟가락을 놓다 / 한 줌의 흙이 되다 : 죽다.
- 천당에 가다 / 하늘나라에 가다 / 저 세상 사람이 되다 / 저승에 가다 / 황천길로 가다 : 죽다.
- 가다 / 돌아가다 / 떠나다 / 잠들다 : '죽다'를 완곡하게 이르는 말.
- 돌아가시다 / 별세(別世)하다 / 서거(逝去)하다 : '죽다'의 높임말.
- 뒈지다 / 뻗다 : 〈속〉 죽다. / 숨통을 끊다 : 죽이다.
- 떼죽음 : 한꺼번에 모조리 죽음. / 줄초상 : 한 집안에서 잇달아 생기는 초상.
- 반죽음 : 몹시 맞거나 앓거나 하여, 거의 죽게 된 것. / 개죽음 : 값없고 너절한 죽음.
- 동사(凍死) : 얼어 죽는 것. / 익사(溺死) : 물에 빠져 죽는 일. / 객사(客死) : 객지에서 죽음.
- 압사(壓死) : 무엇에 눌려 죽는 것. / 아사(餓死) : 굶어죽는 것. / 질식사(窒息死) : 숨이 막히거나 산소가 없어지거나 하여 죽는 것. / 고사(枯死) : (나무나 풀 따위가) 말라 죽는 것.
- 안락사(安樂死) : 도저히 살아날 가망이 없는 환자를, 본인 또는 가족의 요구에 따라 고통이 적은 방법으로 인공적으로 죽음에 이르게 하는 일.
- 비명횡사(非命橫死) : 자기 목숨대로 다 살지 못하고 뜻밖의 재난으로 죽음.
- 자살(自殺) : 스스로 자기의 목숨을 끊음. / 타살(他殺) : 남이 죽임.

합성어를 보아도 죽음을 앞세우는 표현들은 쉽게 발견할 수 있다. 한자어 '생사(生死)'는 고유어로는 '죽사리'라고 하며, 셰익스피어의 햄릿의 그 유명한 대사 "To be or not to be, that is a question."은 우리말로 번역될 때, "죽느냐 사느냐 그것이 문제로다."로 번역되지 않는가. 참으로 우리말에서는 죽음이 삶보다는 항상 앞서 있다. 죽음은 끝이 아니고 또 다른 세상에서의 탄생이라는 믿음 때문일까. 죽음이 두려움의 대상이기보다는 오히려 친근함의 대상이 된 듯하다.

3. 문화에 나타난 한국인의 숫자

중국인들은 '8'자를 유독 좋아한다. 예를 들어 아파트도 8층을 선호하고, 자동차 번호나 스마트폰 번호도 '888' 같은 번호를 선호한다. 실제로 888 같은 자동차 번호판이나 전화번호는 고가에 거래되기도 한다. 같은 동양 문화권인데도 우리는 '8'을 딱히 선호하지 않는 것을 보면 매우 대조적이다. 그렇다면 중국인은 왜 '8'을 좋아할까? 그 이유는 중국어 '發財'라는 단어 때문인데, 이 단어는 '재물이 일어난다' 즉 '부자가 된다'는 의미를 갖고 있다. '發財'의 발음이 우리말로는 [발재]이지만 중국어로는 [파 차이]인데, 이때 [파]라는 발음과 숫자 8의 발음 [파]가 같기 때문이다. 즉 숫자 8을 '부자'라는 의미로 연결 짓기 때문이란다. 마치 숫자 '4'를 죽을 '사(死)'와 연결 짓는 것처럼 말이다(이때 둘의 중국식 발음도 [쓰]다).

그런가 하면 서양에서는 '13'이란 숫자를 싫어한다. 마치 우리가 4자를 싫어하는 것만큼이나 13을 싫어한다. 그런 까닭에 1980년에 나온 공포영화 〈13일의 금요일〉은 공전의 히트를 쳤고 이후 몇 편의 시리즈를 거듭했다. 2009년에는 이전의 시리즈를 통합해서 리메이크한 영화까지 등장할 정도로 공포영화의 대명사로 통했다. 서양 사람들은 13이라는 숫자를 싫어하고 더욱이 13일의 금요일은 더욱더 싫어하는 것을 이해한 다면 이 공포영화 제목을 왜 이렇게 지었는지 짐작이 간다. 반대로 서양 사람들이 좋아하는 숫자도 있다. 알다시피 7자이다. '럭키 세븐', 즉 행운 을 가져다주는 숫자라고 해서 서양인들은 7자를 무척이나 좋아한다. 마 치 우리가 3자를 좋아하는 것처럼 말이다.

예로부터 수는 길흉과 관련이 있다고 믿어왔다. 오늘날에도 이사를 할 때는 으레 손없는 날을 잡으려고 한다. 음력 9, 10, 19, 20, 29, 30일 에 이사가 몰리는 것을 보면 그 믿음이 아직도 우리 생활 속에 살아 있는 듯하다. 이처럼 각 나라의 문화는 숫자와 밀접한 관련을 맺고 있다. 숫자 라는 놈도 그 문화의 물을 마시고 그 문화의 옷을 입고 사는 것이어서, 민족이 다르고, 또 문화가 다르면 숫자가 함축하고 있는 의미 또한 다르 게 나타나는 것은 어쩌면 당연한 일이 아닐까.

오방색과 오곡밥

오방색과 오곡밥은 때때옷과 정월 대보름을 떠올리면 누구나 쉽게 알 수 있는 우리 문화의 표상이다. 둘의 공통점은 무엇보다도 '오(5)'이다. 왜 색깔도 5가지 색을 좋아했고, 왜 밥도 5가지 곡물로 만든 밥을 좋아했 을까? 이것은 우연의 일치일까? 그렇지 않다. 여기에는 우리 선조들의 숫자관이 고스란히 담겨 있다.

우리가 알고 있는 무지개 색깔은 빨주노초파남보 7가지이지만, 이것 은 서양 문물의 영향이다. 그 이전에는 빨강, 파랑, 검정, 하양, 노랑과 같은 5가지 색을 중시해 왔는데, 이는 고대로부터 음양오행 사상에 근거 한 색채 문화를 지녀왔기 때문이다.

이러한 오방색은 동서남북 그리고 중앙을 상징하는 5개의 방위와도 밀접한 관련을 맺고 있다. 나아가 숫자 '5'는 소리에도 영향을 미쳐 5음계의 전통으로 이어졌으니, 바로 '궁(宮), 상(商), 각(角), 치(徵), 우(羽)'가 그것이다. 따라서, '도레미파솔라시'로 대변되는 7음계의 소리 구분은 서양 문화의 유산이라는 것을 쉽게 알 수 있다.

색동저고리

또 음식은 어떤가? 오곡은 모든 곡식을 총칭하는 말이지만, 특별히 쌀, 보리, 조, 콩, 기장 등 5가지의 주요 곡식을 지칭하기도 한다. 오곡은 오행의 개념으로 해석되어 색으로 보면 노란색은 토(土), 푸른색은 목(木), 붉은색은 화(火), 흰색은 금(金), 검은색은 수(水)가 되고 맛으로 보면 단맛은 토, 신맛은 목, 쓴맛은 화, 매운맛은 금, 짠맛은 수가 된다. 이처럼 숫자 5에 대해 조상들이 얼마나 깊은 사상적 배경과 문화적 뿌리를 갖고 있는지를 알 수 있다.

사층(F)과 죽을 사(死)

숫자에 대해 신비적인 뜻을 부여하고, 그것으로 특정 숫자를 좋아하거나 싫어하는 생각은 동서양을 막론하고 여러 민족에 뿌리 깊게 자리 잡고 있는 관념이다. 앞서 언급했듯이 서양에서는 13이라는 숫자를 몹시 싫어하는데, 호텔이나 건물 등에 13호나 13층이 없는 경우가 많다. 서양의 운동선수들도 등번호 13번을 피하려고 한다. 이 연원으로는 예수가 처형당한 날이 13일의 금요일이라거나, 예수의 최후의 만찬에서 13번째 손님으로 온 유다가 예수를 팔아넘겼다거나 여러 설들이 있다.

그러나 아마도 훨씬 이전에도 13이 불운의 상징이었던 것으로 알려져 있다. 그 전설에 따르면, 13명이 한자리에 앉았을 경우, 맨 먼저 자리를 뜨는 사람이 1년 이내에 죽거나 그 밖의 불운을 만난다는 것인데, 이후로 이러한 믿음은 오늘날까지도 계속 이어져 오고 있지만 그리 절대적인 금기어는 아닌 듯하다. 영국 프리미어리그에서 활약한 슈퍼스타 박지성 선수나 포르투갈의 유명 축구선수 에우제비오, 독일의 축구선수 토마스 뮐러도 등번호가 13번이었고 세계적으로 13번을 달고 뛴 유명 선수는 많기 때문이다.

동양은 어떠한가. 동양에서는 '4'를 불운의 상징으로 여긴다. 그 연원은 고대 중국으로 거슬러 올라가는데, 중국에서는 고대로부터 홀수를 양수(陽數)라 하여 존중한 데 반해 짝수를 음수(陰數)라고 하여 싫어했다. 이와 같은 풍습이 우리나라에도 들어와 오늘날까지도 널리 퍼지게 되었다. 옛 조상들 역시 홀수와 짝수 가운데 홀수를 좋아했는데, 우리의 민속 명절을 살펴보아도 대부분 홀수날이 많다. 1월 1일의 정월 초하루가 홀수이고, 3월 3일의 삼짇날이 그렇고, 5월 5일의 단오날도 그렇다. 7월 7일의 칠석은 또 어떻고 9월 9일의 중양절은 또 어떤가. 이처럼 홀수를 양수로, 반대로 짝수를 음수로 여겼던 것이다.

특히, 짝수 가운데서도 4자는 가장 부정적인 수인데, 그것은 아마도 한자어 '死(죽을 사)'와 음이 같고 사방이 막힌 수(四)이기 때문에 생겨난 관념이 아닌가 싶다. 이러한 '4'자 기피 현상은 오늘날에도 그대로 남아 있어, 건물의 엘리베이터는 4층을 4로 표시하지 않고 F로 표시하거나, 병원이나 여관 등도 4호실을 없애기도 한다.

삼세번만 합시다

앞에서 양수와 음수에 대해 이야기했듯이, 동양에서는 홀수를 길한 숫자라고 여겼다. 그 가운데서도 우리나라 사람들은 특히 3을 좋아한다. 그렇다면 왜 그렇게 '3'이라는 숫자를 좋아하게 되었을까? 그것은 '3'이라는 숫자가 '완전함'을 의미한다고 믿었기 때문이다.

이러한 생각은 우주가 천(天), 지(地), 인(人) 삼재(三才)가 한 데 잘 어우러질 때 비로소 완전함에 이른다고 믿었기 때문이다. 옛날 발이 달린 도자기나 항아리들을 자세히 보면, 예외 없이 3개의 발을 가지고 항아리를 떠받치고 있는 것을 알 수 있다. 또 아기를 낳을 때면 삼신할매에게 무사 출생을 기원하던 풍습에서도 '3'의 의미를 찾을 수 있다. 삼줄을 끊고 나와 생명 탄생이 이루어지면 밥과 국 세 그릇을 바치며, 삼칠일 간의 금기를 행했던 것도 이러한 맥락에서 이해할 수 있다. 완전한 숫자에 대한 이러한 믿음이 실생활에까지 깊숙이 뿌리 내리고 있었음을 알 수 있는 대목이다.

또 신화와 전설은 어떤가. 단군 신화, 동명왕 신화, 제주도 개벽 신화 등에서 자주 보이는 3이라는 수는 우연의 일치가 아니다. 단군 신화에는 3이 수없이 많이 등장하는데, 예를 들어 환인, 환웅, 단군의 3대로 이어지는 3신(三神) 체계에서부터 삼위태백, 천부인 3개, 무리 3천명, 풍백(風伯), 우사(雨師), 운사(雲師) 등 3명이 인간의 360여 가지 일

백제토기 세발 향로

을 맡아 다스렸다는 이야기, 또 곰이 동굴 속에서 삼칠일 간(3×7=21)의 금기를 지켜야 했던 것도 모두 '3'이라는 공통점을 가지고 있다. 또한 우리 민족이 자랑하는 훈민정음에도 '3'의 숫자관이 들어 있다. 즉, 모음 기본자인 'ㆍ, ㅡ, ㅣ'가 각각 삼재를 기반으로 하고 있다는 사실에서도 숫자 3의 완전함과 숭고함을 엿볼 수 있다. 이러한 '3'에 대한 숫자관은 동양에만 국한된 것은 아닌 듯하다. 가톨릭교에서의 성부, 성자, 성령의 삼위일체를 떠올려 보면, 서양에서도 3을 신성시했음을 쉽게 알 수 있기 때문이다.

1. 책 『숫자 3의 비밀』(김종대, 사파리, 2007)에는 숫자 3에 얽힌 우리 문화의 수수 께끼가 재미있게 소개되어 있다. 우리 옛날이야기 속에 등장하는 셋째 딸, 삼 형제, 삼 년이란 말은 우연이 아니라 나름의 의미가 있는 것이 아닐까?

   (1) 한국인이 3이라는 숫자를 사용하는 예를 실생활에서 더 찾아보자.

   (2) 현대 사회에서도 숫자 3의 특별한 의미가 지켜지고 있는지 또는 그렇지 않은지 함께 토론해 보자.

2. 다음은 이상의 시 '오감도'이다. 시를 감상하고 물음에 답해보자.

오감도(烏瞰圖) - 詩제1호 -

十三人의兒孩가道路로疾走하오. (길은막달은골목이適當하오.)

第一의兒孩가무섭다고그리오.
第二의兒孩도무섭다고그리오.
第三의兒孩도무섭다고그리오.
第四의兒孩도무섭다고그리오.
第五의兒孩도무섭다고그리오.
第六의兒孩도무섭다고그리오.
第七의兒孩도무섭다고그리오.
第八의兒孩도무섭다고그리오.
第九의兒孩도무섭다고그리오.
第十의兒孩도무섭다고그리오.

第十一의兒孩가무섭다고그리오.
第十二의兒孩도무섭다고그리오.
第十三의兒孩도무섭다고그리오.

十三人의兒孩는무서운兒孩와무서워하는
兒孩와그러케뿐이모였소. (다른事情은업는것이차라리나앗소)

그中의一人의兒孩가무서운兒孩라도좃소.
그中의二人의兒孩가무서운兒孩라도좃소.
그中의二人의兒孩가무서워하는兒孩라도좃소.
그中의一人의兒孩가무서워하는兒孩라도좃소.

(길은뚤닌골목이라도適當하오.) 十三人의兒孩가道路로疾走하지아니하야도좃소.

(『조선중앙일보』 1934.7.24)

(1) 위의 시에서 '13인'의 의미에 대해서는 그동안 다양한 해석이 있었다. 예를 들어 '최후의 만찬에 합석한 예수와 12제자'라는 설, '당시의 13도를 의미하는 것으로 식민지 조국을 상징'한다거나 '13일의 금요일처럼 가장 불길한 숫자의 상징'이라는 설도 있었다. 그밖에 어떤 해석이 더 있는지 찾아보자.

(2) 기존의 해석 이외에 여러분이 이 시를 읽고 이 숫자에 어떤 의미가 담겨 있다고 생각하는지 말해보고 자신의 생각을 친구들과 이야기해보자.

3. 한국어의 현재시제와 영어의 현재시제는 그 의미나 용법에서 큰 차이가 있다. 한국어의 현재시제는 "날마다 학교에 간다."와 같이 현재의 습관적 동작에도 사용하며 "내일 학교에 간다."와 같이 미래의 동작에도 사용한다. 그러나 영어의 경우 전자에서는 현재형을 사용하지만(I go to school every day.), 후자에서는 사용하지 않는다(I'll go to school tomorrow.).

(1) 한국어와 영어의 시제 체계에 어떤 공통점과 차이점이 있는지 알아보자.

(2) 이러한 차이가 어떤 문화적 요소에 기인하는지 알아보자.

(3) 시제 이외에 다른 언어 표현에도 이런 문화적 차이로 인해 차이를 보이는 예가 있는지 알아보자.

04 우리말에는 어떤 정서가 담겨 있을까?

한국인의 한과 신바람

　인간의 삶은 희로애락(喜怒哀樂)의 연속이라고 한다. 기쁜 일이 있다가도 슬픈 일이 있고, 또 즐겁다가도 어느새 노여움이 밀려오는 것이 우리의 삶이 아닌가. 그래서 인간사 새옹지마(塞翁之馬)라는 말을 하기도 한다. 삶 속에 깃든 애환을 어찌 모두 말로 표현할 수 있겠는가마는 그래도 말을 가만 들여다보면, 삶의 애환을 엿볼 수 있으니, 말 속에는 그 민족의 정서가 깃들어 있다는 말에 다시금 고개를 끄덕여 본다.

　우리말에 의성·의태어들이 많다는 사실은 익히 알려진 일이지만 그 가운데서도 기쁨과 슬픔을 나타내는 말이 적지 않은 것을 보면, 언어와 정서가 밀접한 관련을 맺고 있음을 뒷받침해 주는 것이 아닐까. 웃는 소리를 상징하는 표현은 이루 헤아릴 수 없이 많다. "하하, 호호, 헤헤, 허허"라는 웃음소리는 어떻고, "까르르거리다, 깔깔거리다, 킥킥거리다, 해해거리다"와 같은 웃음소리는 또 어떤가. 또한 웃는 모습을 표현한 의태어들도 적지 않다(방글거리다, 방그레하다, 방긋거리다, 벙긋거리다, 방실거리다). 우는 소리를 상징하는 말이나(앙앙거리다, 잉잉거리다, 엉엉거리다, 훌쩍거리다) 우는 모습을 표현한 말들도 많다(눈물짓다, 우짖다, 흐느끼다, 울먹거리다).

　이 장에서는 말이 민족의 정서를 담는 그릇임을 다시 한번 느껴보기로 한다. 먼저, 한(恨)과 한국어에 대해 알아보고, 체면문화의 이중성이 언어에 어떻게 반영되는지 살펴본다. 그리고 한국인의 신바람 문화와 언어의 상관성에 대해서도 살펴보기로 하자.

미리 한번 생각해보자

- '한'이 맺혀 본 적이 있는가? 어떨 때 그런 말을 할까?
- 가장 체면을 차려야 된다고 생각할 때는?
- 살아오면서 가장 신바람이 났던 일이 있다면?

1. 한(恨)과 한국어

한국인의 정서를 논할 때 '한(恨)'을 빼놓고서는 이야기가 안 될 정도로 한은 우리 민족의 정서 가운데 가장 대표적인 것이 아닌가 한다. 이런 이유 때문인지 민중들의 애환이 깃든 민요를 가만 들어보면, 한에 대한 노래가 많이 발견된다. "한 많은 이 세상, 야속한 님아~~~"로 시작하는 〈한 오백년〉에서도, 그리고 "나를 버리고 가시는 님은, 십리도 못 가서 발병이 난다"로 끝맺음을 하는 〈아리랑〉에서도 한의 정서는 쉽게 느낄 수 있다. 가슴 속에 슬픔과 노여움의 응어리가 맺힐 때, 우리는 "한이 맺힌다"라고 하고, 이 응어리를 풀었을 때 "한을 풀었다"라는 말을 한다.

'한'이 우리의 정서 가운데 대표적인 것이라 했는데, 이에 못지 않는 또하나의 우리 정서를 말하라고 하면 게 '정(情)'이 아닐까 싶다. "가는 정이 있어야 오는 정이 있다"는 속담에서 알 수 있듯이, 우리는 세상을 살아가면서 '정'을 매우 중요하게 생각한다. "웃지마, 정들어!", "이러다 가 정들라.", "그놈의 정 때문에"라는 말이 있는데, 여기에는 "한번 정이 들면 떨어지거나 헤어지기가 그만큼 어렵다"는 의미가 깔려 있는 듯하다. 우리 삶에서 서로 간에 정이 드는 것이 얼마나 소중한 일인지를 보여주는 말이다. 여기서는 우리 민족의 정서인 '한'과 '정'의 배경과 이에 얽힌 우리말에 대해 알아보자.

눈물과 한의 민족

'한(恨)'을 '마음 속에 응어리진 그 무엇'으로 해석하는 이가 많다. 사실 '한'의 한자를 풀이해 보면 이 말이 생긴 연유를 대략 알 수 있지 않을까 싶다. '恨'의 부수인 '忄'은 마음을 뜻하며, '艮'은 '가만히 멎어 있다'는 뜻이므로 마음 속 깊이 간직하고 있는 응어리를 '恨'이라고 하는 것이 아닐까. '한'이라는 주제는 고대에서부터 현대에 이르기까지 수많은 문학작품이나 종교와 민속에 나타나 있기 때문에 사람들은 이를 민족의 대표적인 정서로 간주하고 있는 것으로 보인다.

위 노래는 고려 시대 서경(西京:平壤)에서 널리 불리던 〈서경별곡(西京別曲)〉으로 서경에 사는 여인이 대동강에서 애인을 떠나보내며 부른 이별의 노래이다. 가슴속에 맺힌 이별의 정한을 느껴 볼 수 있다. 또한, 굿(별신굿)이나 전통놀이(산대놀이, 탈춤) 속에서도 '恨'풀이나 '恨'적 상징들은 쉽게 찾아볼 수 있다. 수십년 전 판소리의 한을 다뤄 관객의 심금을 울렸던 영화 『서편제』나 지난해 조선의 여성국극단을 소재로 여성소리꾼의 삶을 다룬 드라마 『정년이』는 모두 우리 민족의 정서인 한이 현대를 사는 우리들에게도 고스란히 남아 있음을 깨우쳐주고 있다. 남녀노소를 막론하고 한 장면 한 장면을 가슴 뭉클하게 지켜볼 수 있었던 것은 과거와 현재를 이어주는 한의 정서가 노래를 통해 관객들의 마음속에 흐르고 있었기 때문이 아니었을까.

여성 소리꾼

가슴 속에 응어리진 말들

앞 남산의 실안개는 산허리로 돌고요.
정든임 두 팔은 내 허리를 감는다.
(중략)
오릉촉하 능라삼팔주로 날 감지 말고,
대장부 긴 팔로 날 감아 주게.

<정선 지방 구전 아리랑>

주야장 밤도나 길지 너만 홀로 밤이 긴가
밤이야 길더라만, 임이없는 탓이로다.
언제나 유정님 만나 긴 밤을 짜르게 세워나 볼까.

<충주지방 구전 아리랑>

<아리랑>만큼 우리 민족의 정서를 대변하는 노래는 없을 것이다. 한동안 스포츠 경기에서 남북한 단일팀이 구성되었을 때, 그 국가로 아리랑이 채택된 일을 생각해 보면 아리랑이 우리 민족의 가장 대표적인 노래임은 쉽게 알 수 있다. 아리랑의 발원지는 강원도 정선이라고 한다. 정선에는 아라리가 있고, 이 노래가 아리랑의 뿌리가 아닌가 싶다. 또 정선에는 아우라지강이 있는데, 이것도 아리랑과 어떤 관련된 듯하다. 강원도에만 약 500여종의 아리랑이 있다고 하니 전국 각지에서 불리는 아리랑까지 합하면 그 수는 실로 엄청나다.

한 민속학자는 민요 <아리랑>을 '한풀이'로 해석한 적이 있다. 아리랑은 닫힌 사회의 해원(解怨)이나 해한(解恨)의 노래라는 것이다. 앞에서 '한'을 '마음속의 응어리'라고 했듯이 이 응어리를 풀어내는 것이 아리랑이라는 것이다. "나를 버리고 가시는 임은 십리도 못 가서 발병이 난다."

임이 병이라도 나서 가지 못하게 해달라는 한 맺힌 응어리가 이 노랫말에 잘 드러나 있다. 세상살이 중에 쌓인 한을 임을 통해 풀어보고자 한다는 것이니, 불평과 원망을 말로 표현하면서 어떤 카타르시스를 느끼지 않았을까.

한국인의 정과 떼쓰기

'무정한 사람, 냉정한 사람'에 대한 우리 사회의 이미지는 그리 긍정적인 것이 아니다. "냉정한 사람"이 합리적인 사람으로 간주되기보다는 야멸차고 같이 어울리지 못할 사람으로 대우받는 사회가 우리 사회가 아닌가 싶다. 또 "정 떨어진다", "정이 안간다"는 말은 어떤가. 이 말도 우리 인간관계에서 '정'이 핵심적인 요소라는 것을 말해준다. 이러한 말들은 우리 사회에서 '정(情)'이 얼마나 중요한 위치를 차지하고 있는지를 역설적으로 보여주는 것이다.

우리 사회가 유독 '우리'라는 말을 즐겨 쓰는지도 '정'과 어떤 관련이 있어 보인다. 정이라는 것은 공동체 속에서 형성되는 것이며, 타인과의 관계 속에서 영글어 가는 것이기 때문이다. "한 번만 주면 정없어!", "하나만 주면 정없지!"라는 말이 있다. 가족끼리 밥을 먹다가 할머니가 손자에게 맛있는 음식을 권하면서 한 번 더 먹으라고 이렇게 말하기도 하고, 시장에서 물건을 살 때, 물건 파는 아주머니가 하나 더 덤으로 주면서 이렇게 말하기도 한다. 이런 말을 우리는 일상에서 쉽게 들을 수 있는데, 정은 우리 사회의 인간관계를 부드럽고 친밀하게 만들고 끈끈하게 이어주는 정서적 DNA가 아닌가 생각해 본다.

그러하니 '무정하다'나 '정 떨어진다'는 말이 우리 사회에서 얼마나 무서운 말인지 알 수 있다. 우리에게 '정'이라는 정서는 어려울 때 하나로 뭉칠 수 있고, 함께 역경을 헤쳐 나갈 수 있는 커다란 원동력이 되었던 것이 사실이다. IMF 때 금모으기 운동이나 연말의 불우이웃 돕기 행사에 저금통 속의 코 묻은 돈을 들고 나오는 어린이들을 볼 때마다 새삼 우리는 여전히 정이 넘치는 사회 속에 살고 있다는 느낌을 갖는다.

그러나 모든 것이 양면성이 있듯이 이러한 정 문화의 폐단 또한 우리 주위에서 쉽게 발견될 수 있다. 합리성과 공정성보다는 '정'을 앞세우는 경우가 종종 있기 때문이다. 소위 '봐주기'와 '떼쓰기' 문화가 그러한 폐단의 단편이 아닌가 한다. "좋은 게 좋은 거다", "팔은 안으로 굽는다"와 같은 속담이나 불법을 저지르고도 "경찰관님, 한 번만 봐 주세요."라고 매달리는 사람들의 말에서도 이러한 속성을 발견할 수 있으니 말이다.

2. 체면문화의 이중성

　요즘은 자동차를 살 때 '승차감'보다는 '하차감'이 더 중요하다는 우스 갯소리가 있다. 보통 '승차감'이라고 하면 운전자나 동승자가 차를 탔을 때 얼마나 안전하고 편안함을 느낄 수 있는지를 말한다. 과거에는 자동 차를 살 때 이 점을 제일 중요하게 생각했었다. 그런데 요즘은 '하차감' 이 더 중요하단다. 이 신조어는 운전자가 차 안에서 느끼는 안락함과 편안함보다는 운전자가 차에서 내릴 때 주위 사람들로부터 어떤 주목과 시선을 받느냐를 말한다고 한다. 멋진 차에서 내릴 때 부러움에 가득한 주위의 시선을 받는다면 하차감이 최고인 셈이다. 그렇다면 '하차감'이 야말로 우리 체면문화의 일면을 보여주는 것은 아닐까.

　우리 속담에 "보기 좋은 떡이 먹기도 좋다"라는 말이 있는가 하면, "기 왕이면 다홍치마"라는 말도 있으며, "입은 거지는 얻어먹어도 벗은 거지 는 못 얻어먹는다"는 말까지 있다. 이들은 하나같이 속보다는 겉모양의 중요성을 강조하는 말들로 우리의 체면문화의 단편을 엿볼 수 있는 표현 들이다. 우리의 체면문화에는 이중성이 담겨 있다. 겉모양을 중시한다는 것은 어떤 의미로는 격식을 차리고 상대방을 배려한다는 뜻도 담겨져 있다. 남 보기에 좋도록 자신을 꾸민다는 것이니 말이다.

　그러나 또 한편으로는 속은 건실하지 않은데도 겉만 화려하게 꾸며 뽐내고자 하는 허세의 문화도 담겨 있다. "냉수 마시고 이빨 쑤신다"는 속담처럼 겉치레를 중시하는 사회, 분수에 맞지 않는 허세를 부리는 문 화, 그리고 자신의 것은 무안할 정도로 깎아내리는 지나친 겸양이 미덕 으로 간주되는 사회가 바로 우리의 또 다른 얼굴은 아닌지 생각해 볼 때다.

얼굴 문화

'뻔뻔하다'는 말은 '염치없이 부끄러운 짓을 하고도 예사롭다'는 뜻인데, 이 말은 '얼굴가죽이 두껍다 / 얼굴에 철판을 깔다'와 같은 속어로도 표현한다. 또 '안면을 몰수하다'는 말도 있다. 이 속어의 공통점들은 모두 '얼굴[面]'을 내세우고 있다는 점이니, 한국인의 체면문화를 잘 보여주는 예라고 할 수 있다. 또한, 체면이 서는 상황에서는 "얼굴값을 하다 / 얼굴을 세우다"라는 말을 쓰고, '낯이 서다 / 낯을 세우다'라는 말이 있는 반면, 체면이 깎이는 상황을 일컫는 말에는 '얼굴에 똥칠을 하다 / 얼굴에 먹칠을 하다 / 얼굴에 침을 뱉다 / 얼굴을 깎다=체면을 잃게 만들다' 등 무수한 '얼굴'에 관한 표현들이 등장한다.

또한, 같은 의미로 '낯가죽이 두껍다 / 낯가죽이 얇다' 등 얼굴의 일부분인 '낯'을 이용한 표현들도 무수히 많다. '얼굴'과 '낯'은 15세기에도 사용되었다. '얼굴'은 지금과는 달리 '몸 전체', '형상, 모습'의 의미였고, '낯'이 '얼굴'의 의미로 사용되다가, 17세기에 와서 '얼굴'이라는 단어가 지금처럼 '안면(顏面)'의 의미로 축소되어 사용되었다. 17세기 이후부터는 '얼굴'과 '낯'이 서로 경쟁을 하다가 '낯'이 '얼굴'에 점차 밀려나서 비속어 위주로 사용되기에 이른다. 얼굴의 의미를 가진 또 다른 비속어로는 '쪽'이 있다. "아 쪽팔려!"라는 말에서 알 수 있듯이 얼굴이 팔리게 되어 챙피하다는 뜻이다. 이 단어는 작가 황석영의 『어둠의 자식들』(1980)에서 불량배들이 쓰는 은어로 처음 등장했다.

우리말에는 체면과 관련한 언어 표현이 매우 다채롭고 다양하다. 그런데 체면과 관련되 표현 중에서 '체면을 세우는' 표현보다 '체면이 깎이는' 표현이 훨씬 더 많다. 이것을 왜일까? 아마도 그만큼 우리 사회가 체면을 중시하고 체면을 깎이는 행위를 했을 때 사회적으로 많은 지탄을 받는다는 것을 뜻한다고 본다. 그만큼 우리 사회가 체면을 중요시 하고 있다는 반증이 아닐까.

	체면과 관련한 언어 표현
얼굴	얼굴에 똥칠을 하다/ 얼굴에 먹칠을 하다/ 얼굴에 침을 뱉다/ 얼굴을 깎다=체면을 잃게 만들다/ 얼굴을 내놓을 수 없다/ 얼굴을 더럽히다/ 얼굴을 들고 다닐 수 없다/ 얼굴을 못 들다/ 얼굴이 간지럽다/ 얼굴이 깎이다/ 얼굴이 달아오르다/ 얼굴이 두껍다/ 얼굴이 붉어지다/ 얼굴이 붉으락푸르락해지다/ 얼굴이 파래지다/ 얼굴이 펴지다/ 얼굴이 하얘지다/ 얼굴이 홍당무가 되다/ 얼굴이 화끈거리다
낯	낯가죽이 두껍다/ 낯가죽이 얇다/ 낯을 가리다/ 낯을 깎다/ 낯을 돌리다/ 낯을 들고 다닐 수 없다/ 낯을 들지 못하다/ 낯을 못 들다/ 낯을 붉히다/ 낯이 간지럽다/ 낯이 깎이다/ 낯이 두껍다/ 낯이 뜨겁다/ 낯짝이 뜨겁다/ 대할 낯이 없다

겸양과 겉치레 문화

"양반은 얼어 죽어도 곁불은 아니 쬔다.", "양반은 물에 빠져도 개헤엄은 안 한다." 등의 속담이 있다. 아마 우리 체면문화의 단편을 가장 잘 보여주는 말이 아닌가 한다. 이 속담의 이면에는 상놈이나 서민은 추워서 얼어 죽을 상황이 되면 곁불을 쬔다든가, 물에 빠질 때 개헤엄을 칠 수 있다는 암시가 들어 있다. 이 속담에는 신분제 사회라는 전제하에 높은 품격의 신분을 가진 사람은 아무리 어려운 상황에 처하더라도 자신의 품위를 떨어뜨리는 행동을 해서는 안 된다는 점을 강조하고 있다. "호랑이는 죽어도 풀을 먹지 않는다."는 말도 이 계열에 속하는 말이라고 할 수 있다.

따라서, 체면을 차리는 방법은 자기의 신분을 나타내거나 암시하는 행동 격식을 밖으로 드러내 보임으로써 상대방으로 하여금 자신의 신분을 알아차리게 만드는 행동 방식이다. 겉으로 드러나는 나의 행동과 모습을 통해 남이 나를 어떻게 평가하느냐에 따라 체면은 높아질 수도 있고 낮아질 수도 있는 것이 일반적이다. 따라서 체면에는 일정한 격식이 항상 동반되고, 그 격식을 지키고 따르는 것이 매우 중요한 요소로 간주된다.

다른 한편으로 체면문화는 겸양의 문화로 이어지기도 한다. "차린 것 없지만 많이 드십시오." "변변찮습니다만~, 약소하지만~, 부족하지만~"과 같이 겸양 표현은 우리 사회에서 일반적으로 사용되는 말이다. 이러한 표현도 자신을 낮추면서 상대를 높이는 것이니 상대를 의식하는 체면문화의 일면이라고 볼 수 있다. 어느 가정에 초대받아 갔을 때 상다리가 부러질 정도로 한 상 가득 차려 놓고도 주인은 "차린 건 없지만, 많이 드세요!"라고 말하지 않는가. 이러한 체면문화는 사회적 품위를 유지하고 상대방을 존중하고 배려하려는 마음과 이어질 때는 긍정적으로 작용하기도 한다.

그러나 그릇된 체면 세우기에 지나치게 집착할 경우 부정적인 측면이 금방 드러나고 만다. 이를 '겉치레'라고 하는데, "냉수 먹고 이빨 쑤신다."는 속담이 바로 이러한 부정적 측면을 잘 보여주는 말이다. 요즘 아르바이트 중에 '하객 아르바이트'도 생겼다고 한다. 결혼식장에 손님을 가장하여 대신 참석하여 결혼식을 풍성하게 해주는 사람이란다. 좀더 화려하고 성대한 결혼식을 보여주고 싶은 마음에서 생긴 풍경이 아닐까. 이처럼 자기 분수에 맞지 않게 거짓으로라도 자신의 사회적 신분 위치를 높여보려는 행동양식이 바로 '겉치레' 의식으로 이어진다.

모든 것은 나 먼저!

시대가 변하면서 문화도 변하듯이, 체면문화도 사회적 변화에 따라 서서히 변화하고 있다. 과거 가부장제도가 확고했던 시대에는 가장의 권위주의에서 출발하여 사회 각 집단에서 권위주의가 뿌리 깊게 자리 잡고 있었다. 이러한 분위기는 체면문화를 유지해 주는 중요한 요소였음은 물론이다. 그러나 핵가족 시대가 도래하면서 가부장제가 점차 설 자리를 잃어버리게 되자, 체면문화를 뒷받침해 주던 지렛대가 없어진 셈이 되었다.

이제 체면문화는 겉치레와 동일시되면서 그 긍정적인 면보다는 부정적인 면이 더욱 부각되고, 격식과 의식이 점점 없어지면서 개인주의 문화로 탈바꿈되고 있다는 것으로 보인다. 이제까지 가부장제와 권위주의 아래에서 숨죽이며 자기 목소리를 내지 않았던 사회 구성원들은 이제는 당당히 자신의 목소리를 내게 되었고, 겉치레보다는 합리성과 실리성을 더 우선적으로 생각하게 되었다. "남의 염병이 내 고뿔만 못하다"는 속담에서 알 수 있듯이, 이기심은 인간의 본성 중의 하나일 것이다. 쇼펜하우어도 "만물은 자기를 위해 있으며, 자신을 위해 모든 것을 소유하고 지배하기를 원하며 자기에게 대적하는 것을 멸망시키려고 한다."고 이기주의를 평한 바 있다.

언어에서도 이기성의 원칙이 존재하는데, 바로 "나 먼저 원칙"이 그것이다. 즉 나(Me)를 원형적이고 전형적인 것이라 할 때, 병렬되는 두 성분 가운데 나를 가장 잘 묘사하거나, 가장 잘 특징짓거나, 가장 비슷한 것을 앞에 배치하려는 속성이 있다는 것이다. 예를 들어, 'this and that'은 되지만 '*that and this'라는 말은 없다. 우리 말에도 '앞뒤'라는 말은 있지만 '*뒤앞'이라는 말은 없고, '여기저기'는 성립하지만 '*저기여기'라는 말은 성립하지 않는다. 과거 체면문화에서는 상대의 평가에 의해 자신의 위치와 지위가 결정된다고 믿었지만, 개인주의 문화에서는 자신의 시각에서 상대를 평가하기 시작한 것이다.

	언어 표현
한국어	앞뒤-*뒤앞, 여닫-*닫여, 여기저기-*저기여기, 물불-*불물, 논밭-*밭논, 안팎-*밖안, 내외-*외내
영 어	this and that-*that and this, man or beast-*beast or man

3. 한국인을 움직이는 신바람과 기

'한강의 기적'을 일구어낸 민족! '원조를 받은 나라에서 원조를 주는 나라로!' 이 말은 한국에 대한 세계인의 찬사였다. 전쟁으로 폐허가 된 나라를 다시 선진국 대열로 끌어올린 한민족의 근면함과 성실함에 찬사를 보낸 것이리라. 그렇다면 이러한 기적을 가능케 한 원동력은 무엇일까? 그것은 우리 민족만이 가지고 있는 '신바람'의 문화가 아닐까 생각해 본다.

'신바람'의 사전적 의미는 '신이 나서 우쭐우쭐해지는 기운'이니, 신바람의 신은 바로 '신(神)'을 뜻한다. 운동경기에서 어떤 선수가 환상적인 경기를 할 때, '신들린 듯하다'고 말하는데, 이 말은 '신(神)이 들린 듯하다'는 말로 이 또한 '신바람'과 관계가 깊다. 아무튼 한국 사람들은 신바람이 나면 기가 살아나고, 그러면 뭐든지 할 수 있는 잠재력을 가진 민족이다. 여기서는 '신바람'과 '기'에 얽힌 이야기를 만나보기로 하자.

신바람 민족

굿이 비과학적이요 사이비 종교로 매도당하던 시절이 있었다. 물론, 지금도 그러한 시각이 만연되어 있는 것이 사실이지만, 무속 신앙은 우리 전통 종교의 하나로 오늘날까지도 그 형태와 정신이 이어져 내려오고 있다. 요즘도 "굿이나 보고 떡이나 얻어먹지."하는 속담을 자주 쓰는데, 굿이 우리와 얼마나 가까이 자리하고 있었는지를 쉽게 알 수 있다.

굿판에는 으레 무당들의 신들린 듯한 춤이 있기 마련이다. 특히 신의 내림을 몸에 받고 무당이 된 강신무인 경우 그 춤의 신기함과 초능력은 이루 말할 수 없다 한다. '신바람'은 바로 이 굿판의 신들린 듯한 춤과 관련이 있다. 신의 바람이니 초능력이 있을 수밖에 없는 것이 아닌가. 한

내림굿

국인을 신바람 민족이라고 일컫는데, 이는 신바람이 나면 무한한 능력을 발휘하기 때문이 아닌가 한다. 마치 신들린 무당이 과거의 일을 말하고 미래를 예언하듯이 말이다.

우리말에도 "신난다", "신명 나게 놀아보자."라는 말이 있는데, 이것 또한 '굿'과 밀접한 관련을 맺는다. 어원학자 천소영 교수는 '신'을 '어떤 일에 정신이 팔려 흥이 난 상태'라고 정의하고 이 고유어 '신'이 한자어로 옮겨지면서 '신명(神明)'이 되었다고 한다. 또한 굿판에서 무당이 신바람 나게 굿을 하는 것도 '한 판을 논다'라고 표현하듯이 '놀다'라는 표현도 무언가에 몰입해서 신나게 하는 행위를 뜻한다고 하니 '신나게 노는 것'이야 말로 정말로 신나게 노는 것이 아닐 수 없다.

기 좀 살려줘요

2024년 가왕 조용필은 자신의 20번째 정규앨범을 발매했다. 앨범 타이틀 곡은 〈그래도 돼〉라는 노래인데, 요즘 삶이 힘든 젊은이들에게 따뜻한 위로가 되는 노래다. 힘들지만 기죽지 말고 끝까지 해보면 원하는 것을 얻을 수 있을 것이란 응원의 메시지를 담았다고 한다. 이렇듯 세상살이에서 '기'는 반드시 살려야만 하는 존재이다. 심지어 싸움 가운데서도 가장 먼저 시작되는 것이 바로 '기싸움'이다. 실제 싸움이 벌어지기 전에 상대방의 기를 압도하려는 것이 기싸움인데, 이것은 싸움에서 '기가 죽으면' 곧 지는 것이요, '기가 살아야'만 이길 수 있다는 말이기 때문이다.

'기'는 아마도 한자어 '氣'에서 유래한 것으로 보이는데, 본래 그 뜻은 '일기 예보'에서도 알 수 있듯이 단순한 공기를 나타내기도 하고, '기관지'에서도 알 수 있듯이 '호흡'을 뜻하는 것이었지만, 나중에 의미가 점차 파생하여 인간이 생활하는 데 가장 필요한 총체적인 힘, 이른바 원기, 정기, 생기, 기력 등을 가리키는 말로 변하였다. 그리하여 '기가 살다', '기가 나다', '기를 펴다'는 말은 기세가 오르는 형국을 뜻하며, 반대로 '기가 죽다(기를 죽이다)', '기가 질리다', '기를 펴지 못하다' 등은 기세가 꺾인 형국을 말한다. 이밖에도 어이가 없다는 뜻으로 '기가 막히다'라는 표현이 있고, 온 힘을 다해 노력하는 것을 '기를 쓰다'라고 표현하니, '기'는 우리의 사기(士氣)를 결정하는 핵심적인 요소가 아닐 수 없다.

'기가 차다'와 '기똥차다'

'기가 차다'나 '기가 막히다'는 '참으로 어이가 없다'는 부정적인 의미이지만 조사가 빠진 '기차다'와 '기막히다'는 긍정적이다 못해 최상급의 수식어로 불릴 만하다. '공을 기막히게 다룬다'거나 '기찬 생각을 해내다'에서처럼 이들은 '놀라울 정도로', '환상적으로' 쯤의 뜻을 가진 찬사의 수식어다. 영어의 경우, 'fantastic'이나 'lovely'라는 수식어가 있는데, 이들에게는 'very'가 수식할 수 없다고 한다. 그 자체로서 최상급이라는 말이기 때문이다. 우리말의 '기막히다', '기차다' 그리고 '기똥차다' 등도 마찬가지다. 이 세 수식어야말로 정말 기똥찬 최상급의 환상의 트리오가 아닐 수 없다. "기똥차다"는 "*아주 기똥차다"라든가 "*매우 기똥차다"는 말이 성립하지 않으니 최상급임을 쉽게 알 수 있다.

	보통 표현	비교 표현
영 어	fantastic, lovely	*very fantastic, *very lovely
한국어	기막히다, 기차다, 기똥차다	*아주 기막히다, *아주 기차다, *아주 기똥차다

아마도 '기'가 나타나는 정도가 극에 달하면 바로 이러한 '기똥찬' 상태, 즉 무아지경에 이르지 않을까 짐작할 뿐이다. 여기서 '끼'를 말하지 않을 수 없다. 요즘은 어느 분야건 '끼'가 있는 사람이 출세한다고 한다. "끼가 있는" 정도가 아니라 "끼가 다분해야"만 인정을 받는 시대가 된 것이다. 이때 '끼'는 다름 아닌 '기'를 좀더 강하게 발음한 것인데, '기'가 충만하면 '끼'로 승화되는지는 몰라도 지금은 '끼'가 개인의 능력을 말해 주는 대명사가 되어 버렸다. 참으로 '기가 찰' 노릇이 아닌가.

깊이 읽기 – 기와 관련된 관용어

- 기가 꺾이다 : 기세가 꺾이어 약해지다.
- 기가 나다 : 위세가 살다.
- 기가 막히다 : 1. (어떠한 일이) 놀랍거나 언짢아서 어이없다.
  2. 무어라고 말할 수 없을 만큼 대단하다.
- 기가 살다 : 위세가 살다.
- 기가 세다 : 건방지다. 잘난 체하고 뽐내다.
- 기가 죽다 : 기세가 꺾이어 약해지다.
- 기가 질리다 : 겁이 나서 용기가 없어지다.
- 기가 차다 : 1. 어이없다.
  2. 굉장하다. 멋있다. 주로 '기차게' 꼴로 사용.
- 기똥 차다 : 굉장하다.
- 기를 쓰다 : 있는 힘을 다하다.
- 기를 죽이다 : 기세를 꺾어 위협하다.
- 기를 펴다 : 억눌리는 기분을 받지 않고 마음을 자유롭게 가지다.
- 기를 펴지 못하다 : 억눌리는 느낌을 받다.

박영준·최경봉 『관용어사전』(1997)

생각거리·토론거리

1. 2023년 9월 15일 미국 방송 『CNBC』에서는 흥미로운 뉴스를 보도했다. 제목은 "South Koreans are the world's biggest spenders on luxury goods"으로 "한국인은 세계에서 가장 명품을 많이 구매하는 사람"이라는 뜻이다. 한국 사람들의 지나친 명품 사랑을 보도한 것인데, 이와 관련하여 물음에 답해보자.

   (1) 한국 사람들이 명품을 좋아하는 이유는 무엇이라 생각하는가?

   (2) 명품을 좋아하는 것이 한국의 체면문화와 관련이 있다고 생각하는가?

   (3) 한국에 체면문화가 자리 잡게 된 배경은 무엇이라고 생각하는가?

   (4) 체면과 관련이 되는 속담이나 관용어를 찾아보자.

2. 다음은 일제강점기 때의 〈정선아리랑〉이다. 노래 가사를 읽어보고 물음에 답해보자.

   〈구정선 아라리〉

   동백나무열매야 다담북열어라
   이웃집 처녀다리고 열매따러갈게

   아주가리농사를 힘쓰고보니
   십이명식구가 저녁을굶네

   술은 술술 잘넘어가고
   밥은 중지가 맥혀서 못먹겠네

   물동우(水甕)여다노코 물그럼자보니
   村색시노릇하기 제안이원통한가

울타리밋헤다 님세워노코
호박입이 넌줌넌줌하야 님못뵈네

호박입이 넌줌넌줌 님못보거던
洞內樵軍더러다 호박줄것네

(『별건곤別乾坤』, 1933년 5월, 개벽사)

(1) 아리랑 가사에 나타난 정서는 무엇인가?

(2) 이 노래 내용에서 시대적 배경을 찾아볼 수 있는 대목이 있다면?

(3) 해방 이후 시대적 상황을 노래로 담아낸 예가 바로 민중가요이다. 민중가
　　요를 세 개만 찾아 노랫말에 나타난 민족의 정서를 함께 이야기해 보자.

3. 아래 '신(神)'과 관련된 예를 참조하여 물음에 답하라.

> (예) 신기하다(神奇하다) : 믿을 수 없을 정도로 색다르고 놀랍다.
> 　　신통방통하다(神通方通하다) : 매우 대견하고 칭찬해 줄 만하다.
> 　　신나다 : 어떤 일에 흥미나 열성이 생겨 기분이 매우 좋아지다.

(1) 위의 예와 같이 '신'이 들어가는 관용어나 속담을 3개씩 찾아보자.

(2) 찾은 말들이 어떤 배경에서 그런 의미가 되었는지 알아보자.

05

말에도 계급이 있고 예절이 있다

우리말의 계급과 의식

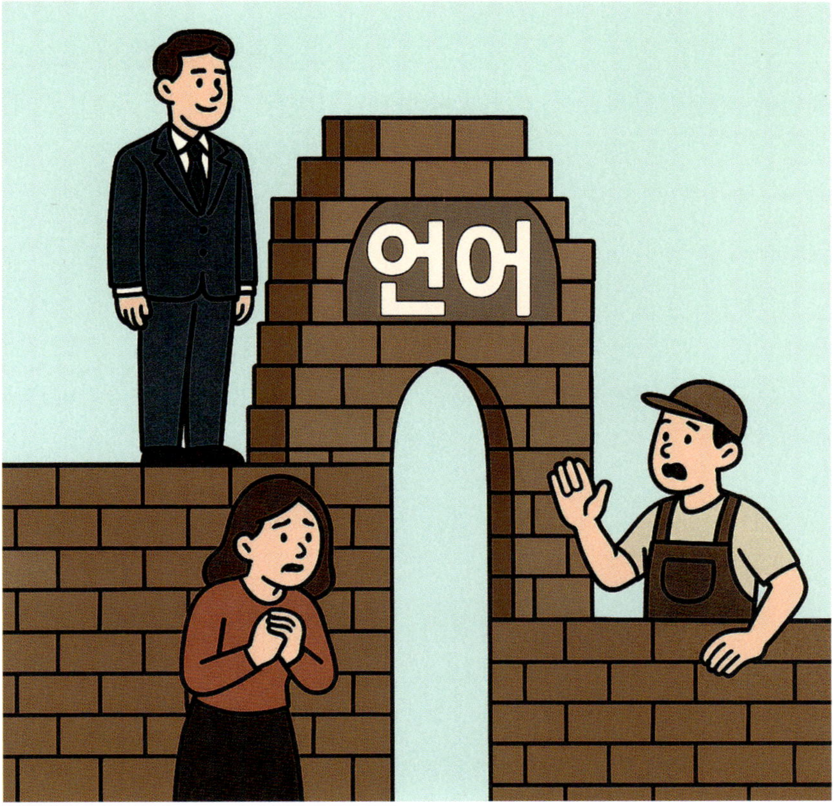

말에도 계급이 있고, 성의 구분이 있으며, 남녀노소의 차등이 있다면 믿을 수 있겠는가? 그러나 실제 우리가 사용하는 말에는 이러한 사회적 요소들이 내재해 있음을 알 수 있다. 예를 들어, 같은 의미를 전달할 때도 아주 고상하고 점잖은 표현을 써서 전달할 수도 있지만, 매우 상스러운 소리를 해가며 전달할 수도 있다. 말 자체에서 사용자의 품위를 느껴 볼 수 있기 때문에 말에도 계급이 있다고 할 수 있지 않을까.

또한 사회마다 이럴 때 이런 말을 해야 하고, 이럴 때 그런 말을 해서는 곤란하다는 암묵적 합의가 존재한다. 상황에 맞는 언어 예절이 있는 것이다. 특히 우리말은 높임법이 발달한 언어로, 상대방에 따라 어떻게 말을 해야 하는지가 매우 중요하다.

그런가 하면 우리는 여성의 말투와 남성의 말투를 구분할 수 있으며, 직업에 따라 사용하는 언어가 판이하게 다르다는 사실도 알고 있다. 즉, 연령에 따라, 성별에 따라 또는 직업에 따라 다양한 언어적 특징이 존재하며, 역으로 언어에는 그 사회 구성원의 체취가 흠뻑 배어 있다고도 볼 수 있다.

이 장에서는 이처럼 언어 속에 담겨 있는 그 사회의 단면들을 살펴보기로 한다. 먼저 사회계층과 언어의 관련성을 알아보고, 관혼상제로 대표되는 사회의식에 나타난 언어의식을 고찰해 본다. 그리고 마지막으로 작명 문화를 통해 말의 사회·문화적 의미를 되새겨 보고자 한다.

미리 한번 생각해보자

- 대학생들만이 쓰는 은어를 3가지만 들어보자.
- 문상을 가서 어떤 말을 해야 할지 몰라 난처했던 경험이 있는가?
- 자신의 이름에 담긴 의미는?

1. 사회계층과 언어

"여보, 부인, 마누라, 와이프, 집사람, 안사람, 내자, 애기엄마, 어멈". 이러한 말은 모두 자기 아내를 일컫거나 가리키는 호칭어와 지칭어들이다. 그렇다면 왜 이렇게 다양한 호칭어와 지칭어가 생겼을까? 그것은 상황에 따라 사용하는 말이 달라지기 때문이다. 부모님 앞에서가 다르고, 웃어른들 앞에서가 다르고, 또 친구들 앞에서 호칭이 달라지는 것이 우리말의 격식이며 사회적 약속이다. 사회의 구성원으로 살아가기 위해서는 이러한 언어적 약속을 잘 지켜야만 한다.

'주체 존대'에는 '시'를 사용하고, '상대 존대'에는 '습니다'를 사용하고, 윗사람에게는 '주다'가 아니라 '드리다'를, '물어보다' 대신에 '여쭙다'라고 해야 하는 것이 우리말 높임법의 기본이다. 존대말에는 '합쇼체'와 '해요체'가 있고, 반말로는 '해라체'와 '해체'가 있다. 이처럼 우리말은 상대나 상황에 따라 높임이 있고 낮춤이 발달되어 있는 것도 언어의 사회성을 잘 반영해 주는 것이라 하겠다. 이 밖에도 분야에 따라 언어가 달라진다든지, 또 직업에 따라 다른 언어가 존재한다든지 하는 것들이 모두 언어의 사회적 측면을 잘 보여주는 예라고 할 수 있다. 여기서는 이러한 언어의 사회적 문제에 대해 이야기를 전개해보기로 한다.

사회적 동물과 언중

인간을 '사회적 동물'이라고 한다. 사람은 사회 속에서 함께 어울려 살 수밖에 없는 존재라는 뜻이다. 우리 자신을 둘러봐도 우리는 수많은 집단과 조직에 속해 있으면서, 그 속에서 수많은 관계를 맺으면서 사회적 활동을 하고 있으니, 사회적 동물이라는 말을 금세 실감할 수 있다.

인간의 사회적 활동을 가능하게 해주는 것이 있다면 바로 언어가 아닌가 한다. 사회 공통체는 언어를 통해 연결되고, 형성된다고 해도 과언이 아니기 때문이다.

우리가 평소 얼마나 많은 말을 하면서 살아가는지를 잠시 생각해 보자. 가정에서, 거리에서, 학교나 회사에서, 그리고 친구들과 만남에서. 어디 그뿐인가 집에 오면 밤늦도록 책상 앞에 놓인 컴퓨터를 통해 수많은 편지를 주고받고 소셜미디어를 통해 끊임없이 채팅을 하지 않는가. 이렇게 공동체 안에서 의사소통하는 사람을 우리는 언중(言衆)이라 부른다. 언중 가운데 요즘은 소셜미디어를 통해 의사소통하는 사람이 제일 많을 정도로 온라인을 통한 의사소통이 대세를 이루고 있다.

소셜미디어 사용에 대한 한 조사에 따르면 한국인 중 1020세대는 인스타그램 사용이 대세이고 중장년층은 페이스북을 가장 많이 사용한다고 한다. 월간 활성 이용자수(MAU)를 기준으로 봤을 때, 인스타그램은 1020세대의 경우 각각 4517만명, 6760만명에 달하며, 페이스북은 4050세대의 경우 191만명, 110만명 등으로 대세를 이루고 있다. 4050세대가 페이스북을 열심히 하는 이유는 '가족 소식 공유, 지역 커뮤니티 활동, 동창회 네트워크' 등이라고 하니 이제 소셜미디어가 공동체 안에서 사회적 관계를 유지하는 매우 중요한 도구가 되었음을 알 수 있다.(『조선비즈』 2025.01.06.)

이처럼 우리는 날마다 글을 읽고 글을 쓰며 산다. 사회가 변하면 말이 변하고, 또 말이 변하면서 사회가 변하는 것이다. 따라서 말은 공동체라는 몸속에 흐르는 피요 공기이며, 이러한 환경 속에서 인류 문명과 문화가 싹틀 수 있었다.

비밀스러운 말, 전문어

- 증권 용어 – 매도가, 매수가, 시세차익, 상한가, 하한가, 애널리스트, 펀드매니저, 코스닥, 적정주가, 단기매수, 차익거래
- 골프 용어 – 어드레스, 클럽, 퍼팅, 어프로치, 스윙, 백스윙, 칩샷, 슬라이스, 벙커, 홀, 그린, 페어웨이, 아이언, 우드, 드라이버, 버디, 핸디, 보기, 이글
- 컴퓨터 관련 용어 – 마우스, 키보드, 자판, 하드웨어, 소프트웨어, 메모리, 바이트, 모뎀, 인터넷, 웹, 마우스 패드, 브라우저
- 칼과 부분 명칭 – 쌍수도, 장도, 예도, 환도, 검, 단도, 장도, 호인, 칼끝, 반각, 목정혈, 슴베, 콧등이, 목관, 이구, 율형, 칼집
- 탑의 부분 명칭 – 탑두부, 탑신, 기단부, 옥개, 옥신, 보주, 용차, 수연, 보개, 보륜, 앙화, 복발, 노반, 우동, 전각, 옥석받침, 우주, 갑석, 탱석

요즘은 의사들도 컴퓨터로 처방을 하지만 과거에는 직접 손으로 처방전을 작성했다. 필자도 처방전에 쓰인 알 수 없는 암호들이 생생히 기억이 난다. 2000년대 초반 미국 사정도 우리와 비슷했다. 의사들의 알 수 없는 악필 처방전으로 매년 7,000여명이 사망했다는 보도가 있으니 말이다. 가뜩이나 어려운 용어를 악필로 썼을 때는 환자의 생명까지도 위협하는 것이니, 제대로 된 전문용어의 사용이 얼마나 중요한지를 알 수 있다. 이 사건은 미국에서 컴퓨터 처방이 등장한 계기가 되었으니, 미국 사회에 미친 파장이 얼마나 컸는지 알 수 있다(『약업신문』 2001.01.09.).

지역마다 언어가 다르듯이 사회 계급(또는 계층)에 따라서도 서로 다른 어휘나 언어 양상을 나타내는데, 이를 '전문어 또는 직업어'라고 말하며, 이를 총칭하여 '계급방언'이라고 한다. 여기서 계층이나 계급은 실로 다양할 수 있는데, 예를 들어 직업별, 성별, 연령별 언어 등을 들 수 있다. 요즘 신세대와 쉰세대가 있다는 농담이 있는데, 이는 연령에 따라 의사소통에 장애가 있음을 단적으로 보여주는 예라고 할 수 있다.

또한, 특정 집단의 특수어는 사용자의 신분과 관계된다는 점에서 넓은 의미의 계급방언에 포함할 수 있다. 직업에 따른 직업어나 전문어도 바로 여기에 포함된다. 심마니들의 언어, 군인들의 언어, 교사들의 언어, 의사들의 언어 등은 직업어로 분류할 수 있겠고, 건축, 자동차, 스포츠, 바둑, 컴퓨터 등의 분야에 나오는 특수언어도 전문어로 분류할 수 있겠다. 이들 언어에는 일정 정도 은밀성이 깔려 있기 때문에 은어(隱語)의 일종으로 볼 수도 있다. 이렇듯 계급방언은 매우 다양한 사회계층에 따라 다양하게 존재한다.

어떻게 불러야 할까?

- 친족 호칭어와 지칭어
  할아버지, 할머니, 아버지, 어머니, 큰아버지, 작은아버지, 아저씨, 아주머니, 조카, 질부, 동생, 아범, 동서, 올케, 아가씨, 언니, 형, 오빠, 누이……
- 부모에 대한 호칭어와 지칭어
  아버지·어머니, 아버님·어머님, 가친(家親)·엄친(嚴親)·자친(慈親), 애비·에미, 춘부장(春府丈)·자당(慈堂), 부친(父親)·모친(母親), 현고(顯考)·현비(顯妣), 선친(先親), 선고(先考), 선인(先人), 선비(先妣)

위에 열거한 호칭어나 지칭어들은 친족들을 부르거나 가리킬 때 사용하는 말이다. 우리말에는 가족관계에 따라 다양한 호칭어와 지칭어가 있다. 어디 그뿐인가. 같은 대상을 부르거나 가리킬 때도 상대방에 따라, 상황에 따라 호칭어와 지칭어가 달라진다. 웃어른께 아버지를 가리킬 때와 아버지 친구분께 아버지를 가리킬 때가 다르고, 또 동생에게 말할 때 아버지의 지칭어가 달라진다. 또 아버지가 살아 계셨을 때와 돌아가셨을 때 아버지를 가리키는 말이 다르니, 외국인들이 한국어를 배울 때 호칭어를 가장 어렵게 여기는 이유도 짐작이 가고도 남는다. 우리말의 친족 호칭어의 수는 부름말과 가리킴말을 합쳐서 약 1200개나 된다고 하니 그 수를 가히 짐작할 수 있다.

그렇다면 왜 이렇게 다양한 친족 호칭어가 필요할까? 이것이 우리 사회문화와 어떤 관련성이 있는 것은 아닐까? 어느 학자는 이를 촌수와 혈연의 계보를 중요시하는 문화적 유산이라고 설명하기도 한다. 즉, 우리 사회는 이러한 다양한 호칭어가 사회를 유지하기 위해 필수적으로 요구되었기 때문이라는 말이다. 그중에서도 친가 중심의 계보, 남성 중심의 계보에 따른 호칭이 중요하다는 점이 특징이다. 여성을 중심으로 한 계보의 호칭은 그 수가 턱없이 부족하기 때문이다. 서양의 경우는 어떠한가? 영어의 호칭어 'uncle' 하나만 가지고서 우리의 '큰아버지, 작은아버지, 외삼촌, 삼촌, 이모부, 고모부, 당숙, 재당숙' 등에 해당하는 호칭어를 모두 대체할 수 있다고 하니, 그 사회에서는 촌수와 혈연의 계보가 그다지 중요하지 않다는 점을 알 수 있다.

그러나 호칭어와 지칭어도 시대에 따라 달라지기 마련이다. 2020년 국립국어원에서는 새로운 언어 예절 안내서(『우리, 뭐라고 부를까요?』)를 발간했다. 남성 위주의 비대칭적인 호칭어였던 '도련님', '서방님', '아가씨'를 각자의 판단에 따라 '이름'으로 불러도 되고 'ㅇㅇ(자녀 이름) 삼촌·고모' 등으로 불러도 되며, 관계가 친밀하다면 'ㅇㅇ 씨'라고 불러도 된다고 했다. 또 '친할머니', '외할아버지' 대신 '삼양동 할머니', '대전 할아버지'라고 해도 된다고 명시했다. 시대에 따라 가족의 형태나 가족 간 관계 등 여러 환경이 변하기 때문에 이에 맞춰 언어도 변하는 것이 자연스러운 일이 아닐까.

2. 관혼상제에 나타난 언어의식

　언어생활에서 큰 비중을 차지하는 것이 바로 언어 예절이 아닌가 싶다. 그 가운데서도 관혼상제(冠婚喪祭)와 관련된 언어 예절이야말로 사회의 구성원이 갖추어야 할 필수적인 예절이라고 생각한다. 타인에게 자신의 생각을 올바로 전달하고, 자신이 느끼고 있는 감정을 제대로 표현하는 것은 사회생활의 가장 기본이 되기 때문이다. 그런데 이처럼 자신의 생각과 감정을 전달하는 데에도 일정한 격식이 있다. 그냥 하고 싶은 대로 말을 해서는 안 되는 것이다.

　우리는 흔히 '에티켓 좀 지켜라.'고 말한다. 이 '에티켓(étiquette)'이라는 말도 처음에는 '상대방의 신분에 따라 달라지는 편지 형식'을 의미하다가 나중에는 '궁중의 각종 예법'을 가리키는 말로 변한 것이니 언어 예절이 예절의 시초요 근간이라는 사실을 알 수 있다. 언어 예절, 즉 언어의 에티켓 속에는 그 사회의 풍습이 고스란히 담겨 있다는 점을 고려하면서, 여기에서는 관혼상제의 풍습 속에 녹아들어 있는 우리말의 문화적 측면을 살펴보기로 한다.

제례와 언어의식

　제사 지낼 때, 빠뜨리지 않고 들을 수 있는 소리는 바로 '고수레~'다. 이 소리는 지방에 따라 '고시래, 고시례, 고시네, 고시내, 고씨네' 등으로도 불렸는데, 제례뿐만 아니라 들이나 산 또는 바다로 놀이를 가서 음식을 먹기 전에 자리 밖으로 음식을 내던지면서 이렇게 소리를 내곤 한다. 이것은 근방을 다스리는 지신(地神)이나 수신(水神)에게 먼저 인사를 드리고 무사히 행사를 치르게 해달라는 기원의 뜻이 들어 있는 동시에, 근처의 잡귀들에게 너희들도 먹고 물러가라는, 잡귀 추방의 주술적인 의미도 포함되어 있다고 하니, 먼 옛날 언어에 주술적인 힘이 있다고 믿었던 언어신성관을 떠올리게 하는 대목이다.

이 고수레의 기원에 대해서는 민간에서 전해 내려오는 다음과 같은 이야기가 있다. 옛날 고 씨(高氏) 성을 가진 지주가 마음이 후덕하여 소작인에게 소작료를 받을 때, 항상 그 집 사정을 참작하여 소작료를 감하여 주거나 면제해 주었다고 한다. 그래서 이후부터 농민들은 언제 어디서든 음식물이 생기면 먼저 고마운 고 씨에게 감사의 마음을 표하는 예를 행했는데, 그것이 바로 '고씨례(高氏禮)' 즉 '고 씨에 대한 예'라는 말이다. 물론, 이 이야기는 '고수레, 고시래'와 '고씨례'가 소리의 유사성이 있기 때문에 생겨난 이야기라고 볼 수 있다. 일명 민간어원설에 속한다고 하겠다.

제례(祭禮)는 조상을 기리고 숭배하기 위해 하는 의례를 말한다. 유학의 경전 『예기(禮記)』에는 "제례보다 중요한 것은 없다."라는 말이 있는데, 이것은 조상에 대한 제례야말로 예의 시작이며 본질이라는 뜻이다. 그런 연유로 제례와 관련된 속담도 쉽게 찾아볼 수 있다. "남의 집 제사에 감 놓아라 배 놓아라 한다."(타인의 일에 불필요하게 간섭한다), "가난한 집 제삿날 돌아오듯 한다."(살아가기도 어려운 형편에 자꾸 일이 생긴다), "제사 덕에 이밥이라."(무슨 일을 빙자하여 거기에서 이득을 얻는다), "제사를 지내려니 식혜부터 쉰다."(공교롭게 일이 틀어진다) 등이 그것이다. 관용어로는 '제사를 드리다(올리다), 제사를 지내다'라는 표현도 있다.

한편, 제(祭)라는 용어에는 '사람과 신이 서로 접한다.'라는 뜻이 담겨 있으며, 따라서 제례야말로 조상과 자손들이 소통하는 공간이자 시간인 셈이다. 그렇다면 제례 의식도 언어의 신비로운 힘과 혼이 들어 있다고 믿는 언어신성관의 한 유형이라 할 수 있다.(『한국민족문화대백과사전』)

혼례와 언어의식

"어떤 이유로 만나 나와 사랑을 하고 어떤 이유로 내게 와 함께 있어 준 당신, 부디 행복한 날도 살다 지치는 날도 모두 그대의 곁에 내가 있어 줄 수 있길." 가수 아이유가 부른 〈마음을 드려요, 2020〉라는 노래 가사다. 드라마 '사랑의 불시착'의 OST로 유명한 이 노래는 요즘 결혼식 축가로 가장 많이 불리는 노래 중 하나라고 한다. "검은 머리가 파뿌리가 될 때까지 변치 말고 행복하게 살자"와 같은 전통적인 결혼 표현보다는 한껏 가슴에 와닿는 가사가 아닌가. 두 사람이 만나 서로 사랑을 하고 서로 아끼고 도와주면서 결혼 생활을 해 나가는 모습이 연상이 된다.

요즘이야 결혼 적령기라는 말이 사라질 정도로 결혼하는 나이도 천차만별이다. 수십년 전만 해도 나이가 찬 딸아이에게 부모가 걱정스러운 눈치로 "얘야 언제 시집갈래?"하고 외치던 시절이 있었다. 딸에게는 '시집가라'고 외치지만 나이가 느지막한 아들을 둔 집에서는 "애야, 언제 장가갈래?"하는 노모의 탄식이 들려오기도 했다. 결혼을 뜻하는 말로 우리는 남녀에 따라 각각 서로 다른 말을 사용하고 있다. 이 말들을 가만 들여다보면 우리 혼례 문화의 뿌리를 찾아볼 수 있다는 점에서 흥미롭지 않을 수 없다.

전통 혼례에서는 혼인날이 되면 신랑은 신부집으로 가서 혼례를 올렸다. 즉, 장인의 집[丈家]에 드는 것이니 '장가 든다'는 말이 결혼을 의미하는

첫날밤 신방 엿보기

말이 된 것이다. 신랑이 신부집에 도착하면 신부집에서는 정중히 맞아들여, 함을 받고 의식을 올릴 준비를 한다. 신랑과 신부는 서로 절을 하며, 청(靑)·홍(紅)실을 드리운 술잔에 술을 따라 신부와 신랑이 서로 마시며 예를 치른다. 혼례 날 저녁에는 신방을 꾸미고 첫날밤을 보내게 되는데, 이때 문구멍을 뚫고 신방을 엿보는 행사가 일품이 아닐 수 없다. 너무 짓궂다고 표현하는 사람도 있으나 그 이유는 귀신을 물리치기 위한 것이라고 한다. 즉 사람이 먼저 들여다보지 않으면 귀신이 먼저 엿본다고 생각했기 때문이다. 따라서 이런 의식도 가만히 그 의미를 들여다보면 조상의 지혜가 듬뿍 들어 있음을 알 수 있다.

이렇게 '장가'에서 혼례를 치르고 첫아이를 낳을 즈음 시집으로 살림을 옮기는 것이 관례였다. '시집'은 '媤家'라고 하는데, 이 '시(媤)'는 '새'에서 유추하여 새로 만든 고유 한자어라고 한다. '女'와 '思'가 합쳐진 말이니, 신부가 어떻게 처신해야 하는가를 잘 보여주는 말이 아닌가. 옛날에는 한 번 시집에 가면 다시는 본가로 돌아갈 수 없었으니, '시집살이'라는 말이 가슴에 절절히 와닿지 않은가. 옛 속담에 "뒷간과 친정은 멀수록 좋다."고 한 것도 여기서 연유한 것이다. 그러나 지금은 어떤가. "화장실과 친정은 가까울수록 좋다."고 해야 하지 않을까. 요즘 시대 새로운 결혼 풍속도를 보여준 드라마 『며느라기』(2020)에서처럼 사회가 변하면서 우리의 결혼 문화도 자연스럽게 변하는 것이 아닐까.

상례와 언어의식

"산산이 부서진 이름이여! 허공 중에 헤어진 이름이여! 불러도 주인 없는 이름이여! 부르다가 내가 죽을 이름이여!" 김소월의 시 〈초혼(招魂)〉의 일부이다. 이 시의 주제는 제목에서도 알 수 있듯이 우리의 전통적

상례의 한 절차인 '고복 의식(皐復儀式)'에서 빌려왔음을 알 수 있다. 초혼(招魂)은 말 그대로 혼을 부른다는 의미이니, 죽어 이미 떠난 혼을 다시 불러 죽은이를 살려내고자 하는 간절한 소망이 들어 있다. 보통 초혼의 절차는 임종 직후 북쪽을 향해 죽은 사람의 이름을 세 번 부르는 것인데, 생전에 가까이 지내던 사람이 망자가 평소에 입던 홑두루마기나 적삼 옷깃을 왼손으로 잡고 오른손으로는 옷의 허리 부분을 잡고 마당에 나가 마루를 향하여 "복복복 모관모씨(某貫某氏) 속적삼 가져가시오." 하고 세 번 부른 다음 지붕 꼭대기에 올려놓거나 망자의 머리맡에 두는 의식이다. 김소월의 시 〈초혼〉에서도 '이름이여!', '그 사람이여!', '부르노라' 등으로 망자의 이름을 직접 세 번 부르는 고복의식의 절차가 고스란히 들어가 있다고 생각한다.

　장례(葬禮)는 '장사(葬事)를 치르는 일'을 뜻하고 그 의식을 장례식이라고 한다. 옛날에는 장례를 집에서 치렀지만, 요즘은 장례식을 전문으로 치러주는 장례식장에서 의식을 치르는 것이 일반적이다. 장례는 보통 3일장으로 치르는데 첫날에 분향소를 설치하고 둘째날에는 입관, 셋째날에 발인이 이루어진다. 과거에는 매장을 선호했지만 근래에는 화장(火葬)을 선호한다. 2024년 기준으로 92.5%가 화장을 선택했다고 하니 요즘의 장례 문화의 단면을 엿보게 한다.

　장례식에 참석하여 고인에게 예를 갖추는 일을 '문상(問喪)'이라 하는데, 복장은 검은색 계열의 단정한 옷을 입는 것이 일반적이나 화려한 옷만 피한다면 크게 상관은 없다. 진심으로 고인에게 예를 표하는 것이 더 중요하기 때문이다. 문상을 할 때는 상주에게 짧은 위로의 말을 하기도 하지만 되도록 말을 줄이고 애도의 마음을 전하는 편이 나을 수도 있다. 유족의 애통함을 어찌 말로 다 표현할 수 있겠는가.

3. 작명 문화의 어제와 오늘

　우리 속담에 "벼는 농부의 발소리를 듣고 자란다."는 말이 있다. 이 말은 농부가 얼마나 자주 논에 찾아와 벼를 돌보느냐에 따라, 즉 벼에 대한 농부의 사랑과 정성에 따라 한 해 농사의 성패가 좌우된다는 말이다. 사람의 이름도 이와 마찬가지가 아닐까. 즉, 우리의 이름에도 부모의 정성과 사랑이 듬뿍 담겨 있는 것이리라.

　흥미로운 점은 만물의 영장인 인간도 자기 이름만큼은 자신이 선택할 수 없다는 점이다. 맘에 들건 들지 않건 세련되었건 촌스럽건 언제나 이름은 부모로부터 부여된다. 이때 부모가 지어준 이름에는 자식에 대한 부모의 사랑과 바람이 들어가 있다. 그리고 이름을 부를 때마다, 마치 주문을 외우듯이 그 소망한 바가 이루어지기를 바라는 마음이 담겨 있는 것이다. 부모의 사랑과 소망과 함께 오랜 세월 동안 이름이 불리면서 자연스레 그 이름의 의미가 그 사람에게 되새겨지는 것은 아닐까. 따라서, 개개인의 이름 하나하나는 그 무엇과도 바꿀 수 없는 소중한 것이 아닌가! 여기에서는 우리의 작명 문화에 대해서 알아보기로 하자.

개똥이와 김철수 : 이름짓기 문화

　2022년 여자아이 이름으로 가장 많이 사용된 이름은 '이서, 서아, 하윤'이었고, 남자아이 이름으로는 '이준, 서준, 시우'가 대세였다. 1948년에 여자의 경우 '순자, 영자, 정순' 순이었고, 남자의 경우 '영수, 영호, 영식' 순이었다니 시대에 따라 이름도 변하고 있음을 알 수 있다.

　그렇다면 '이름'이라는 말은 어디에서 나온 것일까? 이름은 중세국어에서 '일홈' 또는 '일훔' 등으로 표기되고 있는데, 이를 분석해 보면 동사

'일ᄒᆞ다'에 선어말어미 '-오/우-'가 결합하고 여기에 다시 명사형어미가 결합한 형태다. 그러나 '이름'의 연원을 더 이전 시기의 동사 '닐다(謂)'로 소급하려는 주장도 있다. 이 동사는 '이르다' 또는 '말하다'는 뜻을 가진 것으로 '닐홈 〉 일홈 〉 이름'으로 변천된 것이라는 주장이다. 아마도 'ㅎ'의 음가는 시간이 흐르면서 점차 약화되어 사라진 것이리라. 어쨌든 '이름'은 사람들이 누군가를 이르는 것에서 나온 말이라는 것을 알 수 있다.

지금은 거의 모든 이름이 3자의 한자어로 이루어져 있으나, 이러한 역사는 채 백년이 되지 않는다고 한다. 지금처럼 한자어로 틀을 갖추게 된 것은 1910년 민적부 작성 이후의 일이라고 하니 말이다. 흥미로운 것은 1910년 민적부를 작성할 무렵, 여성들은 약 80%가 이름이 없었다고 한다. 남존여비, 남아선호사상을 잘 대변해주고 있는 것이 아닐 수 없다. 대부분 여성은 태어나자마자 임시로 불린 젖이름[兒名]이 있을 뿐이었다. '곱단이, 삼월이, 광주리, 자근년, 섭서이, 서운이, 이쁜이, 언년이, 끝단이' 등이 바로 그런 이름이다. 여성들이 출가해서도 '과천댁, 남산댁', '개똥이엄마, 돌쇠엄마'와 같은 식의 간접적인 이름이 붙었으니 여성은 자신의 이름이 필요 없는 사회 속에서 산 셈이다.

우리 선조들은 평생 두서너 개의 이름을 가지고 행세했다. 어려서는 젖이름[兒名]이 있고, 부모가 지어 준 본명과 함께 성인이 되어 자(字)를 가진다. 벼슬길에 나서면 관명이 따라 붙고 사회적인 지위나 교분에 따라 아호(雅號)가 생겨 본명을 대신한다. 예를 들어, 율곡 이이를 보면 이(珥)는 관명이고, 아명은 현룡(見龍)이다. 자는 숙헌(叔獻)이고 호는 율곡 외에도 석담(石潭), 우재(愚齋) 등이 있다.

오늘날에는 그 중에서 아명 등은 거의 없어지고 관명이나 호 정도가 남아 있을 뿐이다. 특히, 아명은 대체로 무병장수를 염원하면서 천하게 짓는 경향이 있어 '개똥이, 쇠똥이, 말똥이' 등의 이름도 흔했다. 관명이 '熙'였던 고종 황제의 아명이 개똥이였고, 황희 정승의 아명은 도야지(都

耶只)였음이 그 사례이다. 요즘은 뱃속 아이의 이름인 '태명(胎名)'이 유행이다. 한 기업에서 조사한 결과 태명으로 '1위 튼튼이, 2위 복덩이, 3위축복이'가 선정되었다고 한다(〈유한킴벌리 맘큐〉). 건강하고 축복받은 아이의 출산을 기원하는 부모의 마음이 느껴진다.

진달래 아파트와 참이슬

- 아파트 이름 : 월드 메르디앙, 실크벨리, 오티에르, 레미안 레벤투스, 리젠시빌, 킹갓제너럴 엠퍼러 충무공, 빛가람 대방엘리움 로양카운티, 파밀리에 더퍼스트
- 외국어 간판 : McNally, LLOYD, SHOOTER'S CLUB, Ben's Cookies, SEOUL STREET, スタイルカバソ, DE KONING, epigram, huit 8, 아이다호프, 데킬라, 리틀 도꾜, 죠이 월드, 죠이 파크
- 가수 이름 : BTS, 블랙핑크, 뉴진스, 트리플에스, 싸이커스, 보이넥스트도어, 트와이스, 2Ne1, GOD, H.O.T, S.E.S, JTL,
- 한글 간판 : 와줘서 고마워, 꽃초롱, 안녕 낯선사람, 바람 불어 좋은 날, 빵 굽는 작은 마을, 뜰아래채, 너 여기 알지, 그 남자의 순대방, 소리가 새어나오는 틈, 여럿이 함께, 문씨네 밀밭

'길벗'이라는 이름을 기억하는 젊은이는 그리 많지 않을 것이다. 이 말은 수십 년 전 우리나라에서 만든 양주의 이름이다. '함께 길을 가는 벗'이라는 아름다운 이름을 붙였건만, 소비자들에게 외면 당하고 말았다. 우리말로 상표를 붙이거나 이름을 만들면 무언가 촌스럽다는 인상을 주며, 버터 냄새가 물씬 풍기는 외국말로 붙여야 제격이라는 생각이 그 당시도 팽배했던 것을 기억한다. 여관보다는 모텔, 모텔보다는 호텔이 더 좋고, 찻집보다는 다방이, 다방보다는 카페가 더 좋다는 세태에서도 언어적 사대주의를 고스란히 느껴 볼 수 있다.

그렇다면 지금은 어떤가. 한글날 577돌을 맞이하여 서울 코엑스몰 지하 1층 278개 간판을 조사해보니 이 가운데 외국어로만 된 간판이 무려 177개였다는 기사를 보았다(『연합뉴스』 2023.10.08.). 이처럼 거리를 지나다 보면 무수히 늘어서 있는 외국어 간판들을 보며, 텔레비전에 나오는 가수들의 외국어 이름을 보며, 그리고 외국어로 된 아파트에 살아야 더욱 살 만하다고 느끼는 것을 보면, 언어 사대주의가 더 하면 더 했지 결코 사그라지지 않았다고 생각한다.

이러한 풍조에서 '진달래 아파트, 개나리 아파트, 샘머리 아파트' 등의 아파트 이름이나, '눈결소금, 손에쏙, 아침햇살, 미소배달, 비비고, 나들가게, 참이슬, 처음처럼, 해찬들, 쌈지' 등과 같은 우리말 상표들이 살아나고 있고 한글 간판이 점차 늘어나는 추세인 것은 그나마 다행이라고 할 수 있다. 말은 그 민족의 정신이라고 했으니, 그 정신을 잘 이어가고 발전시키는 것은 우리의 몫이 아닌가.

하늘님과 겨레님: 사이버공간의 이름들

지휘자 '금난새'는 대학 시절 '고운 이름 자랑하기'에서 금상을 받았던 경험이 있다. 1967년의 일이니 한글 이름이 많지 않았던 그 당시는 상당히 돋보이는 한글 이름이었을 것이다. 그러나 요즘은 우리 주위에서 한글 이름을 찾아보기는 그리 어렵지 않다. '가온, 다솜, 마루, 아름, 단비' 등과 같은 명사형 이름에서부터 '어진(어질다의 관형사형), 꿈자을(꿈을 잣다), 하예린(하늘에서 내린 예쁜 딸), 함지슬(함께 지내자스라), 한들(넓은 들판)' 등과 같은 풀이형 이름을 심심찮게 찾아볼 수 있기 때문이다. 이러한 한글 이름 짓기는 갈수록 그 다양성을 더해 가고 있다.

요즘 거리의 간판을 보면 과거 우리말 명사로 이름을 짓는 것에서 한

걸음 더 나아가 우리말 구나 문장으로 가게 이름을 짓는 경우를 많이 발견할 수 있다. '한번 쏘는 날, 배 터져 죽는 집, 술 나와라 뚝딱, 골 때리네, 그냥 거기' 등과 같은 술집 이름이 흥미롭다. 미장원 이름도 '머리사랑, 가위손' 등을 넘어서 '여기서 머리할까, 어디 한번 볶아 볼까, 깎아볼까' 등도 재미있는 우리말 이름으로 유명하다. 또 '그 집 앞을 지나노라면'이라는 라면집과 '목마르면 물 마시고 배부르면 누워 자고'라는 찻집 이름도 눈에 띈다. 2020년 한글날 기념 특허청의 제5회 우리말 우수상표에 '잘풀리는집'이라는 두루마리 휴지 상표가 선정된 것도 이러한 흐름의 연장이 아닐까.

이러한 추세는 한글세대인 젊은 세대들이 소비의 주체로 떠오르면서 생겨난 현상이라고 볼 수 있는데, 이러한 현상은 사회 전반으로 퍼져 나갈 것으로 보인다. 컴퓨터 통신이 등장하자 '하늘님, 겨레님, 들꽃님, 까치님' 등의 우리말 이름이 다시 사용되었고, 요즘 소셜미디어(SNS)나 블로그, 게임 아이디(ID)에는 '달빛, 달밤, 달무리, 푸르미르, 가람, 바람꽃, 꽃샘바람, 미리내, 여우별' 등 예쁜 순우리말 이름이 다시 등장하는 것을 보면, 우리말의 생명력을 다시 한번 확인할 수 있다.

1. 몇 년전 코로나19가 유행했을 때, 여러 전문용어가 사용되었는데 시민들한테는 얼마나 이해가 되었을까? 이와 관련한 설문조사에서는 10개 용어를 대상으로 이해도를 물은 결과 진단키트(90.8%)와 비말(81.6%), 워킹·드라이브 스루(75.3%)였고, 나머지 7개 용어의 이해도는 70% 이하로 조사됐다. 10% 미만으로 나타난 용어도 3개나 있었다.(『동아사이언스』 2020.08.19.) 이와 관련하여 아래 물음에 답해보자.

   (1) 코로나19 유행 시기에 사용된 외래어나 한자어로 된 의학 전문용어를 찾아보자.

   (2) 일반 국민들이 이해하기 어려워하는데도 왜 의학계에서는 전문용어를 사용했을까?

   (3) '비말'을 '침방울'로 순화해서 사용하자는 의견이 있는 반면, 뜻이 정확하게 일치하는 말이 아니므로 '침방울'로 순화하면 안 된다는 견해도 있다. 여러분의 생각은 어떤가?

2. 호칭어는 시대에 따라 변해 왔다. 이와 관련하여 다음 물음에 답해보자.

   (1) '아저씨'와 '아줌마'라는 호칭어를 사용해 본 적이 있는가? 언제 누구에게 사용했는지, 반응은 어떠했는지 함께 이야기해 보자.

   (2) 진짜 선생님이 아닌 사람에게 '선생님'이라고 하거나, 진짜 '사장님'이 아닌데 '사장님'이란 호칭어를 사용해 본 적이 있는가? 언제 누구에게 사용했는지, 반응은 어떠했는지 함께 이야기해 보자.

   (3) '오빠, 형, 언니, 아저씨, 아줌마'는 혈족 사이에 쓰는 가족 호칭어였는데, 어느새 일반 호칭어로 변했다. 왜 이러한 변화가 일어났는지 이야기해 보자.

3. 다음은 우리의 상례와 제례에 대한 내용이다. 물음에 답해보자.

   (1) 다음의 용어의 뜻을 찾아보자.
       상주(喪主), 호상(護喪), 복(服), 부고(訃告), 발인(發靷), 기제(忌祭), 신
       위(神位), 지방(紙榜)

   (2) 지방(紙榜)은 보통 아버지일 경우 '顯考 某官府君 神位'(아버님 무슨 벼
       슬을 지내신 어른 신위라는 뜻)라고 쓴다. 어머니나 조부모의 경우는 어
       떻게 쓰는지 알아보자.

4. 『삼국사기(三國史記)』나 『삼국유사(三國遺事)』에는 한자로 표기되어 있는
   토박이 이름들이 있다. 예를 들어 신라의 시조왕 '赫居世'는 '불거뉘'의 한자
   표기이다.

   (1) 이밖에 『삼국유사』나 『삼국사기』에 나타난 인명과 지명의 한자어 표기
       예에는 어떤 것이 더 있는지 찾아보자.

   (2) '대구'는 '달구벌'이었고, '대전'은 '한밭'이 원래 이름이었다. 전국 대도
       시의 현재 이름과 옛 고유지명을 알아보자. (『땅이름사전』을 참조할 수
       있다)

   (3) 주위에서 순우리말로 된 마을 이름이나 거리 이름을 찾아보자.

5. 우리 전통문화에는 '천명위복(賤名爲福)'이라 하여 이름을 일부러 천하게 지
   어야 복을 받을 수 있다는 사상이 있었다. 이와 관련하여 다음의 물음에 답
   해보자.

   (1) 이러한 천명위복 사상이 외국에도 있는지 알아보자.

   (2) 우리 주위에서 '천명위복'에 걸맞는 이름을 가진 경우가 있는지 찾아보자.

(3) 우리 부모 세대에는 딸의 이름을 '끝순이, 종말이, 귀남이' 등으로 짓는
    경우가 있었다. 이런 이름이 왜 생겨났는지 그 배경에 대해 알아보고,
    오늘날 시각에서 이러한 이름짓기가 갖는 의미는 무엇이라 생각하는지
    이야기해보자.

06

종교와 언어는 어떤 관계가 있을까?

우리말에 스며있는 종교언어

옛사람들은 언어의 주술적인 힘을 신봉했다. 언어에 신비스러운 영(靈)이나 주력(呪力)이 깃들어 있다고 생각한 것이다. 따라서 종교마다 신과 통하는 말, 즉 주문이 있기 마련이고, 이 주문은 입에서 입으로 전해져 내려오고 있다. 이런 까닭에 종교에서 말은 더욱 신성시되고, 그 종교를 믿는 사람들은 말의 주술적인 힘을 믿게 되었다.

성경의 요한복음 첫머리에, "태초에 말씀이 계시니라."는 구절이 있는데, 이때 '태초의 말씀'은 곧 천지창조이니 그 힘이 얼마나 위대했는지를 짐작하고도 남음이 있다. 이밖에도 종교문화가 깃들어 있는 언어 표현은 우리 주위에서 쉽게 발견할 수 있다. '하나님 맙소사!'는 기독교 문화의 유산이고, '도루아미타불'이나 "왜 이리 야단법석이냐!"에서 '야단법석(惹端法席)'은 불교문화의 유산이 아닌가. 영화 『두사부일체』가 '군사부일체(君師父一體)'라는 말의 패러디라는 것은 모르는 사람이 없을 것이다. 이 또한 유교문화의 흔적이 우리의 언어생활에 여전히 존재하고 있음을 보여주는 것이다.

이처럼 우리 주변에 종교와 관련된 표현들이 적잖이 눈에 띄는 것은 우리가 그만큼 종교의 영향을 많이 받고 있다는 것을 암시하는 것이 아닐까. 이 장에서는 우리 민족의 기복신앙의 전통과 언어의 상관성에 대해 샤머니즘과 한국어, 불교 및 유교 문화와 한국어, 기독교 문화와 한국어 등으로 나누어 살펴보기로 한다.

1. 샤머니즘과 한국어

『후한서』 동이전과 『삼국지』 위서 동이전에는 고대 우리나라의 종교 의식에 관한 기록들이 나온다. 부여의 영고, 고구려의 동맹, 백제의 무천 등이 그것인데, 이러한 의식은 한 해 풍년을 기원하며 땅과 하늘에 제사를 지내는 우리 무속 신앙과 밀접히 연결이 되어 있다. 이러한 의식은 이후 신라와 고려에 와서는 팔관회라는 이름으로 전승되었고, 오늘날에는 정월 대보름 축제와 강릉 단오제 등으로 그 맥이 이어지고 있다.

- "백성들이 노래와 춤을 즐겼으므로 나라의 각 마을에서 남녀가 밤에 서로 어울려 노래하고 유희를 하였다." – 《삼국지》 〈위지〉 동이전 고구려조
- "5월에 씨 뿌린 후 항상 귀신에게 제사하고 무리를 지어 노래하고 춤추며 술 마시기를 낮밤 쉬지 않았다." – 《삼국지》 〈위지〉 동이전 마한조

고대 사회에서 이들이 신령에게 풍년을 기원하면서 함께 춤추고 노래했다는 기록이다. 그들이 불렀던 노래는 아쉽게도 전해지지 않아 알 수 없으나 그 노랫말에는 신비한 힘이 담겨 있다고 굳게 믿지 않았을까. 이러한 노래는 우리의 원시 종교인 무교(巫教)와 깊은 관련을 맺고 있다. 이제 언어에 담긴 신비로운 힘의 비밀을 찾아 떠나 보자.

토착 신앙

시골 마을 어귀에서 높다랗게 선 나무 위에 새가 세 마리 앉아 있는 모습을 본 적이 있는가? 이것은 이른바 '솟대'라고 하는 것인데, 우리 전통 신앙의 한 모습이다. 마을 어귀에 서서 마을의 재난과 액을 막아

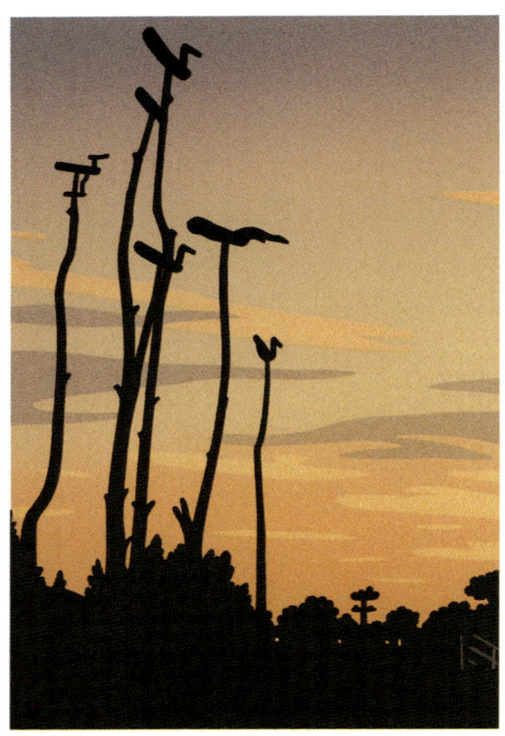
솟대신앙

주는 역할을 하는 것이니, 마을을 지켜주는 수호신인 셈이다. 서양에도 솟대와 같은 기능을 하는 것이 없지 않으리라. 하늘 높이 쌓아 올린 탑이라든가 돌로 뾰족하게 쌓아올린 오벨리스크도 고대 신앙과 밀접한 관련이 있다고 하니 우리의 솟대와 견줄 만하다. 솟대는 삼한(三韓) 시대에 신을 모시던 장소인 소도(蘇塗)에서 유래한 것이라는 설도 있다.

이 '소도'라는 신성한 공간은 철학자 미셸 푸코가 말한 '헤테로토피아'로 해석될 수도 있다. 푸코는 "어떤 인간 집단이든 그것이 점유하고 실제로 살고 일하는 공간 안에서 유토피아적인 장소, 정화의 공간을 위해 마련된 장소들을 만든다."고 말했기 때문이다.

'소도'라는 공간 앞에 이 구역이 신성한 헤테로토피아 공간임을 알려주는 표지가 바로 '솟대[立木]'이다. 소도라는 발음 자체도 솟대의 음이 변한 것이라는 설이 있다. 또 '솟대'가 나무 위에 새가 앉아 있다는 점에 착안하여 '솟'을 '새'와 연관 지으려는 설도 있다. 즉, '새'의 고어형은 '삿'인데 '솟'도 이 '삿'에서 변천된 것이 아닌가 하는 주장이다. 또 '솟대'를 '삿대'와 연관 짓는 설도 있다. 배를 젓는 '삿대'는 기다란 나무 막대기를 뜻하는데, 이때 '삿'이 나무를 뜻하며, 그 고어형 '샅'에서 '삿'이 나왔다는 주장이다.

솟대 외에도 한 마을을 지켜주는 신으로는 당신(堂神)과 장승을 들 수 있다. 당신은 마을의 수호신이자 생업을 관장하는 신으로 산신이 가장 일반적이다. 산신은 산에 거주하는 신으로서 산 아래 사는 주민들을 보호한다고 믿는다. 경상도나 강원도에서는 당신으로 서낭을 주로 모신다. '서낭당'이라는 명칭이 여기서 나온 것이다. 한편, 장승은 오늘날에도 흔히 볼 수 있는데, 마을 입구에 세우는 장승은 외부로부터 들어오는 잡귀와 흉액을 막는 신으로 솟대와 비슷한 역할을 했던 것 같다. 장승은 흔히 천하대장군과 지하여장군으로 남녀 한 쌍을 만들어 세운다.

언어는 신성하다

'수리수리마수리 얍!' 마술사들이 무언가 신비로운 마술을 보이기 직전 하는 일이 있다면 이처럼 주문을 외우는 것이다. 원하는 일이 이루어지도록 말로써 소원을 비는 것인데, 이렇게 주문을 외우는 것은 오늘날에도 여전히 생활 속에 살아 전해져 오고 있다. 주문(呪文)은 글자 그대로 주술적(呪術的)인 힘을 갖고 있는 말이라는 뜻이니, 언어에 주술적인 힘이 있다고 믿었던 언어신성관의 대표적인 형태로 보인다. 주문은 대개 일정한 문구를 반복해서 외우는 경우가 많으며, 재앙을 막고, 복을 비는 내용이 주를 이룬다. 이 주문은 원시종교에서 현대 종교에 이르기까지 모든 종교에서 볼 수 있으며 지금도 무당들이 굿을 할 때 주문을 외우는 것을 볼 수 있다. 다음은 부산 구포에 있는 한 무녀의 '삼신께 올리는 말'이다.

위의 내용을 살펴보면 좋은 말, 고운 말로써 화목한 가정이 되게 해
달라고 삼신께 기원하는 것이다. 이러한 생각은 고스란히 우리의 풍습에
도 남아 있다. 설날에는 서로의 복을 빌고 소원 성취를 기원하는 덕담을
주고받는다. 이는 말에 영적인 힘이 있어, 말로 표현한 것이 그대로 이뤄
진다고 믿는 언령(言靈) 관념에서 나온 것이다. 또한 청참(聽讖)이라는 점을
치는 행위도 언령 사상과 관련이 있는 듯하다. 설날 새벽에 발 닿는 대로
걷다가 사람 소리나 짐승 소리 등 처음 듣는 소리로 그해의 운수를 판단
하는 행위가 청참이니 말이다.

또한, 새해의 덕담과는 반대로, 갓난아기에게는 결코 듣기 좋은 말을
하지 않았다. 못생겼다느니, 몸이 부실하다느니 하는 말을 일부러 한다.
아이가 예쁘고 잘 자란다는 말을 하면, 그 말을 들은 악귀가 시샘하여
마마신이 오는 등 좋지 않은 일이 생긴다고 믿었기 때문이다. 그래서
악귀의 시샘을 받지 않으려고 좋지 않은 말로 액을 예방했다. 이러한
전통은 이제 옛말이 되고 말았다. 갓난아기에게 이처럼 좋지 않은 말을
했다가는 그 부모에게 혼이 날테니 말이다.

놀이와 노래

'놀다'라는 말을 사전에서 찾아보면, 제일 처음에 나오는 의미가 "일을
하는 것이 아니고 즐겁게 시간을 보내다"로 되어 있다. 그리고 이에 대한

영어 대역어도 'play'로 되어 있는 것을 알 수 있다. "놀지 말고 공부 좀 해라!"는 말에서 알 수 있듯이 '놀다'는 '공부하다'의 대립어쯤으로 기능을 하는 것 같다. 그러나 조금만 더 깊이 말 속에 담긴 뜻을 들여다보면 '놀다'에 우리 전통문화의 흔적이 듬뿍 담겨 있음을 알 수 있다. "곱사춤을 놀다, 굿판을 놀다, 윷을 놀다"도 노는 것이기 때문이다.

또 '마당놀이, 산대놀이'나 '놀이문화'라는 말에서도 알 수 있듯이 '놀이'는 단순한 'play'가 일종의 '축제[festival]'의 형식이 아니었나 생각한다. 우리 민속에서도 보면 재앙을 물리치고, 무병장수와 복을 빌 때마다 놀이를 행했다는 것을 보면 '놀이'의 역사는 선사시대로 거슬러 올라갈 것으로 보인다. 따라서, '놀이'는 열정과 환희로 가득 찬 축제였음을 짐작할 수 있다. 부여의 영고, 고구려의 동맹 등이 그러한 축제가 아니었을까. 이러한 사정을 종합해 보면 동사 '놀다'의 본래 의미는 '열정과 환희에 빠지다' 정도의 뜻이 아니었겠는가.

실제로 어원학자 천소영 교수는 '놀다'를 '한 가지 일에 집착하여 온 정신을 기울인다'로 해석한 바 있으니 이 또한 일맥상통하는 것이라고 볼 수 있다. '놀이'의 어원은 동사 '놀다[遊]'의 어근 '놀-'에 명사파생접미사 '-이'가 붙어 만들어진 말이니 이 또한 '열정과 환희로 가득 찬 행위' 쯤으로 해석할 수 있겠다. 이러한 생각을 조금 더 연장하면 '노름'에 다다른다. '노름'이라는 말도 분명 '놀+음'에서 나왔을 것이기 때문이다. 열정과 환희가 엉뚱한 곳으로 향하게 되면 '노름'에 빠지기 쉬운 것이다.

	어 원	언어 표현
놀이	놀[遊] + 이(명사파생접미사) 〉 놀이	놀이방, 마당놀이, 산대놀이, 놀이문화
노래	놀[遊] + 개(명사파생접미사) 〉 놀개 〉 놀애 〉 노래	노래방, 노래자랑

여기서 한 가지 더 살펴볼 것은 '노래'라는 말이다. 이 또한 '놀다'나 '놀이'와 관련이 있는 것으로 보이기 때문이다. '노래'의 어원도 동사 '놀 -'에 명사파생접미사 '개'가 붙어 '놀개'가 되고 이것이 ㄹ 다음에 ㄱ이 탈락하는 음운현상을 거쳐 '놀애'로 되었다가 다시 '노래'로 변한 것이니 말이다. 보통 접미사 '개'는 도구를 가리킨다는 점을 고려하면 축제에서 흥을 돋구는 도구가 바로 '놀개', 즉 '노래'가 아니었나 싶다. '놀이'와 '노래' 속에 민족의 흥이 들어가 있음을 알 수 있다.

2. 불교·유교문화와 한국어

삼국시대 중국으로부터 유입된 불교는 우리 생활에 뿌리 깊게 자리 잡았고, 조선시대 이후 생활의 지침이 된 유교 또한 우리에게 많은 영향을 미쳤다. 이러한 흔적은 언어에서도 그대로 나타난다. 예를 들어, 불교가 들어온 후에도 그 이전 샤머니즘 문화에서와 같이 언어의 주술적 힘은 여전히 중시되었다. 독경(讀經)으로써 초인간적인 위력을 발휘하여 병을 좇거나 외적을 물리치거나 또 바라던 바를 성취하려는 마음은 샤머니즘에서와 다를 바가 없기 때문이다.

그러다가 고려를 거쳐 조선시대에 들어오면서 유교 사상이 민간에 뿌리를 내리게 되면서부터는 언어의 신성관은 점차 쇠퇴하기 시작하고, 성리학을 바탕으로 새로운 언어관이 등장하게 된다. 성리학은 고도로 체계화된 철학으로 이에 입각하면 언어 또한 좀더 정확하고 체계적이어야 했다. 따라서 당시에는 음운학에 대한 연구가 치밀하게 전개되었고, 이를 발판으로 훈민정음이 탄생했다는 사실은 널리 알려진 이야기다. 여기서는 우리말 속에 담긴 불교와 유교문화의 단편을 살펴보기로 한다.

불교·유교와 언어의식

삼국시대 종교의 현황은 『삼국사기』에 잘 나타나 있는데, 고구려본기 보장왕 조에는 당시 고구려에 들어온 종교에 대해 언급한 내용이 있다.

연개소문이 왕에게 "三敎[삼교: 儒(유)·佛(불)·道(도)]는 솥[鼎(정)]의 발과 같아, 그 하나만 없어서는 아니 됩니다. 지금 유교·불교는 함께 盛(성)하나 道敎(도교)는 그렇지 못하니, 天下(천하)의 道術(도술)을 갖추었다고는 할 수 없습니다. 청컨대 사신을 唐(당)에 보내어 道敎(도교)를 구하여 나라 사람을 가르치게 하소서"라고 청하자.

이 말을 들은 보장왕은 국서를 당에 보내어 요청하였고, 당 태종은 도사 8명과 노자의 도덕경을 고구려에 보내 주었다는 기록이 있다. 당시 삼국시대에는 이미 불교와 유교가 들어왔고, 도교가 전래되기 시작했음을 알 수 있다. 불교가 들어온 후에도 그 이전 샤머니즘 문화에서와 같이 언어의 주술적 힘은 여전히 중시되었던 것 같다. 신라시대의 향가에서도 이러한 언어관을 엿볼 수 있는데, 다음은 〈천수대비가(千手大悲歌)〉의 내용이다.

무릎을 곧추며 두 손바닥 모두어
千手觀音(천수관음) 전에 비나이다!
천 손에 천 눈을 가지셨사오니 하나를 덜어
둘다 없는 내게 하나라도 주시옵소서.
아으, 나에게 주시면, 그 자비 얼마나 클 것인가.

이 노래는 희명이라는 사람이 눈먼 자기 아이를 위해 천수대비 앞에서 노래를 지어 부른 후, 아이가 눈을 떴다는 이야기다. 언어의 주술성과 언어를 신성하게 여기는 가치관은 당시에도 그대로 유지되었던 것이다.

또한, 유교는 일찍이 전래되었지만 조선시대에 와서 본격적인 틀을 갖추었는데, 가부장적 문화와 상하관계를 중요시하는 계층문화를 낳았고 이에 따라 언어관도 이전의 언어신성관에서 언어권위관으로 변모하게 된다. 이러한 특징이 잘 반영되어 있는 것이 복잡한 호칭어체계와 존대법 체계라고 볼 수 있다.

훈민정음에 나타난 유교·불교의 사상

훈민정음이 성리학(性理學)에 바탕을 두었다는 사실은 널리 알려진 이야기다. 훈민정음의 제자(制字) 및 그 결합의 철학적 배경은 성리학 이론인 삼극지의(三極之義)와 이기지묘(二氣之妙)에 바탕을 두고 있다. 삼극이란 천(天)·지(地)·인(人) 삼재(三才)를 말하고, 이기(二氣)는 음(陰)·양(陽)을 말한다. 성리학에서 이 삼재와 이기는 모든 우주 만물의 현상을 주재하는 기본이념이고 사람의 소리 또한 그것이 개념을 표상하는 그릇이므로, 근본적으로 삼재와 음양의 원리에서 벗어날 수 없는 것이라는 생각이다. 즉, 말소리의 체계는 삼재와 음양의 체계와 반드시 합치해야 한다는 것이 당시의 언어관이었다. 따라서 훈민정음은 그 음(音)의 분류에 있어서나 제자 원리에 있어서 그 철학적 이론은 모두 이러한 언어관에 입각하고 있다. 삼재를 모음의 기본자의 출발로 삼은 점이나 음의 구분을 다섯 가지로 [궁상각치우(宮商角徵羽)] 구분한 것 등은 이러한 배경을 잘 설명해 주고 있다.

한편, 훈민정음은 불교와도 밀접한 관련을 맺는다. 당시 훈민정음을 반포한 후 제일 먼저 시작한 사업이 불경을 훈민정음으로 간행한 것이었기 때문에 불교 전파를 목적으로 훈민정음이 창제되었다는 설도 있다. 다음은 김광해 교수가 지적한 훈민정음 어지(御旨)에 나타난 불교 사상의

한 모습이다.

(1)

	1	2	3	4	5	6	7	8	9	10	11	12	13	14	15	16	17	18
1	國	之	語	音	異	乎	中	國	與	文	子	不	相	流	通	故	愚	民
2	有	所	欲	言	而	終	不	得	伸	其	情	者	多	矣	矛	爲	此	憫
3	然	新	制	二	十	八	字	欲	使	人	人	易	習	便	於	日	用	耳

(2)

1	나	랏	말	ᄊᆞ	미	듕	귁	에	달	아	문	ᄍᆞᆼ	와	로	서	르	ᄉᆞ	ᄆᆞᆺ
2	디	아	니	ᄒᆞᆯ	ᄊᆡ	이	런	젼	ᄎᆞ	로	어	린	ᄇᆡᆨ	셩	이	니	르	고
3	져	ᄒᆞᇙ	배	이	셔	도	ᄆᆞ	ᄎᆞᆷ	내	제	ᄠᅳ	들	시	러	펴	디	몯	ᄒᆞᇙ
4	노	미	하	니	라	내	이	를	윙	ᄒᆞ	야	어	엿	비	너	겨	새	로
5	스	물	여	듧	ᄍᆞᆼ	ᄅᆞᆯ	ᄆᆡᆼ	ᄀᆞ	노	니	사	ᄅᆞᆷ	마	다	ᄒᆡ	ᅇᅧ	수	ᄫᅵ
6	니	겨	날	로	ᄡᅮ	메	뼌	한	킈	ᄒᆞ	고	져	ᄒᆞᇙ	ᄯᆞ	ᄅᆞ	미	니	라

(1)은 한문으로 된 원문이고 (2)는 그것의 언해문으로 『월인석보』의 첫머리에 실려있는 것이다. 여기서 글자수가 (1)은 54자이고, (2)는 108자로 구성되어 있는데, 이것은 불교에서 신성시하는 108이라는 숫자를 의식하여 어지를 만들었다는 견해다.

- 『훈민정음』에서는 '·, ㅡ, ㅣ'라는 모음의 기본자가 각각 하늘, 땅, 사람의 모양을 본 뜬 것이라 설명했는데, 이는 우주의 구성인 삼재(三才) 즉 천지인(天地人)을 근간으로 모음자의 제자를 설명한 것이다. 그리고 『훈민정음』 편찬자들은 이러한 역학적 원리를 조음 및 음향 음성학적인 관찰의 결과와 연계하여 이론화한다.

  > ·(소리)는 혀가 옴츠러들고 소리는 깊으니, 하늘이 자(子)시에 열린 것과 마찬가지로 ·자가 맨먼저 생겨났다. 모양의 둥글음은 하늘을 본뜬 것이다. ㅡ(소리)는 혀가 조금 옴츠러들고 소리는 깊지도 얕지도 않으니, 땅이 축(丑)시에 열린 것과 마찬가지로 ㅡ자가 두번째로 생겨났다. 모양이 평평함은 땅을 본뜬 것이다. ㅣ(소리)는 혀가 움츠러들지 않고 소리가 얕으니 사람이 인(寅)시에 생겨남과 마찬가지로 ㅣ자가 세번째로 생겨났다. 그 모양이 서있는 꼴은 사람을 본뜬 것이다.　　　　　　　　　　　　　　　　　　　　　　　　　　『훈민정음 해례본』

- 위의 설명은 모음의 속성을 파악하는 데에서 '혀의 모양'과 소리의 '청각감도(聽覺感度)'가 중요한 역할을 함을 알 수 있다. '·'는 '혀가 움츠러들[舌縮]'고 소리가 '깊다[深]'고 했는데 이것은 혀가 오그라지며 나는 소리의 청각감도(聽覺感度)를 나타내는 설명이다. 이러한 방식은 다른 기본자에도 적용된다. 즉 'ㅡ'는 혀가 조금 오그라지며[舌小縮] 나는 소리로 그 소리 느낌이 '깊지도 얕지도 않으며[不深不淺]', 'ㅣ'는 혀가 오그라지지 않고 펴져 있는 상태[舌不縮]에서 나는 소리로 그 느낌이 '얕다[淺]'는 것이다. 그런데 '혀의 모양'에 따른 음성 자질은 조음음성학적으로 '혀의 위치'에 따른 자질과 일치한다. 즉 '설축(舌縮)'인 '·'는 후설, '설소축(舌小縮)'인 'ㅡ'는 중설, '설불축(舌不縮)'인 'ㅣ'는 전설 모음에 대응한다.

- 이러한 점을 보면 세 개의 모음 기본자가 혀의 위치와 모양이라는 조음음성학적 자질을 균형 있게 보여준 것임을 알 수 있다. 그런데 이러한 설명이 좀 더 치밀해지기 위해서는 세 가지의 조음음성학적 자질을 대표하는 모음으로 '·, ㅡ, ㅣ'를 선택한 이유를 밝힐 필요가 있다. 이를 위해 이 세 모음의 음성적 특질을 살필 필요가 있다는데, '·, ㅡ, ㅣ'는 가장 중립적이고 무표적인 모음을 나타내는 문자라는 특징이 있다. 즉 '·, ㅡ'로 나타내는 모음은 그 조음적(調音的) 독립성이 뚜렷하지 않아 음운 변동에서 쉽게 탈락하는 특성을 지닌 무표적(無標的)인 모음이라고 할 수 있다. 또한 기본자 중 하나인 'ㅣ'는 양성모음과 음성모음의 대립을 기본으로 하는 중세국어 모음체계에서 중립성을 띠는 모음이다. 이런 점을 보면, 세종은 음성학적 관찰 결과를 세계를 구성하는 기본 요소인 삼재(三才), 즉 '천(天), 지(地), 인(人)'에 대응시키며 기본 모음자를 설정했음을 알 수 있다.

시정곤·최경봉 『한글과 과학문명』(2018) 중에서

도루아미타불과 남녀칠세부동석

〈저녁에〉는 시인 김광섭이 1969년에 지은 시이다. 별과 헤어짐과 동시에 다시 만날 것을 기약하는 내용으로 불교적 윤회 사상을 배경으로 한다고 잘 알려져 있다. 시인은 일제 강점기 일본 유학을 거쳐 1933년 모교인 중동학교의 영어교사로 자리 잡는다. 1935년에 잡지 『시원(詩苑)』에 '고독(孤獨)'이라는 작품을 발표하면서 시인으로서 본격적인 활동을 시작했다. 일본에 주권을 상실한 조국의 좌절과 절망을 시로 승화시킨 것으로 일제 강점기 시인의 고뇌를 엿볼 수 있다. 시인은 학생들에게 민족의식을 고취하는 등 우리나라의 독립 정신을 부르짖는 교사였다. 이런 연유로 1941년 일본 경찰에 붙잡혀 3년 8개월 동안 옥고를 치르기도 했다.

시인에게는 절친한 친구가 있었으니 그가 바로 화가 김환기이다. 두 사람은 1960년대 서울 성북동의 이웃사촌이었다. 우리나라 근대 추상화의 선구자로 알려진 김환기는 1963년 뉴욕으로 떠났고 이후 시인과 화

김환기, 〈어디서 무엇이 되어 다시 만나랴〉
ⓒ(재)환기재단·환기미술관

〈저녁에〉 – 김광섭

저렇게 많은 별 중에서
별 하나가 나를 내려다본다.
이렇게 많은 사람 중에서
그 별 하나를 쳐다본다.

밤이 깊을수록
별은 밝음 속에 사라지고
나는 어둠 속에 사라진다.

이렇게 정다운
너 하나 나 하나는
어디서 무엇이 되어
다시 만나랴

가는 서신을 주고받으며 교류를 이어갔다. 그리움이 쌓여서일까 김광섭은 1969년 〈저녁에〉라는 시를 발표하자마자 이 시를 뉴욕의 친구에게 보냈다. 김환기는 이 시를 읽어보고 시를 모티브로 하여 〈어디서 무엇이 되어 다시 만나랴〉라는 작품을 남겼다. 그가 뉴욕으로 건너간 지 7년만에 이 그림을 그려 한국으로 보냈는데, 작품 뒷면에 김광섭의 시가 적혀 있었다고 한다. 아마 그림을 본 사람이라면 화폭에 나타난 수많은 점들이 모두 별이라는 것을 금방 알 수 있을 것이다.

이 시는 여러 가지 의미로 해석될 수 있지만 불교의 윤회사상을 엿볼 수 있기도 하다. 이 세상이 끝난 다음에 우리는 또 다른 모습으로 환생한다는 믿음이 들어 있지 않을까 싶다. 인생을 '돌고 도는 물레방아'에 비유한다든지, '인연이 있으면 또 만나겠지'하는 말도 마찬가지의 생각에서 나온 것이 아닐까. 1980년에 '유심초'라는 형제 가수는 〈저녁에〉라는 시에 곡을 붙여 〈어디서 무엇이 되어 다시 만나랴〉라는 노래를 만들었으니, 이 또한 시가 그림으로 또 다시 노래로 재탄생하는 윤회가 아닐까 생각해 본다.

그런가 하면 우리는 흔히 "남자가 그것도 못해!", "어디 여자가 함부로 그런 것을 해!"라는 말을 듣곤 하는데, 이런 말속에는 남자의 역할과 여자의 역할이 엄연히 구분되어 있다는 유교사상이 자리 잡고 있음을 알 수 있다. 남녀의 양성평등이 강조되는 오늘날에는 이런 말을 들어보기도 어렵게 되었다. 요즘 광고를 보면 남편이 청소하고 설거지를 하는 장면을 쉽게 볼 수 있다. 또 자동차 광고에서는 여성이 운전대를 잡고 남성이 조수석에 앉아 있는 광고가 더욱더 좋은 반응을 불러일으킨다고 하니, 남녀가 일곱 살만 되어도 따로 앉아야 한다는 '남녀칠세부동석'과 같은 유교적 관념은 이제 '호랑이 담배 먹던' 시절의 이야기가 되었다.

- **불교문화에서 나온 말**
  수리수리마수리얍!
  도루아미타불 ← 나무아미타불
  건달(乾達) ← 간다르바(gandharva) : 산스크리트어 '음악의 신'
  주인공(主人公), 야단법석(野壇法席), 이판사판(理判事判), 나락(那落), 아사리판,
  대중
- **유교문화에서 나온 말**
  남자가 그것도 못해!
  어디 여자가 함부로 그런 것을 해!
  남녀칠세부동석
  장유유서 – 너 몇 살이야, 너 몇 학번이야
  수신제가치국평천하
  남아수독오거서
  암탉이 울면 집안이 망한다
  공자 앞에서 문자 쓴다
  양반은 얼어죽어도 짚불은 안 쬔다.

3. 기독교 문화와 한국어

19세기부터 우리나라에 유입되기 시작한 기독교는 초기에는 교세 확장에 어려움도 겪었지만 평등사상을 기치로 하여 거세게 전파되기 시작했다. 오늘날 기독교인이 얼마나 많은지는 우리 주위에 있는 교회의 숫자가 얼마나 많은가를 떠올려 보면 짐작이 가고도 남는다. 또 이제 크리스마스는 유대인들만의 명절이 아닌 세계인의 명절이 되었으며, 루돌프 사슴코와 산타할아버지는 우리 생활 속에 친근하게 자리 잡고 있지 않은가.

따라서 우리말에도 기독교 문화의 흔적이 많이 발견되는 것은 어쩌면 당연한 일인지도 모른다. 예를 들어, '세례'라는 말은 '입교하는 사람들에게 모든 죄악을 씻는 표시로 시행하는 의식'이지만, 이제는 '몽둥이세례'나 '주먹세례' 등처럼 의미가 파생되어 사용되고 있음을 알 수 있다. 여기에서는 기독교 문화와 관련된 우리말의 흔적을 찾아보기로 한다.

물세례와 달걀세례

우리는 길을 가다가 '물세례'를 받는 장면을 목격하기도 하며, 또 어떤 사람이 거리에서 '달걀세례'를 받았다는 기사를 읽은 적도 있는데, 이 '세례'라는 표현이 사용되기 시작한 것은 물론 기독교 문화의 유입 이후에 생겨난 것이라 할 수 있다. '세례'는 육체는 죽고 그리스도 안에서 다시 태어남을 상징하는 의식으로, 세례를 받아야만 모든 죄를 씻고 새로운 하느님의 아들로 때어날 수 있다는 의미를 갖는다. '세례'를 뜻하는 그리스어 '밥티스마($\beta\acute{\alpha}\pi\tau\iota\sigma\mu\alpha$)'도 '침수(浸水)한다'는 동사에서 나온 말이다. 원래 세례는 몸을 물속에 잠그는 침례(浸禮) 예식이었기 때문이다. 오늘날에도 이러한 침례 의식을 유지하고 있는 교파도 있지만, 대부분은 머리에 물을 적시거나 이마에 물을 뿌리는 의식으로 변하였다. '물세례'라는 말은 바로 여기에서 나온 것이다.

그러나 일상생활에서 이 말은 '물벼락'이라는 의미로 쓰이는데, 이것은 '물을 뒤짚어 쓰는 행위'가 '침례'의 모습과 비슷하기 때문이 아닌가 생각한다. '물세례'가 물벼락의 의미로 쓰이자 이후 '불세례, 몽둥이세례, 주먹세례' 등과 같은 유사한 의미들이 파생되었다. 국어사전에도 '세례'의 두 번째 의미로 '어떠한 일로 인하여 겪어야 할 단련이나 타격'으로 적고 있다.

물세례

순교자들의 행렬

서울 마포구 합정동 한강변에 '절두산(切頭山)'이라는 산이 있다. 이 산의 명칭은 원래 잠두봉(蠶頭峰), 용두봉(龍頭峰), 가을두(加乙頭)라고도 불렀다고 한다. 돌출한 봉우리의 모양이 누에의 머리 같기도 하고, 한편으로는 용의 머리 같기도 한 데서 연유한 것이다. 그러나 1866년 병인박해 때 1만여 명의 가톨릭 신자가 이곳에서 처형당하면서 이름이 절두산으로 변했다고 한다. 이름의 뜻에서 알 수 있듯이 얼마나 많은 사람이 처형당했는지를 알 수 있다. 지금 이곳은 유명한 가톨릭교 순교사적지가 되었는데, 순교성인 28위의 유해가 안치되어 있다.

로마 성 베드로 대성당에 김대건 성인 조각상

우리나라에 가톨릭교가 처음 도입된 것은 임진왜란을 전후해서다. 중국을 왕래한 이수광이 그의 저서 『지봉유설』에 가톨릭 교리에 대해 소개하면서부터 시작된다. 이후 1886년 한국·프랑스 수호조약이 체결될 때까지 거의 300여 년 동안 몇 번의 박해를 거치면서 수많은 순교자를 낳았다. 아마 이러한 박해와 순교의 행렬 뒤에 비로소 종교의 자유를 얻은 것이 아닌가 한다. 마치 신라시대 이차돈의 순교로 인해 불교가 국교로 되었던 것처럼, 수많은 순교자로 인해 이 땅에 가톨릭교가 정착하게 된 것이 아닐까 생각한다.

2023년 9월 5일, 로마 교황청 바티칸 성 베드로 대성전 외벽에 한국 최초의 사제인 김대건 신부의 조각상이 설치되었다. 김대건 신부 탄생 200돌을 기념하기 위해 세워진 이 조각상은 김대건 신부를 가톨릭의 주요 성인들과 같은 반열에 자리매김했다. 이 땅에서 숨져간 수많은 순교자들의 희생이 이러한 역사적 사건을 가능케 한 것이리라.

깊이 읽기 – 기독교 문화에서 나온 말

축복 받다, 하느님 맙소사, 말세다 말세야
구원, 세례, 안식일, 안식년, 부활, 천국, 구세주

포교와 한글연구

외국인의 국어연구는 19세기 후반부터 이루어지기 시작했으나, 그 목적은 대부분 포교에 있었다. 성서번역을 위한 어휘집을 만들거나 말을 배우기 위한 학습서나 문법서를 저술하는 것이 특징이었다. 프랑스인 리델(Félix-Clair Ridel) 신부도 그 가운데 한 사람이다. 그는 1857년 사제가 되어 조선 선교사로 파송된 인물이었다. 1877년 리델은 제6대 조선 교구장(敎區長)이 되어 조선에 입국했지만 쇄국정책으로 말미암아 곧바로 체포되어 추방된다. 리델은 만주 지방에 임시로 조선교구 대표부를 설치하고 조선으로 들어가는 통로를 확보하기 위해 노력했다. 그러면서 한글 학습과 조선 문화를 습득해 나갔다.

1881년 11월 리델 신부는 만주 지역의 조선교구 대표부를 정리하고 일본의 나가사키에 새로운 조선교구 대표부를 설치했다. 나가사키를 통해 부산으로 입국하는 길이 더 수월했기 때문이다. 리델은 대표부와 더불어 조선교구 인쇄소도 함께 운영했다. 이것은 천주교 최초의 조선교구 인쇄소였다. 이곳에서는 신식활자를 사용하여 순 한글판으로 『천주성교공과(天主聖敎工課)』(1881)을 비롯하여 여러 교리서(敎理書)를 간행했다.

이 무렵 리델의 『한불자전(韓佛字典)』(1880)과 블랑 신부의 『한어문전(韓語文典)』(1881)이 간행되었는데, 모두 나가사키의 프랑스 신문사에서 신식활자로 간행된 것이다. 이후 활자와 인쇄시설이 조선으로 옮겨 오게 된다. 1891년에는 정동의 배재학당에 인쇄소(한미화활판소)가 설치되었고 이곳에서 한글활자와 영문활자를 주조하여 성서를 인쇄하였다.

이러한 외국인의 국어연구에서 빼 놓을 수 없는 사람이 미국인 선교사였던 언더우드(Underwood)다. 그는 장로교 선교사로 1885년 한국에 와서 광혜원에서 물리와 화학을 가르쳤고, 서울 새문안교회를 설립했으며, 성서번역 사업에도 많은 힘을 쏟았다. 그는 1890년에 『한영문법』을 비롯해, 『한영영한자전』을 출판하고, 1897년에는 주간지 『그리스도신문』도 창간했다(시정곤·최경봉, 『한글과 과학문명』(2018)).

깊이 읽기

19세기 외국인의 한글 연구 주요 목록

〈영어권〉

1834. Gutzlaff, Ch. "The Corean Syllabary." *The Chinese Repository* vol.2.

1880. Taylor, Insup. "The Korean Writing System: An Alphabet? A Syllabary?"

1887. Scott, J. 「언문말칙」(EN-MOUN MAL CH'AIK) *A Corean Manual or Phrase Book; with Introductory Grammar*. Shanghai: Statistical Department of the Inspectorate General of Customs.

1892. Gale, J.S. "The Inventor of the En-moun." *Korean Repository* vol.I(October).

1892. Hubert, H.B. "Notes on the Korean Alphabet." *Korean Repository* vol. I.

1893. Scott, J. A *Corean manual and Phrase book; with Introductory Grammar*, (2nd ed.). Seoul: English Church Mission Press.

1895. Wilkinson, W.H. "A Korean katakana." *Korean Repository* vol. II.

1895. Aston, W.G. "Writing, Printing and the Alphabet in Corea." *The Journal of the Royal Asiatic Society of Great Britain and Ireland*, vol.1.

1896. Hubert, H.B. "The Korean Alphabet." *Korean Repository* vol. III (March).

1897. Edkins, D.D.J. "Korean Writing." *Korean Repository*, vol. IV (August).

1898. Hubert, H.B. "The Itu." *Korean Repository* vol. V.

1898. Scott, J. "Sanscrit in Korean Literature." *Korean Repository* Vol. IV, No.3.

〈독어권〉

1892. Gabelentz, G. von der. *Zur Beurtheilung des Koreanschen Schrift-und Lautwesens*, Sitzungsberichte der Koniglich-Preussischen Akademie der Wissenschaften zu Berlin.

〈불어권〉

1861. Rosny, L.de. "Sur les ecritures de la Chine, de la Coree et de Yeso." *Vocabulaire chinois-coreen-aino explique en francais*. Paris.

1870. Rosny, L.de. *Ecritures figuratives*. P.

1873. Rosny, L.de. "Sur la langue chinoise en Coree." *ler Congres des orientalistes* vol.1. Paris.

1881. Ridel, F.C. *Grammaire Coreenne*. Yokohama: Levy et S.Salabelle.

1894. Courant, M. *Bibliographie Coreenne*, Paris.

〈러시아권〉

1854. Зиболд, ф. Путешествие по Японию. Т. 3. Изд. А.А. Плюшара, СПб.

- 김민수 외. 1997. 『외국인의 한글 연구』

1. 다음은 『삼국유사』에 나오는 단군 신화 내용이다. 글을 읽고 물음에 답하라.

> 『위서(魏書)』에 이렇게 말했다. "지금으로부터 2,000년 전에 단군왕검이 있었다. 그는 아사달에 도읍을 정하고(阿斯達; 경經에는 무엽산無葉山이라 하고 또는 백악白岳이라고도 하는데 백주白州에 있었다. 혹은 개성開城 동쪽에 있다고도 한다. 이는 바로 지금의 백악궁白岳宮이다) 새로 나라를 세워 국호(國號)를 조선(朝鮮)이라고 불렀으니 이것은 고(高)와 같은 시기였다."
>
> 또 『고기(古記)』에는 이렇게 말했다. "옛날에 환인(桓因; 제석帝釋을 말함)의 서자(庶子) 환웅(桓雄)이란 이가 있었는데 자주 천하를 차지할 뜻을 두어 사람이 사는 세상을 탐내고 있었다. 그 아버지가 아들의 뜻을 알고 삼위태백산(三位太伯山)을 내려다보니 인간들을 널리 이롭게 해 줄 만했다. 이에 환인은 천부인(天符印) 세 개를 환웅(桓雄)에게 주어 인간(人間)의 세계를 다스리게 했다. 환웅(桓雄)은 무리 3,000명을 거느리고 태백산(太伯山) 마루턱(곧 태백산太白山은 지금의 묘향산妙香山)에 있는 신단수(神檀樹) 밑에 내려왔다. 이곳을 신시(神市)라 하고, 이 분을 환웅천왕(桓雄天王)이라고 이른다. 그는 풍백(風伯)·우사(雨師)·운사(雲師)를 거느리고 곡식·수명(壽命)·질병(疾病)·형벌(刑罰)·선악(善惡) 등을 주관하고, 모든 인간의 360여 가지 일을 주관하여 세상을 다스리고 교화(教化)했다. 이때 범 한 마리와 곰 한 마리가 같은 굴 속에서 살고 있었는데 그들은 항상 신웅(神雄), 즉 환웅에게 빌어 사람이 되기를 원했다. 이때 신웅이 신령스러운 쑥 한 줌과 마늘 20개를 주면서 말하기를 '너희들이 이것을 먹고 백일 동안 햇빛을 보지 않으면 곧 사람이 될 것이다' 했다.
>
> 이에 곰과 범이 이것을 받아서 먹고 삼칠일(21일) 동안 조심했더니 곰은 여자의 몸으로 변했으나 범은 조심을 잘못해서 사람의 몸으로 변하지 못했다. 웅녀(熊女)는 혼인해서 같이 살 사람이 없으므로 날마다 단수(壇樹) 밑에서 아기 배기를 축원했다. 환웅이 잠시 거짓 변하여 그와 혼인했더니 이내 잉태해서 아들을 낳았다. 그 아기의 이름을 단군왕검(檀君王儉)이라 한 것이다.

(1) 위 단군신화 내용에서 종교적인 요소를 찾아보자.

(2) 단군신화에서 숫자 '3'에 해당하는 단어가 있는지 찾아보자.

(3) 단군신화에서 '단군檀君'은 알타이어족에서 '무당'을 뜻하는 '단골'과 통하고, '왕검王儉'의 '-검'은 토템 신앙의 '곰'과 관련된다는 학설이 있다. 이밖에 단군신화에 나타난 인명과 지명 표기가 어떻게 해석되는지 찾아보자.

2. 우리가 기독교 용어로 알고 있는 '장로, 성령, 영생'과 같은 단어가 원래는 불교용어였다고 한다. 이 단어들이 어떤 과정을 거쳐 기독교 용어가 되었는지 알아보자.

3. 선조 때에 교정청(校正廳 1585)을 설치하여 『논어언해』를 비롯해 다양한 유교의 경전을 한글로 번역하는 언해 작업을 실시했다.

   (1) 교정청에서 언해로 간행한 유교 경전에는 어떤 것들이 더 있는지 알아보자.

   (2) 조선 시대에 유교 경전 번역 사업을 실시한 이유와 배경은 무엇인지 알아보자.

4. 『예수성교전셔』(1887)를 비롯하여 개화기 성경 번역본들은 언문일치체와 띄어쓰기를 시행하여 일반 백성들이 쉽게 읽을 수 있도록 하였다. 본격적인 띄어쓰기는 서재필이 발행한 『독립신문』(1896)에서도 시도되었으나 이미 선교사들의 번역 성경과 문법서에서 부분적으로 시도된 것이다. 성경 번역 작업과 백성들에게 널리 포교할 수 있었던 주요 요인으로 쉬운 한글을 들기도 한다. 이처럼 한글과 기독교는 상호 영향을 주면서 우리나라 발전에 기여했다고 할 수 있다.

   (1) 한글이 기독교에 미친 영향을 더 찾아보자.

   (2) 한국 교회가 교회에서 한글 강습을 하여 문맹률을 낮추었다는 평가도 있다. 이밖에 국내 유입된 기독교가 한글과 한국어에 어떤 영향을 미쳤는지 알아보자.

우리말의 뿌리를 찾아서

우리말의 어원과 갈래

한국인은 어디서 온 것일까? 이에 대해 과거 수많은 연구가 있었지만, 최근 유전자를 통해 우리 조상의 뿌리를 밝히고자 한 연구가 있어 우리의 주목을 끈다. 유전학자인 이홍규 서울대 교수는 그의 저서 『한국인의 기원』에서 유전학을 중심으로 고고학과 언어학 등 다양한 접근 방법으로 한국인의 기원을 밝혔다. 이 교수는 한국인은 남방계 유전자를 30%, 북방계 유전자를 70% 정도 가지고 있다고 주장했다.

생물학자 김욱 단국대 교수도 동아시아인 집단간 미토콘드리아 DNA 변이 분석결과 한민족은 북방계와 남방계의 복합적인 성격을 갖고 있다고 말한다(『한국NGO신문』 2021.01.26.).

그렇다면 우리말의 뿌리는 어디이

며, 또 그것을 어떻게 찾을 수 있을까? 인간의 조상을 유전자로 찾듯이 언어의 뿌리도 유전자로 찾을 수 있다면 얼마나 좋을까. 언어의 유전자를 조사해서 그 뿌리를 찾고자 하는 학문이 바로 어원학(語源學)이다. 이는 현재의 언어 유전자를 통해 그 말의 변천 과정을 되짚어 올라가 그 말의 뿌리를 찾고자 하는 노력이다. 말에는 그 민족의 문화와 정신이 깃들어 있기에 그 언어의 뿌리를 찾는 것은 그만큼 소중한 작업이 아닐 수 없다.

이 장에서는 우리말의 뿌리를 찾아보고자 한다. 먼저 어원이란 무엇인가에 대해 알아보고, 두 번째로 어원을 찾는 방법을, 그리고 마지막으로 실제 몇 가지 어원의 예를 구체적으로 살펴보기로 한다.

1. 어원이란 무엇인가?

'고물가, 고금리, 고환율'의 3고(高) 시대라는 요즘, 일명 '짠테크'(짠다+재테크 합성어)가 MZ세대를 중심으로 인기를 끌고 있다. 되도록 아끼고 지출을 줄이면서 사는 '무지출 챌린지' 열풍도 불고 있다. 몹시 인색한 사람을 '구두쇠'라고 하는데 이 말은 그간 부정적인 의미로 사용되었지만, 요즘 우리의 현실에서는 그다지 부정적이지만은 않은 것 같다. 내복을 다시 입고, 사치를 하지 않고, 중고 거래시장을 이용해 살림살이를 사고파는 것이 일상이 되었다.

이렇게 천대받다가 다시 각광을 받는 '구두쇠'라는 말은 어디에서 온 것일까? 어떤 이들은 '질긴 구두'에서 온 것이 아닌가 하고 말하는 경우도 있다. '구두쇠'의 '구두'도 '구두'이기 때문이며, 질긴 가죽 구두처럼 한번 물건을 사면 버리지 않고 계속 쓰는 사람이 연상되기 때문이리라. 그러나 정작 '구두쇠'는 '가죽 구두'와는 아무 관련이 없다. 그 어원을 찾아보면, '굳다(固)'라는 동사어간 '굳'에 '돌쇠, 마당쇠'에서처럼 사내이름을 뜻하는 접미사 '-쇠'가 결합한 말이기 때문이다. 즉, '굳 + (으)쇠 〉 구두쇠'가 된 것이다. 오늘날에도 '구두쇠'를 일명 '굳짜'라고 부르는데(예: "워낙 굳짜라서 그나마 어려운 살림을 꾸려 간다."), 그 이유도 따지고 보면, 바로 이 어원과 관련이 있는 것이다. 여기서는 어원과 그 속에 담긴 조상들의 지혜를 엿보고자 한다.

깊이 읽기 - 어원학(etymology)

어원학(語源學)은 단어의 기원 및 그 유래를 연구하는 학문이다. 고대 그리스어로는 'etymologia'이다. 그 단어는 '단어를 분석하여 진정한 기원을 찾는 것', '단어의 진정한 의미를 연구하는 것' 정도의 의미를 갖는다. etymon이 '진정한 의미, 원래의 의미'를 뜻하고, 여기에 '연구, 말하기'의 뜻을 가진 '-logia'가 결합해서 만들어진 단어다. 이 단어가 라틴어에 그대로 전승되었고(etymologia), 중세 프랑스어(14c)에 가면 'etimologie, ethimologie' 형태가 된다. 그러다가 14세기 후반에 이르면 'ethimolegia' 형태가 된다. 오늘날처럼 어원학(etymology)이 언어학의 하위 분야로 본격적으로 사용되기 시작한 것은 1640년에 와서이다.

Oxford English Dictionary

말에도 조상이 있다

"떡 줄 사람은 생각도 않는데, 김칫국부터 마신다."는 속담이 있다. 떡은 우리 명절이나 특별한 날에 빼놓을 수 없는 음식이다. 생일, 돌, 환갑, 혼례, 제사에서부터 설날과 추석에 이르기까지 중요한 날에는 반드시 떡이 등장했다. 찹쌀로 만드는 것인 만큼 추수에 대한 감사와 가정의 평안에 대한 감사의 뜻으로 조상이나 신에게 바치는 것이 아닌가 싶다. 이 '떡'은 순수한 우리말인데, 중세국어에는 『월인석보』나 『훈몽자회』에 '쩍'으로 표기되어 있다. 중세국어 당시에는 이 'ㅅ' 음이 음가가 살아 있었다고 한다. 오늘날 심마니들이 떡을 '시덕, 시더구, 시더기'라고 한다고 하니, 이 어형에서 중세국어의 'ㅅ'의 흔적을 찾아볼 수도 있다. 또한 고대 일본에서 제사를 지낼 때 사용한 쌀떡을 [sitoki]라고 했다고 하니, '떡'의 고형 '쩍'이 일본어에도 영향을 미쳤음을 짐작할 수 있다.

한편, 떡과 비슷한 '밥'의 어원은 아직 명확히 밝혀지지 않았다. 중세국어에 '밥'이라는 말이 나오기는 하지만(『훈민정음해례』), 그보다는 '밥'의 높임말로 '뫼, 진지, 슈라'가 더 빈번히 사용되었다. 이 가운데 '진지'만이 오늘날 '밥'의 높임말로 살아 있고, '뫼'는 근대국어에서 '메'로 변하면서 오늘날 '멧밥'(제삿밥)의 형태로 국한하여 사용되었다. 또한, '슈라'는 몽골어에서 차용된 것이라고 하니, 우리가 사용하는 단어 하나하나에도 그 뿌리가 있고 조상이 있음을 알 수 있다.

웃음과 울음은 같은 뿌리에서

'웃음과 울음'을 철학적 의미로 해석한 학자가 있었다. 해석의 요지는 대략 다음과 같다. 이 둘은 공통적으로 어간 모음 '우'를 취하고 있는데

이 '우' 모음은 입속 뒤쪽의 깊숙한 부분에서 발음되는 것으로, '웃음'과 '울음'이라는 말은 인간 정서의 절박성을 표현하는 데 더없이 알맞은 것이다. 또한, 이 두 단어는 어간 모음뿐만 아니라 두 단어에 쓰인 어간 받침에 있어서도 다분히 철학적이라는 것이다. 음성 상징론에 따르면, 'ㄹ' 음은 부드럽고 유연하여 슬픔보다는 기쁨을 상기시키는 자음이며, 'ㅅ'은 'ㄷ'으로 중화되어 발음되거나 'ㅅ' 그대로 마찰음으로 발음되거나 어떤 경우든 각박하고 군색한 음상이 도저히 기쁨과는 어울릴 것 같지 않은데, 어찌 반대로 '울음'과 '웃음'이 되었을까? 학자는 그 이유를 조상들의 철학에서 찾았는데, 예로부터 우리 선인들은 근엄 장중한 선비상을 이상으로 삼고, 경거망동을 경계했으므로, 기쁘다고 즉시 웃음을 보이거나 슬프다고 즉시 울음을 터뜨리는 경박한 태도는 멀리했기 때문이라는 주장이다.

일견 그럴듯해 보이고 두 감정 명사를 삶의 철학까지 연결한 점은 높이 살 만하다. 그러나 이런 논리는 '살다'와 '죽다', '삶'과 '죽음'이라는 단어를 비교해 보면, 금방 모순이 생긴다. '살다'는 양성모음을 가지고 있고 또 받침은 'ㄹ'을 가지고 있는 반면, '죽다'는 음성모음과 무거운 'ㄱ' 받침을 갖고 있는데, 그렇다면 여기에는 또 어떤 삶의 철학이 담겨 있어야 한단 말인가? '삶'과 '죽음'의 단어에서는 왜 경거망동을 경계하고 경박한 태도를 멀리하는 철학이 적용되지 않았을까?

이러한 철학적 해석은 뒤로하고, 그보다는 '웃다'와 '울다'의 어원을 살펴보는 것이 더욱 생산적인 일일 것이다. '웃다'와 '울다'라는 말은 뜻은 정반대이지만, 어쩌면 한 뿌리에서 나온 것일 수도 있지 않을까? '나-너'는 모음의 양성-음성의 차이로 구분되고, '웃-울'은 'ㅅ-ㄹ'이라는 자음 하나의 차이로 구분되기 때문이다. 그럼 과연 'ㅅ-ㄹ'의 대응이 언어학적으로 가능한지 따져보자. 언어학적으로 'ㅅ, ㄷ'의 음가는 모두 /t/로 상정되는데, 이때 특정 환경에서 'ㄷ→ㄹ'로 변하는 현상은 자주 목격

된다(듣고-들으니, 걷고-걸으니, 묻고-물으니). 따라서 'ㅅ-ㄹ'의 대응이나 변화는 가능하고 '웃다-울다'도 한 뿌리에서 나왔을 가능성도 있다.

그렇다면 '믙-믈'(땅-물)이 대응되고, '섣달 그믐'의 '섣'과 '설날'의 '설'이 혹시 대응되는 것도 같은 맥락에서 볼 수 있지 않을까. 나아가 우리말 '글'이 '긋다'에서 나온 것이라면 (진흙판에 그림을 그어서 문양을 만들고 이것이 글자의 시초라면) '긋-글'의 대응도 '웃-울'의 대응처럼 한 뿌리에서 나왔을지도 모를 일이다.

어원 속에 담긴 조상의 지혜

고유한 명절 이름만큼 우리 조상들의 지혜가 듬뿍 담겨 있는 것은 없으리라. 오늘날 한자 이름에 밀려 사용 빈도수가 많이 줄어들 것이 안타까울 뿐이다.

음력 8월 15일을 추석(秋夕)이라고 하는데, 우리 고유어로는 다들 알다시피 '한가위'다. 한가위는 '한가운데'라는 뜻을 가진 '한가배'에서 변한 말이니, 음력 7, 8, 9월을 가을이라고 할 때, 이 계절의 정중앙을 말하는 것이다. 또한 음력 5월 5일의 단오는 또 어떤가. '단오'라는 말도 한자 이름이며, 고유어로는 '수릿날'이라고 한다.

↑한가위 송편 빚기, ↓단오날 그네뛰기

고려가요 〈동동〉이라는 월령가에 보면 다음과 같은 구절이 있다.

수릿날 아침에 드리는 약은 천년만년 장수할 약이어서 바친다는 내용
이다. 수릿날의 수리는 머리 꼭대기를 말하는 '정수리'의 수리와 어원이
같다고 한다. '수리'라는 말 자체가 맨 꼭대기를 뜻하며 '정(頂)'은 잉여적
으로 덧붙은 것이라 한다. 즉, 수릿날은 태양이 머리 꼭대기에 오는 날이
어서 붙여진 것이라고 하니, 한자어로 '단오(端午)', '단양(端陽)', '천중절(天
中節)' 등으로 부르는 이유도 여기에 있다.

앞으로는 고유 명절 이름에 담긴 조상들의 지혜를 다시 음미해 보고
되도록 고유 이름을 불러야 하지 않을까 생각해 본다.

2. 어원을 찾으려면?

'소쩍새'는 '소쩍소쩍' 운다고 해서 '소쩍새'라고 이름이 붙여졌다고
한다. 그런데 '소쩍새'의 이름에는 전설이 있는데, 이야기는 이렇다. 어
느 마을에 시집온 며느리가 있었는데, 집이 너무 가난하여 식량이 없다
보니 밥 지을 밥솥도 너무도 작았다. 당연히 밥을 하면 며느리까지 차례
가 돌아오지 않아 밥을 못 먹은 며느리는 이내 죽고 마는데, 그 며느리가

죽어서 새가 되었다고 한다. 그런데 그 새는 울 때마다 '솥적솥적(솥이 적다)' 울어 이를 듣고 사람들이 '소쩍새'라고 부르게 되었다는 이야기다. 이것은 '소쩍새'의 '소쩍'을 '솥적'의 발음과 동일시한 데서 연유한 것인데, 이처럼 약간의 형태적 또는 음성적 유사성에 근거해서 기원적으로 그 형태와 아무런 관련도 없는 다른 형태와 연결 짓는 현상을 '민간어원설(民間語源說 : folk etymology)'이라고 한다.

어원을 찾는 방법으로 과거 이러한 민간어원설에 기댄 적도 많았으나, 이러한 방법은 어떤 학문적인 근거를 가진 것은 아니다. 본격적인 어원 연구는 비교언어학이 등장한 이후에 가능하게 되는데, 그것은 음운대응이나 유추와 같은 비교 방법을 통해 단어의 기원과 유래, 그리고 그 본래의 의미를 역사적으로 규명하려고 한 것이다.

비슷한 소리를 찾아서

제주방언에 '독새기'라는 말이 있다. 제주도에서는 '달걀'을 이렇게 부른다고 한다. '닭의 새끼'라는 의미인데, 이 말이 일반 사람들에게는 매우 흥미롭게 들릴지 모른다. 그러나 어원을 연구하는 사람들에게는 이 '독새기'라는 말이 닭의 고형을 밝혀내는 데 중요한 단서가 될 수 있다. '닭'은 15세기에 '둙'으로 표기되었고, 고형은 '돌' 또는 '독'으로 추정하기 때문이다. 바로 이러한 추정의 근거가 제주방언의 '독새기'라는 말이다. 또한, 일본어에서 닭은 '도리[tori]'라고 하는데, 우리 '닭'과 어원이 같다는 것을 쉽게 알 수 있다. 받침이 없는 일본어에서 '돌'은 'ᄃ・리 〉 도리'의 변화 과정을 거쳤을 것이라고 추정된다.

또한 전라도 지방에서는 '돌'을 '독'이라고 한다. 밥을 먹다가 돌을 씹으면, '독 씹었다!'고 한다. 이 말을 들은 서울 사람이 큰 항아리를 씹은

줄 알고 놀랐다는 우스갯말이 있다. 이 '독'이라는 말도 '돌'의 고형을 찾는 데 중요한 단서가 된다. '돌'은 중세국어에서 '돓'로 나타나지만 그 이전으로 거슬러 올라가면 '둙'이나 '도락' 등으로 나타날 가능성이 있기 때문이다.

이처럼 어원의 출발은 비슷한 소리를 서로 비교해 보는 데서부터 시작한다. 우리말의 '곰'과 일본어의 '구마[kuma]'를 동일 어원에서 나온 말로 간주하는 것도 이러한 비교 방법에서 출발한다.

사동·피동의 원형은

우리말의 사동과 피동은 의미는 전혀 다르지만, 이들을 나타내는 표현인 접미사들은 원래 하나의 뿌리에서 나왔던 것이 아닌가 싶다. "철수가 밥을 먹는다."라는 주동문을 "어머니는 철수에게 밥을 먹인다."라는 사동문을 바꿀 때 사용되는 것이 바로 동사를 사동사로 만드는 절차이다. 이때 사동접미사라고 부르는 '-이-/-히-/-리-/-기-/-우-/-구-/-추-'와 같은 일련의 접미사들이 붙게 된다. 피동의 경우도 마찬가지다. "고양이가 쥐를 잡았다."라는 능동문을 피동문으로 바꾸면 "쥐가 고양이에게 잡혔다."라는 피동문이 만들어지는데, 이때도 동사에 일정한 피동접미사 '-이-/-히-/-리-/-기-'를 결합한다.

이때 흥미로운 점은 이들 사동과 피동의 접미사 형태가 서로 비슷하다는 점이다. 특히, '-이-/-히-/-리-/-기-'는 모두 동일 형태를 취한다. 따라서, 이들은 원래 공통으로 접미사 '이'를 원형으로 가지고 있던 것으로 추정된다. 특히, 나머지 '-히-/-리-/-기-'는 선행 동사어간의 음운론적 조건에 의해 달라진다는 점을 고려하면 특히 이들이 한 뿌리에서 나왔음을 짐작해 볼 수 있다. '리'는 선행 어간 받침이 'ㄹ'로 끝날 경우 쓰이고

('빨리다, 들리다, 걸리다, 살리다'), 'ㅂ' 아래에서는 주로 '히'가 쓰이는 것을 알 수 있으며('잡히다, 좁히다, 접히다, 눕히다'), 'ㅁ' 다음에는 주로 '기'가 쓰인다는 것을 알 수 있다('감기다, 굶기다, 남기다, 넘기다').

따라서, 사동과 피동을 나타내는 접미사의 원형은 '이'인데, 이것이 상황에 따라 다양한 변이형태로 쓰이게 된 것이 아닌가 싶다. 오늘날에도 경상도 방언에서는 사동과 피동을 성조에 의해 변별한다는 점도 이를 뒷받침하고 있다. "아~가 달려가서 엄마한테 <u>앵겼어</u>."(피동: 고 → 저), "아빠가 아를 엄마 품에 <u>앵겼어</u>."(사동: 저 → 고)

고대인의 발자취를 재구해보자

지금으로부터 아득히 먼 옛날을 흔히 선사시대(先史時代, prehistoric period)라고 한다. 선사시대란 말은 역사가 기록되기 이전의 시대라는 말이다. 따라서, 문자로 역사가 기록된 시대인 역사시대(歷史時代, historic period)라는 말과는 상반되는 개념인 셈이다. 때때로 이러한 구분이 자칫 역사시대는 값지고 의미가 있으나 선사시대는 그렇지 않다는 말로 들릴지도 모르지만, 사실은 그렇지 않다. 왜냐하면, 문자가 기록되기 이전의 인간이 쌓은 업적 또한 역사시대 못지않게 중요하기 때문이다.

이런 이유로 어떤 학자들은 선사시대라는 말 대신에 '선문자시대(preliterate period)'라는 말을 사용하기도 한다. 이것은 문자 발명 이전의 시기라는 뜻이다. 물론, 선사시대의 유물은 책이나 문서가 아니다. 그보다는 도구, 무기, 화석, 그릇, 그림, 그리고 보석과 장신구 등의 단편들로 이루어진다. 이 물건들은 인류의 행적과 생활 양식에 대한 지식을 제공하는 데 기록된 문자 못지않은 가치를 갖는다.

2020년 일본 사회는 벼루에 새겨진 일본 최고(最古)의 문자 출현으로 떠들썩했다. 후쿠오카에서 1997~2000년에 이뤄진 발굴 조사에서 출토된 출토품은 야요이 시대(기원전 3세기경~기원후 3세기) 중기의 벼루로 추정되었기 때문이다. 후쿠오카시 매장문화재과 연구원은 이 석제품이 벼루이며 뒷면 중앙 부근에 두 개의 거무스름한 선 같은 것이 보이는데 이를 기원 전후의 예서체(중국 한나라 때의 옛 서체)로 보고 '子'(자)와 '戊'(무)를 쓴 것으로 보인다고 학회에서 발표했다.

이 발표는 곧바로 언론에 소개되었고 "일본에서 가장 오래된 문자일 가능성이 있다."는 주장으로 일본 사회가 흥분의 도가니에 휩싸였다. 그러나 흥분도 잠시 정밀하게 과학적으로 조사한 결과 벼루의 글씨가 시판 중인 유성펜 성분과 일치하는 것으로 밝혀져 일본 고고학계는 실망과 좌절감에 빠졌었다.(『동아일보』 2022.09.10.) 이처럼 유물을 통해 고대인의 발자취를 재구해 보는 작업이 얼마나 어려운 일인지를 알 수 있다.

깊이 읽기

◉ 방사성탄소 연대측정법

이 연대측정 방법은 1949년 미국의 물리화학자 리비(Libby, W.F.)가 대기 중에 존재하는 방사성 탄소(C¹⁴)의 생성체계를 밝혀내고, 이를 고고학에 응용하면서 시작되었다. 유물에 잔존하는 방사성 탄소의 농도를 측정해 그 물체의 죽은 연대를 산출하는 방법이다. 주로 목탄(木炭), 목편(木片), 패각(貝殼), 인골(人骨) 등을 대상으로 하고 측정 가능한 연대는 3만~4만년 전까지이다.

우리나라에서는 1961년에 처음으로 방사성 탄소 연대 측정법이 소개되었는데, 한두 개의 방사성 탄소 연대로 한 유적의 연대를 정확히 알 수 없기 때문에 여러 개의 방사성 탄소 연대가 모여야만 좀 더 정확한 연대를 측정할 수 있다. 또한 시료를 채집할 때 오염되지 않도록 하는 것이 중요하다.

출처: 『한국민족문화대백과사전』

◉ 광학자극발광 (Optically Stimulated Luminescence:OSL) 연대측정법

이 연대측정 방법은 1984년 캐나다 Simon Fraser 대학의 교수이자 물리학자인 데이비스 헌틀리와 동료들이 개발했다. 이 방법은 퇴적물이 햇빛에 노출되어 에너지가

쌓인 후, 그 물체를 다시 자극하면 쌓인 에너지가 빛으로 방출된다. 이때 그 빛의 세기에 따라 축적된 에너지의 양이나 시간 경과 등을 알아내는 방식이다. 도자기, 석기, 퇴적 토양 등의 연대를 측정할 때 주로 사용되며, 측정이 가능한 연대는 보통 5만~수십만년까지이다.

출처: Huntley 외 (1985). "Optical dating of sediments". *Nature* 313

3. 하나의 말에서 이렇게 퍼져나가요

고속버스를 타고 서울로 가자면, 그 진입로에 농수산물시장이 있는 '가락동'을 지나게 된다. 이 가락동은 한자로 '可樂洞'이라고 적혀 있으니 그 말뜻만으로 보면, 얼마나 살기에 좋은 동네인지를 알 수 있다. 그러나 정작 '가락동'의 '가락'은 즐겁다는 뜻이 아니라 '손가락'의 '가락'과 같은 어원이라고 한다. 손가락의 '가락'은 고형 '골'에 명사접미사 '-악'이 결합하여 만들어진 형태로 무언가 '갈라진 것'을 뜻한다. '골'은 '가르다'라는 동사의 어원이기도 하니, 그 뜻을 쉽게 짐작할 수 있다. 따라서 '가락동'은 원래 '갈라져 나온(떨어진) 동네' 정도의 의미였는데 이를 한자로 바꾸면서 잘못 해석되어 새로운 의미로 탈바꿈되지 않았을까 생각해 본다.

이와 비슷한 예가 '조령(鳥嶺)'이다. 조령(鳥嶺)은 충북과 경북 문경 사이에 있는 고개를 말한다. '문경새재'라는 말이 아직도 남아 있다. '새재'를 한자로 자꾸면서 '새 조(鳥)'로 해석하고 새가 넘기 어려운 고개 정도의 의미를 띤다고 생각했던 것 같다. 그러나 사실 '새재'의 '새'는 나는 새가 아니라 '사이'의 준말 '새'이다. 아마도 새재는 고개와 고개 사이에 있는 고개 정도의 의미였으리라.

한편 '골목'이나 '골짜기'의 '골'도 갈라진다는 의미를 띠는 단어이다.

골목은 집과 집을 가르는 길이며, 골짜기도 산과 산 사이나, 절벽과 절벽 사이를 가르는 깊숙하고 움푹 패인 지형을 뜻하는 것이어서 이들 모두 '골'에서 파생된 것이다. 여기에서는 이처럼 하나의 말이 역사적인 변천 과정을 거쳐 다양하게 발달해 온 경우를 살펴보기로 한다.

신체어의 어원

어원 가운데 가장 기본적인 것이 바로 신체어가 아닌가 한다. 아마도 말이 생긴 후 신체어가 가장 먼저 생겼을 가능성이 있다. 그만큼 기본적인 말이기 때문이다. 그러나 이들의 어원을 추적하는 일은 그리 쉽지가 않다. 이것은 이들 단어의 역사가 그만큼 오래되었기 때문인지도 모른다.

손의 어원을 '솓'으로 보는 견해가 있다. '솓 〉 손'으로 변했다는 말인데, 국어에서 이러한 음운변화는 가능성이 있는 것이다. '눈'의 고형이 '눋'이었다는 주장도 이러한 맥락에서 이해할 수 있겠다. 이 '솓'은 일본어의 손가락을 가리키는 '사시[sasi]'와도 그 어원이 같다는 설이 있다. '사시'의 고형이 '삿'이라면 이것이 '솓'과 맥이 닿는다는 말이다. 만주어에서 '눈'은 '야사[yasa]'라고 하는데, 그 고형은 '냐사[nyasa]'나 '나사[na-sa]'로 소급되며, 그리고 이들은 모두 다시 '낟'으로 소급될 수 있으니 우리의 '눋'과도 연결이 됨직하다. 또 몽골어에서 눈은 '니도[nido]'라고 하는데, 어근이 '닏'이니 이 또한 우리의 '눋'과 연결될 수 있을 듯하다.

발(足)은 중세국어에도 '발'로 나타난다. 이 어원을 퉁구스어와 연결하려는 견해가 있다. 퉁구스어에서 '발'이 '발간[palgan], 할간[halgan], 알간[algan]' 등으로 쓰인다는 것인데, 우리의 '발'과 연결이 될 듯하다. 또한 '발'을 형용사 '빠르다'의 어근 '빨(발)-'에서 연유한 것으로 보는 시각도 있다.

코는 15세기 중세국어에서 '고'로 나타난다. 이 고형을 '골'로 보는 견해가 있다. '골 〉 고 〉 코'로 변했다는 주장이다. 따라서, '코를 골다'에서 '골다'도 바로 코를 의미하는 것이라고 본다. 감기를 옛말로 '곳블'이라고 했는데, 어떤이는 이를 '코에 불이 난 것을 의미'한다고 하기도 하고, 또 어떤이는 이때 '블'도 코를 의미하는 것이라고 말하기도 한다. 요즘도 '코를 풀다'라고 하는데, '블'이 '풀'과 연결이 된다는 것이다. 튀르크어에서 코는 '부룬[burun]'이라고 하는데 이와도 연관이 된다는 설명이다.

'가르다'와 '손가락'

'가르다'의 사전적 의미는 '쪼개어서 따로따로 되게 하다.'는 뜻이다. 이 '가르다'와 '손가락'이 서로 관련이 있다는 것을 쉽게 짐작하는 사람은 그리 많지 않다. 이 '가르다'의 어근 '갈'은 그 고형이 아마 '골(곧)' 정도로 추정된다. 'ㄷ, ㄹ'은 서로 넘나듦이 있으므로 별문제가 되지 않는다. 이 '골'은 한편으로는 '갈'로 변하고, 다른 한편으로는 '골'로 변한 것으로 보인다.

먼저 '갈'의 경우 '가르다'가 나왔을 것이고, 여기서 '갈리다'가 다시 파생된다. 우리가 어떤 생각이 뒤섞여 정리가 잘 안될 때, '헷갈린다'라고 하는데, 이 말도 가만히 들여다보면, '갈리다'에 '헛'이라는 접두사가 결합한 것이다. '헛'은 '헛발질, 헛걸음'의 '헛'이니, '갈리는 행위' 즉 '구분'이 계속 '헛'도는 것이니 '헷갈릴' 수밖에 없는 것이다. '가락'이라는 말도 '갈'에 '-악'이라는 접미사가 결합하여 만들어졌다. 따라서 '가락'의 본뜻은 '갈려진 것'이라는 뜻이리라. '손가락, 발가락, 젓가락'이 그렇고 '가락지'는 '가락'에 꽂는 반지를 뜻하고 '가락국수'는 가락처럼 생긴 국수를 말하는 것이다.

그럼 '머리카락'은 어떤가. 이 또한 '머리+가락'의 합성어인데, 원래

'머리'의 고형은 '머리ㅎ'의 형이었으므로(이를 'ㅎ말음체언'이라 한다) '머리카락'이 된 것이다. '가래떡'도 '가르다'와 관련이 있다. '가래'는 흙을 파서 고르는 농기구인데 그 모양이 손가락 모양이다. 가래떡의 고형은 '골리쩍'(17세기)이었으므로 원시고형 '골'과도 맞닿는다. 한편, "일이 가닥이 잡히질 않아."라고 말할 때, '가닥'도 '갈(갇)'에서 나온 것임을 쉽게 짐작할 수 있다. '한 가닥, 두 가닥' 하는 것도 마찬가지다. '가랑이가 찢어지겠다'고 할 때 '가랑이'도 '갈'에서 나온 말이다.

이번에는 '골'로 가보자. '골'도 그 기원이 같으므로 무언가 갈라진다는 뜻인데, '골목길, 골짜기' 등을 살펴보면 모두 갈라지는 의미를 담고 있음을 알 수 있다. 우리 속담에 '고랑도 이랑 될 날 있다'라는 말이 있다. '몹시 고생을 하는 삶도 좋은 운수가 터질 날이 있다는 말'이니 고진감래(苦盡甘來)라는 뜻이다. 이때 '고랑'은 '두둑한 땅과 땅 사이에 길고 좁게 들어간 곳'이며, '이랑'은 '논이나 밭을 갈아 골을 타서 두두룩하게 흙을 쌓아 만든 곳'을 이르는 말이다. '고랑'의 어원도 '골'에서 나왔음을 알 수 있다.

수의 기원

인류는 언제부터 수를 사용했을까? 수의 시작이 언제부터인지는 확실하지 않다. 다만, 오늘날 미개한 문명을 가진 오지의 민족들도 셈을 위해 수를 나타내는 단어를 가지고 있는 점을 보면, 그 기원은 아마도 언어의 시작과 더불어 생겨난 것이 아닌가 생각할 정도이다. 수(數)의 한자어 뜻을 보면 '물건을 톡톡 치며 셈하다'라는 의미이니, 수라는 개념이 물건을 셈하고 구분하는 데에서 출발했다는 점을 알 수 있다.

우리말에서 수를 나타내는 것은 '하나, 둘, 셋……' 등과 같은 수사들인데, 이들이 언제부터 어떤 형태로 사용되었는지 정확히 확인하기는 매우 어렵다. 다만, 차자표기를 통해 삼국시대의 문헌에서 몇몇 수사의 고형의 흔적을 확인할 수 있을 뿐이다. 알다시피 고구려어에서 몇 개의 수사가 확인되는데('密(三)', '于次(五)', '難隱(七)', '德(十)'), 이와 고대 일본어의 수사들('mi(三)', 'itu(五)', 'nana(七)', 'towo(十)')의 관련성이 지적되기도 했다.

	고구려어	고대 일본어
3	密	mi
5	于次	itu
7	難隱	nana
10	德	towo

'하나'라는 수사에 대해서는 향찰 자료에 '*ㅎ돈'(一等隱 枝良出古 : *ㅎ돈 가재 나고 〈祭亡妹歌〉)이나 '*ㅎ돈사'(一等沙, 〈千手觀音歌〉)에 나타나며, 『석보상절』에 'ㅎ나ㅎ'(弟子 ㅎ나홀 주어시든 말 드러 이르ᅌᆞ바지이다. 〈釋譜 6:22〉)이 나타난다. 『계림유사』에는 '一曰河屯'이라고 표기되어 있다. '둘'에 대해서는 '*두블, *두를' 등이 향가에 나타나고(二肹 〈處容歌〉, 二尸禱 〈千手觀音歌〉), 중세국어에는 '둘ㅎ' 형이 보인다(七淨은 ㅎ나훈 戒淨이오 둘흔 心淨이오 세훈 見淨이오 네훈 疑心 그츤 淨이오 〈永嘉集序 9〉 / 큰 것과 져근 것괘 반두기 둘콤 ᄂᆞ놋다 〈杜詩諺解 8:68〉). 그리고 『계림유사』에는 '二曰途孛'로 나타나 있어 고형이 '두블'이었을 가능성을 보여주고 있다.

1. 일본에서 20년간 9억을 모은 45세 남자가 있다. '달걀도 사치'라며 매일매일 소박하게 먹는 그의 '짠내나는 식단'이 화젯거리가 되기도 했다(『중앙일보』 2023.07.23.). 우리는 심하게 절약하는 사람을 '짠돌이'라고 부르기도 하며, 아주 인색한 사람을 가리켜 '짜다, 짜!'라고 말하기도 한다.

짠내나는 자린고비 식단

(1) '짜다'라는 단어가 어떻게 인색하다의 의미를 갖게 되었는지 알아보자.

(2) '짜다'가 '인색하다'의 뜻으로 사용되는 말이 더 있는지 찾아보자.

(3) 짠돌이에 해당하는 영어로 'Penny-pincher'라는 말이 있는데, 이 말이 생긴 유래를 찾아보자.

(4) '자린고비'라는 말도 인색한 사람을 뜻하는데, 이 말의 유래도 찾아보자.

2. 지명과 관련된 내용을 읽고 물음에 답하라.

(1) '가좌동(加佐洞)'의 '가좌'는 '가재울'에서 온 것이다. '가재'가 사는 '골'(골짜기)의 뜻으로 해석하는 사람도 있고, 'ㄱ애'(가장자리)의 '골'(골짜기)의 뜻으로 해석하기도 한다. 그런가 하면 '냉천동(冷泉洞)'은 '찬우물골'에서 온 말이다. 이처럼 자기 주위에 있는 동네 이름의 유래를 3개 찾아보자.

(2) 우리 지명에는 '수원(水原), 강남(江南), 단천(端川)' 등 물과 관련된 지명이 많다. 물이나 하천, 강과 관련된 지명을 알아보고, 그 유래도 함께 찾아 보자.

3. 언어 변화와 관련되어 다음 물음에 답해 보자.

(1) 현대국어에서 말소리가 변해가는 단어를 10개 정도 찾아보자.
(예) 별로 → [별루], 세련 → [쎄련]

(2) 현대국어에서 의미 변화가 일어나고 있는 낱말을 5개 이상 찾아보자.
(예) 아저씨 : 부모와 같은 항렬에 있는, 아버지의 친형제를 제외한 남자를 이르는 말.
→ 남남끼리에서 성인 남자를 예사롭게 이르거나 부르는 말. (국군 아저씨)

아주머니 : 부모와 같은 항렬의 여자를 이르거나 부르는 말.
→ 남남끼리에서 나이 든 여자를 예사롭게 이르거나 부르는 말. (하숙집 아주머니)

시대가 다르면 글쓰기도 다르다

사회 변화와 문자의 변화

인간을 동물과 구분시켜 주는 중요한 요소가 있다면 그것은 단연 불의 발명과 언어의 발명이 아닐까. 인간이 맨 처음 불을 사용하던 시기를 생각해 보면, 그 신비와 위력, 그리고 불의 귀중함을 가히 짐작하고도 남음이 있었다. 지금이야 음식점에서 흔히 얻을 수 있는 것이 라이터요, 손잡이만 돌리면 불이 켜지는 가스레인지가 없는 가정이 없으니 말이다.

문명과 문자

그러나 멀리 원시시대는 차치하고라도 몇 백년 전의 우리 풍습만 보더라
도 불의 소중함과 귀중함을 잘 알 수 있다. 며느리가 시집을 와 불씨를
꺼뜨리지 않는 것이 중대사 중의 중대사였으니 말이다.

얼마 전 박물관에 갔을 때 일이다. 한 꼬마가 할아버지와 나란히 손을
잡고서 선사시대방을 구경하고 있었는데, 동굴 속에서 불을 지피는 원시
조상의 모습을 보면서 "왜 저 사람들은 가스레인지를 쓰지 않아요, 할아
버지?"하고 묻는 꼬마의 말을 듣고 있노라니, 불을 통한 인류 문명의 발
전 양상이 새삼 느껴지는 것이었다.

그렇다면 언어를 통한 문명의 발전은 또 어떠한 것인가? 인간은 말을
사용하면서 문화를 일구어 내었고, 또 문자를 통해 그 문화를 저장하고
보관하여 후대에 계승할 수 있는 길을 열었으니, 문자의 발명은 인간의
문화형성의 중추적인 부분이 아닐 수 없다. 세계적인 베스트셀러 작가
유발 하라리의 『사피엔스』(2015)에서도 이 점을 강조하고 있다. 인류가
지구상에서 생존하고 문명을 일으킨 원동력으로 세 가지 혁명(인지혁명,
농업혁명, 과학혁명)을 말하면서, 그 가운데 첫 번째로 꼽은 것이 바로 인지
혁명이다. 인지혁명은 다름 아닌 호모 사피엔스가 언어를 발명해 내어
그들끼리 소통하고 결속을 다지면서 다른 종을 물리치고 살아남을 수
있었던 핵심 요소였던 것이다.

이 장에서는 문화와 문자에 대해 알아본다. 선사시대 원시 문자에서
출발하여 문자의 탄생을 알아보고, 다음으로는 필기도구의 역사를, 그리
고 마지막으로는 편지쓰기의 역사에 대해 살펴봄으로써 우리 문자 속에
담긴 문화의 정취를 느껴보고자 한다.

미리 한번 생각해보자

- 반구대 암각화를 본 적이 있는가? 가장 인상 깊은 그림은?
- 최초의 필기도구는 무엇이었을까?
- 밤새워 가며 편지지에 연애편지를 써본 경험이 있는가?

1. 문화와 문자

흔히들 역사시대와 선사시대라는 말을 쓴다. 이 두 시대를 구분하는 요소는 바로 문자다. 역사시대란 문자로 삶의 모습을 기록하기 시작한 시대를 말하고, 선사시대란 문자가 없었던 그 옛날의 시대를 말하는 것이니, '선사시대' 하면 동굴 속에서 생활하는 아득히 먼 원시시대를 떠올리는 이유도 바로 이러한 이유 때문이다.

우리 조상들의 삶의 궤적을 추적할 수 있는 길도 바로 당시의 문자로 기록된 문헌을 읽는 것에서부터 시작되는 것이니, 우리 조상들의 문자를 곰곰이 살펴보는 것은 당시 문화를 들여다볼 수 있는 지름길이기도 하다. 과연 우리 조상들은 어떤 문자 생활을 했던 것일까? 그리고 거기에 담긴 문화의식은 무엇일까? 여기에서는 이러한 궁금증에 대해 시대별로 살펴보기로 한다.

고대시대의 문자 생활

오늘날 우리 삶 속에 옛사람의 흔적을 발견할 수 있다. 그 흔적들 가운데 가장 눈에 띄는 것이 있다면 그것은 알 수 없는 수많은 상징(symbols)이 아닐까 생각한다. 동굴 속에 때로는 바위에 새겨 놓은 고대인들은 흔적들 말이다. 내일 사냥에서 동물을 꼭 잡게 해 달라고 빌고 풍요로운 나날을 보낼 수 있기를 기원하는 마음이 모여 상징으로 나타난 것이리라. 이러한 상징이 조금씩 발전하여 문자라는 상징체계를 낳게 되었다. 문자야말로 인류가 상징화를 통해 인식의 지평을 넓혀 오면서 사물에 하나씩 새로운 의미를 부여해온 역사이다.

반구대 암각화

라스코 동굴벽화, 프랑스

　인류 최초의 상징은 아마도 동굴벽화일 것이다. 스페인의 알타미라 동굴벽화나 프랑스 라스코 동굴벽화는 그 대표적인 예이다. 1940년 아이들에 의해 우연히 발견된 라스코 동굴벽화에는 600여개의 동물들이 그려있다. 이들 그림은 단순히 낮에 사냥터에서 본 동물을 떠올려 동굴에 그려본 예술작품일 수도 있으나, 한편으로는 내일 그 동물을 다시 만나서 사냥에 성공할 수 있도록 해 달라고 비는 고대인의 간절함이 그림으로 표현된 것일 수도 있다. 이렇게 보면 동굴벽화는 구체적인 동물의 형상에 사냥의 성공을 기원하는 상징의 효과가 함께 담겨 있는 것이다.

　우리나라에서 가장 유명한 암각화는 반구대 암각화이다. 태화강 상류에 있는 이 암각화는 국보 285호로 지정되어 있을 만큼 우리에게는 더없이 소중한 유산이다. 가로 약 8m, 세로 약 2m 크기에 고래, 개, 늑대, 호랑이 등을 비롯해 다양한 동물의 형상이 그려져 있으며, 또 고래잡이 모습, 배와 어부의 모습, 사냥하는 광경 등이 바위에 새겨져 있다. 실로

선사시대 우리 조상들의 삶의 궤적을 고스란히 느껴 볼 수 있는 장관이
아닐 수 없다. 아마도 당시에는 반구대 지역이 사냥과 어로의 풍요를
기원하는 제사를 지내던 성스러운 장소였을 것으로 생각된다. 남자의 성
기가 과장되게 표현되었다거나 동물의 교미 장면이 나타나는 것은 이러
한 가능성을 뒷받침해 준다.

이러한 그림은 그림 이전에 어떤 메시지를 담고 있다는 점에서 넓은
의미로 원시 그림문자로 볼 수 있다. 어쩌면 우리 조상들의 문자 생활은
바로 이 원시 그림문자에서 출발했다고 볼 수 있지 않을까. 이후 수많은
시간 동안 조상들은 진정한 문자를 만들기 위해 끊임없이 노력했다. 삼
국시대에 와서는 한자를 빌려 우리말을 표기한 차자표기가 등장했으며,
15세기에는 마침내 훈민정음을 창제하게 된다.

- 모어 의식과 한문의 충돌
  삼국시대 지배계층은 한문을 수용하고 이에 순응하려 노력했지만, 여전히 한국어와
  중국어의 유형론적 차이와 어순의 차이 등은 커다란 장애가 아닐 수 없었다. 이러
  한 장애를 극복하고 모어의식을 되찾기 위한 노력이 한문을 우리식으로 조금씩 바
  꾸고자 하는 욕망으로 이어진다. 이것이 바로 차자표기이다. 한자를 빌려서 우리말
  을 우리식으로 표기하려는 노력의 일환이다.

- 모국어식으로 읽기: 구결
  구결(口訣)은 한문 경전을 읽고 이해할 때 우리말 어순과 교착어인 우리말의 특징
  을 살려서 읽는 방법이다. 구결은 한문으로 된 원문을 그대로 유지한 상태에서 중
  간에 토를 집어넣어 해석을 편리하게 하거나 읽는 순서를 우리말 어순에 맞게 읽을
  수 있도록 약식 표시를 사용하는 방식이다. 『大學』의 첫 문장을 예로 하여 구결
  사용의 실제를 보면 다음과 같다.

〈원문〉
　大學之道在明明德在親民在止於至善

〈구결문〉

　大學之道隱　在明明德爲古　在親民爲古　在止於至善是羅

　大學之道ﾄ　在明明德ﾉﾛ　在親民ﾉﾛ　在止於至善ﾄ人

　大學之道는　在明明德하고　在親民하고　在止於至善이라

- 변한문 시대와 초기 이두문의 등장

　우리식 표기의 본격적인 시작은 우리말의 어순을 반영한 이두문의 등장이다. 대표적인 예는 경북 월성군에서 발견된 임신서기석(壬申誓記石)에 고스란히 나타난다.

　壬申年六月十六日 二人幷誓記　天前誓　今自三年以後 忠道執持 過失无誓　若此事失 天大罪得誓　若國不安大亂世 可容行誓之　又別先辛未年七月卄二日大誓　詩尙書禮傳倫得誓三年

　여기에서 우리의 시선을 끄는 부분은 한문은 한문인데 어순이 중국식이 아니라 우리식이라는 점이다. 예를 들어 한국어는 '주어 + 목적어 + 서술어'의 어순이고 중국어는 '주어 + 서술어 + 목적어' 어순이다. 그러나 놀랍게도 이 비문은 어순이 우리말 어순에 맞게 배열되어 있다.

- 변한문 발전과 토의 등장

　교착어인 한국어와 고립어인 중국어의 유형론적 차이를 극복하려는 좀더 구체적이고 진전된 모습은 문법 형태인 토를 표기하려는 시도에서 나타난다. 그러나 이 시기에 교착소인 문법 형태를 체계적으로 표기하려는 시도는 이루어지지 않았다. 다음은 591년에 새겨진 경주남산신성비(慶州 南山新城碑)의 내용 일부이다.

　辛亥年二月卄六日 南山新城作節 如法以作後三年崩破者 罪教事 爲聞教令誓事之(신해년 2월 26일에 남산신성을 만들 때, 법에 따라 만든 후 3년 이내에 무너져 파괴되면 罪로 다스릴 것을 널리 알려 誓約하게 하였다.)

　위의 문장을 보면 한문의 어순보다 우리말 어순에 가깝게 문장이 구성되었고(作南山新城節 대신에 南山新城作節), '以(-로써)'와 같은 도구격조사와 '之(-다)'와 같은 어미 표기를 찾아볼 수 있다. 교착어인 한국어의 특징을 본격적으로 살려서 우리말을 표기하려는 시도는 향찰에도 나타난다. 한자의 훈과 음을 활용하여 우리말을 좀더 정교하게 표기했다. 문법 형태를 표기하려는 탈한문 시대가 본격화된 것이다.

- 고려시대 이두문: 탈한문의 시작-토의 구체성

　통일신라시대 탈한문을 시도했으나 몇몇 토를 사용하는 데 그쳤다면 고려시대는 본격적으로 토를 살려 표기하려는 시도가 이루어졌다. 탈한문의 본격적인 움직임이라 할 수 있다. 이 시기에 와서 격조사의 경우도 주격과 목적격을 비롯한 체계적인 격조사 표기체계가 이루어졌으며, 어미류의 경우도 관형형어미, 동명사형어미, 연결어미, 선어말어미, 어말어미 등 어미의 표기체계가 체계성을 띠기 시작했다.

- 조선초기 이두문: 탈한문의 발전-체계성 확보
  이러한 초기 이두문은 후대로 내려오면서 점차 정교해지는데 어미와 조사를 나타내는 이두자가 다양해지는 특징을 보인다. 조선시대 편찬한 『대명률직해(大明律直解)』(1395)는 이두문이 국가적 차원에서 체계성을 확보하고 기술된 문헌이다. 한문의 틀을 완전히 벗어나 우리식 어순으로 우리식 토를 사용하여 체계적으로 표기한 문헌이다.

시정곤. "이두문의 문체 연구" (수고본)

중세시대의 문자 생활

조선시대 세종대왕에 의해 훈민정음이 창제되기 이전까지 우리는 남의 문자를 빌려서 우리말을 시각화했다. 그러나 중국어와 언어 유형이 다른 우리말을 중국어에 적합한 한자로 표기하는 데에는 커다란 어려움이 있었다. 고립어인 중국말과는 달리 우리말은 토가 발달한 교착어이며 어순도 중국어는 SVO인데 반해 우리말은 SOV 어순이라는 점이 특징이다. 문제는 우리말에 어울리는 적합한 고유문자를 갖지 못한 고대 선조들은 어쩔 수 없이 한자를 빌려다 사용했다.

이러한 장애를 극복하고 모어 의식을 되찾기 위한 노력이 한문을 우리식으로 조금씩 바꾸고자 하는 욕망으로 이어진다. 처음에는 한문의 어순을 우리식으로 바꾸고, 여기에 한자를 이용해 우리말 토를 표시하고 나아가 한자의 음과 훈을 빌려 우리말을 좀더 정교하게 표기하기에 이르렀다(향찰, 이두 등), 그러나 한자를 이용해 우리말을 정교하게 표기한다 해도 일정한 한계가 있었다. 우리말 소리를 완벽하게 표기할 수 없었기 때문이다. 예를 들어 15세기에 목적격조사는 환경에 따라 {을/을,를/를}의 이형태로 구분되지만 이두 표기에는 '乙' 하나로 표기되었다. 이러한 한계는 표음문자인 훈민정음이 창제되면서 비로소 완벽하게 극복된다. 우리말을 정교하고도 체계적으로 표기할 수 있는 길이 열린 것이다.

손쉽고도 완벽한 표음문자를 창제하여 어리석은 백성도 문자 생활을 할 수 있게 한 사람이 바로 세종대왕이다. 이후 훈민정음은 한자음을 정리한다든지, 불경을 번역하는 데 사용되었으며, 〈용비어천가〉와 같은 왕실을 찬양하는 노래를 표기한 중요한 도구이기도 했다. 바야흐로 중세시대에는 우리 고유의 문자가 탄생했다는 점에서 그 의미가 크다고 하겠다.

그러나 훈민정음 창제를 반대하는 상소가 끊이지 않았다는 점에서 알 수 있듯이, 당시 지배계층에서는 이 새로운 문자를 인정하지 않으려 했고, 인정하는 측에서도 한문을 대체할 새로운 문자로 간주했다기보다는 어리석은 백성인 피지배계층의 문자로 인식한 것이 사실이다. 따라서, 당시의 지배계층의 문자 생활은 여전히 한문으로 행해졌고, 중간 관리층이나 일반 백성, 그리고 아녀자들 사이에서 주로 우리 고유문자인 한글이 사용되었다.

깊이읽기 - 훈민정음 창제 의미

조선의 인접 국가에서는 다양한 문자가 쓰이고 있었다. 말이 다를 뿐 아니라 한자를 변형하는 수준과 정도가 다르고 표의문자(表意文字)부터 표음문자(表音文字), 음절문자(音節文字)와 음소문자(音素文字)에 이르기까지 다양한 문자가 존재하고 있었다. 언어학에 조예가 깊었던 세종은 당연히 이러한 주변 문자를 모두 참조했을 것이다. 그리고 당시 조선의 학문적 역량, 특히 성운학에 대한 연구 역량을 감안할 때 이들 문자의 장단점을 파악할 수 있었을 것이다. 세종은 이러한 동아시아 문자 문명의 배경 아래에서 한글을 구상했고 각 문자의 장단점을 분석한 결과를 수렴함으로써 완벽에 가까운

음소문자를 만들 수 있었다. 이런 점에서 한글은 동아시아 문자 문명의 발전 단계에서 새로운 지평을 연 것으로 볼 수 있다.

한글의 제자원리를 보면 발음기관의 모양과 오행원리를 응용하여 다섯 개의 기본 자음자를 만들고 여기에 가획의 원리를 이용하여 비슷한 계열의 문자를 파생시켰다. 그리고 천지인의 모양을 본떠 기본 모음자를 만들고 음양의 원리와 개폐의 원리를 이용하여 다양한 모음자를 파생시켰다. 이런 점을 보면 한글은 한자문화권의 사유체계 즉 성리학적 사유체계를 반영한 문자라고 할 수도 있다.

결론적으로 한글은 한자문화권의 철학을 바탕으로 창제한 문자이자, 당시 동아시아에서 사용되던 문자의 장단점을 분석한 결과를 수렴하여 우리말을 완벽하게 표기하는 소리문자로 창제되었다고 할 수 있다. 전상운(1992:142)에서는 세종시대의 과학기술을 '동아시아의 모든 과학문명을 하나로 용융시키는 도가니'로 표현했는데, 세종시대에 창제된 한글 또한 동아시아의 모든 문자문명을 하나로 용융시키는 도가니였던 것이다.

시정곤·최경봉 『한글과 과학문명』(2018)

개화기의 문자생활

훈민정음은 언제 나랏글이 되었을까? 그리고 한글이라는 명칭은 언제부터 사용하기 시작했을까? 훈민정음이 나랏글이 된 것은 고종 31년(1894) 갑오개혁에 의해서이다. 그동안 언문(諺文)으로 불리며, 백성들과 아녀자들에 의해 명맥을 유지하던 우리 고유의 문자 훈민정음은 비로소 국문(國文)의 자격을 얻게 되었다. 이에 따라 공식 문서는 국한문 혼용체가 일반화되었다. 이러한 시대적 상황은 유길준이 1895년 미국과 유럽을 돌아본 소감을 적은 『서유견문(西遊見聞)』에 잘 나타나 있는데, 이 글은 바로 국한문혼용체의 시초이다. 이 책의 머리말에 소개된 친구와의 대화는 그 당시 지식인들이 국문에 대해 어떤 생각을 갖고 있었는지를 여실히 보여주고 있다.

유길준은 『서유견문』이 완성된 며칠 뒤에 친구에게 보이고 비평해 달라고 하자, 그 친구가 이렇게 말하였다. "그대가 참으로 고생하기는 했지만, 우리 글과 한자를 섞어 쓴 것이 문장가의 궤도를 벗어났으니, 안목이 있는 사람들에게 비방과 웃음을 면치 못할 것이다."고 했다 한다. 이에 대해 유길준은 "우리나라의 글자는 우리 선왕 세종께서 창조하신 글자요, 한자는 중국과 함께 쓰는 글자이니, 나는 오히려 우리 글자만을 순수하게 쓰지 못한 것을 불만스럽게 생각한다."고 답했다고 하니 당시에 한글이 국문으로 공포되었음에도 많은 지식인들은 이를 못마땅하게 생각하고 있었음을 알 수 있다. 그러나 1910년 경술국치의 와중에서 국문이란 명칭도 국가의 운명과 함께 사라지고 말았다.

근대 개혁의 일환으로 1896년 4월 7일 『독립신문』이 창간되었다. 우리나라 최초의 순한글 신문이었던 『독립신문』은 정치인이자 개화사상가인 유길준, 의사이자 사회운동가인 서재필, 국어학자이자 사회운동가인 주시경의 합작품이었다. 서재필은 조선 민중들이 교육을 통해 근대 시민으로 거듭나는 길만이 조국이 부강한 나라가 될 것이라 굳게 믿었다. 그는 미국에서 다시 귀국한 이유가 "인민을 가르치고 인민을 지도계발하려는 까닭"이라고 자서전에서 밝히고 있다.

1896년 4월 7일 창간호 논설에는 다음과 같은 그의 생각이 담겨 있다.

"우리는 첫째, 편벽되지 아니한 고로 무슨 당에도 상관이 없고 상하귀천을 달리 대접 아니하고 모든 조선 사람으로만 알고 조선만 위하며 공평히 인민에게 말할 터인데 우리가 서울 백성만 위할 게 아니라 조선 전국민을 위하여 무슨 일이든지 대언하여 주려 함. 정부에서 하시는 일을 백성에게 전할 터이요, 백성의 정세를 정부에 전할 터이니 만일 백성이 정부 일을 자세히 알고 정부에서 백성의 일을 자세히 아시면 피차에 유익한 일 많이 있을 터이오, 불평한 마음과 의심하는 생각이 없어질 터임.
우리가 이 신문 출판하기는 취리(取利)하려는 게 아닌 고로 값을 헐하도록 하였고, **모두 언문으로 쓰기는 남녀 상하귀천이 모두 보게 함이요, 또 구절의 띄어쓰기는 알아보기 쉽도록 함이라.** 우리는 바른 대로만 신문을 할 터인 고로 정부 관원이라도 잘못하는 이 있으면 우리가 말할 터이요, 탐관오리들을 알면 세상에 그 사람의 행적을 펼 터이요, 사사백성이라도 무법한 일 하는 사람은 우리가 찾아 신문에 설명할 터임."

창간호 '논설'에서

『독립신문』은 신분계급을 초월하여 모든 백성들이 공평하게 세상일을 쉽고 빨리 배우고 이해할 수 있는 가교 역할을 자임했다. 그리고 이러한 역할이 가능케 하는 데 가장 핵심적인 것이 바로 한글이었다.

시정곤·최경봉 『한글과 과학문명』(2018)

2. 지필묵에서 키보드까지

연필을 발명한 사람은 영국의 어느 산골에 사는 양치기 소년이었다고 한다. 어느 날 잃어버린 양 한 마리를 찾아 나섰다가 쓰러진 커다란 나무 밑동에서 시커먼 석탄 덩어리들을 발견한 것이 연필의 시작이 되었다고 한다. 양치기 소년은 손에 시커먼 것이 묻어 나는 석탄을 이용하여 자기 양들을 표시하기 시작했고 이러한 기능이 점차 발전하여 지금의 연필이 된 것이다. 석탄 조각으로 양 엉덩이에 까만 줄을 긋는 것이나 오늘날 샤프로 글씨를 쓰는 것 모두 기능은 같지만 시대에 따라 도구는 끊임없이 변한다는 것을 알 수 있다.

고대 서양에서는 밀랍으로 된 판에 철필로 글을 쓰기도 했다. 글을 한번 썼다가 다시 지우고 다시 쓰는 데 유용한 방식이었다. 중세에 양피지가 등장하면서는 양피지에 글을 쓰다가 잘못 쓰면 칼처럼 생긴 지우개로 긁어내고 다시 글을 쓰기도 했다. 그러다가 15세기 구텐베르크의 인쇄술이 등장하면서 필사본은 서서히 사라지고 문자의 표준화와 대량화가 가능하게 되었다. 이후 인쇄술은 타자기를 거쳐 컴퓨터 자판에까지 이르게 되었다. 그러고 보면 필기도구에도 그 시대의 문화가 담겨 있음은 너무도 당연한 일이 아닌가. 여기에서는 필기도구에 얽힌 문화의 단면들을 언어를 통해 살펴보고자 한다.

글과 도구

돈을 빌려 간 사람은 그 사실을 잘 잊어버리지만, 돈을 빌려준 사람은 꼭 기억하고 있다는 말이 있다. 빌리기 전에는 빌릴 사람이 아쉬운 법이지만, 그다음에는 빌려준 사람이 아쉬운 법이기 때문이다. 문자도 바로 이렇게 뭔가를 빌려준 사람이 그 사실을 잊지 않기 위해 어딘가에 기록을 하고픈 마음에서 생겨났다는 말이 있다. 그렇다면 그들은 무엇으로 어디에 써서 고이 간직했을까?

지금으로부터 약 2만년 전, 혹은 문자의 체계가 제대로 갖추어진 시점으로 본다면 약 6천년 전, 고대 사람들은 기록하기 위해 모든 형태의 재료들을 이용했다. 뾰족뾰족한 돌멩이에서부터 평평한 나무 껍질, 넓적한 나뭇잎, 질긴 동물 가죽, 예리한 동물 뼈, 묶기 쉬운 조개껍데기, 잘 새겨지는 점토와 밀랍, 오래 간직할 수 있는 철판과 도자기 등은 고대 사람들이 애용하던 사물들이었다.

이러한 필기 재료와 도구들은 후에 문자 형태에도 결정적인 영향을 미쳤다. 이집트에서는 많은 글들이 돌과 파피루스 등에 남아 전해 온다. 고대 메소포타미아에서는 점토판과 갈대 펜이 주요 필기도구와 재료였다. 메소포타미아 문자를 쐐기문자(cuneiform style)라고 부르는 것은 그들의 필기 재료 및 도구와 깊은 관련이 있다. 같은 시기에 남아시아나 동남 아시아 사람들은 크고 넓은 나뭇잎을 말려서 그 위에 기호와 그림들을 새겨 넣기도 했다.

한편, 중국에서는 갑골문으로 알려진 것처럼 아주 오래된 그림문자를 거북 배 껍데기나 동물뼈에 새겨 썼다. 저마다 자신들 주변에서 쉽게 발견할 수 있는 재료를 이용한 것이다. 그러나 애석하게도 돌처럼 딱딱한 것에 새긴 기록은 지금 우리에게까지 전해졌지만, 나뭇잎에 새긴 고대인의 기록은 대부분 사라져서 오늘날 남아 있는 것이 거의 없다.

BC 2900년경 원시 그림문자에서 사용되던 곡선이 사라지고 직선 위주의 그림으로 변하면서 조금씩 추상화되어 해갔다. 이 방식은 뾰족한 갈대를 사용하여 원하는 대상이나 사물을 진흙판에 그려 넣은 것이다. 원시 그림문자는 축축한 점토판 위에 대상을 비슷하게 문자로 그려넣은 것인데, 이 방식이 쉽지만은 않았다. 그러다가 갈대로 진흙판에 꾹꾹 찍으면서 문자를 그려넣는 방식이 등장했는데, 그것은 이러한 방식이 훨씬 사용하기 간편했기 때문이다. 갈대로 찍어낸 모양이 쐐기모양과 닮았다고 해서 이를 쐐기문자, 또는 한자로 설형문자(楔形文字, cuneiform)라고 한다.

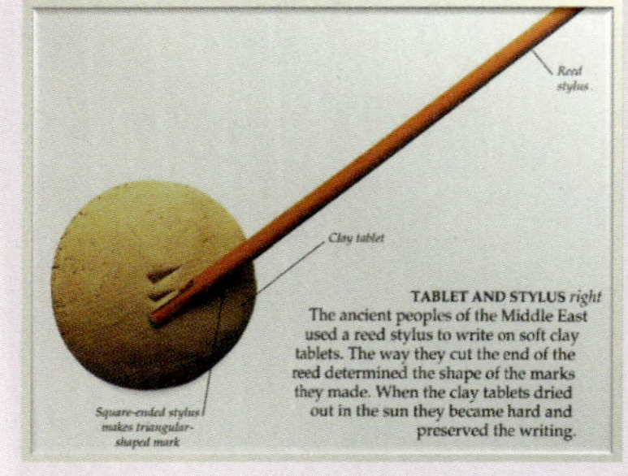

갈대로 점토판에 찍어 만든 쐐기문자,   갑골에 새겨진 문자, 점을 치는 내용이었다.
Writing(1993)   *The story of writing*(1995)

멋스러움에서 편리함으로

붓, 먹, 종이, 벼루를 문방사우(文房四友)라고 한다. 선비라면 이 네 가지 도구를 목숨처럼 소중히 간직해야 했던 시절이 있었다. 옛날 중국에서는 문인의 서재를 '문방'이라고 불렀는데, 여기에서 주로 네 가지 필기도구가 쓰이는 데서 연유해 '문방사우'라는 이름이 붙여진 것이다. 이처럼 문방구를 소중히 여기던 역사는 한(漢)나라 때로 거슬러 올라간다고 하니 그 역사가 얼마가 깊은지를 쉽게 알 수 있다. 붓은 진(秦)나라 사람 몽염이 발명했다고 하는데, 그 이전부터 있어 오던 붓을 더욱 개량한 사람으로 알려져 있다. 실제로 오늘날과 같은 붓의 형태를 갖춘 것이 발견된 것은 한(漢)나라 시대의 유적지에서라고 하니 당시 문인들의 학문 생활을 엿볼 수 있는 대목이다.

또한, '신언서판(身言書判)'이라는 말에서도 글씨의 소중함을 엿볼 수 있다. 이는 중국 당나라 때 관리를 등용하는 시험에서 평가 기준이 된 것으로 '몸, 말씨, 글씨, 판단력' 등의 네 가지를 가리키는 말이다. 여기에 당당히 글씨가 들어가는데, 이는 글씨가 그 사람의 됨됨이를 말해 주는 것이라고 믿었기 때문이다. 그러나 이러한 문방사우나 신언서판과 같은 개념들은 오늘날 점점 찾아보기 어려워지고 있다. 타자기가 발명되고, 이어 컴퓨터가 나오면서 문방사우는 박물관으로 사라지게 되었고, 컴퓨터 자판에 의해 모든 사람들의 글씨가 천편일률적이 되었으므로 신언서판의 의미도 퇴색되어 갔기 때문이다. 이제는 편리함만을 추구하는 세상이 되고 말았으니 글씨 한 자 한 자에도 마음을 담아 정성스럽게 써내려 가던 시절이 그리울 뿐이다.

말로 글을 쓰다

최근 MZ세대 사이에서 새로운 표기법이 등장하고 있다. 크게 두 가지 유형으로 분리해 볼 수 있는데, 하나는 편지글 같은 데서 주로 쓰이는 구어체식 표기이고, 또 하나는 주로 SNS 상에서 쓰이는 새로운 표기법이다. 우선 구어체식 표기란 조사나 어미를 발음대로 적는 것으로, '나하고 너하고~' 같은 경우 '나하구 너하구~' 등으로 표기하는 것이다. 이는 친구들 간에 친근감의 표현으로 받아들여지고 있는 듯하다. 그러나 문제가 되는 것은 SNS 상에 나타나는 글들이다.

- 축소형태 : 초등학생 → 초딩, 꾸민 듯 안 꾸민듯 → 꾸안꾸, 얼어죽어도 신축 → 얼죽신
- 발음대로 표기 : 많아서 → 마나서, 좋아 → 조아, 싫어 → 시러, 축하 → 추카
- 변형표기 : 더러워 → 드러버, 그래 → 구래, 역시 → 역쉬, 그렇군요 → 글쿤요

이들 글은 소리나는 대로 쓰거나 축약해서 쓴다는 특징을 가지고 있는데, 이는 전화하듯이 글을 쓰는 특징으로 인해 구어체와 문어체가 혼재되는 양상을 반영한다. 전화가 발명되면서 문어체인 편지가 구어체인 전화로 대체되었다면, 컴퓨터의 발명으로 문어체가 다시 부활한 것이다. 그러나 컴퓨터 채팅이라는 특성은 실시간으로 마치 전화하듯이 상대방에서 글을 쓰는 것이니, '전화편지'라는 구어체식 문어체라는 제3의 새로운 문체를 만들어냈다.

이러한 표기의 원인은 경제적인 이유가 가장 크고, 또 문자로 자신의 개성을 표현한다든지 친근감을 표현하기 위한 심리적 요인 때문이라고도 볼 수 있다.

13. 다음 글에서 파악할 수 있는 내용으로 가장 적절한 것은?

> 요즘 한글 자모를 모양이 비슷해 보이는 다른 자모로 바꾸어 표현하는 언어유희를 볼 수 있다. 'ㄸ'과 'ㅣ'를 합쳐 '떠'를 만들어 '명작'을 '띵작'으로 표기하는 것이 그 예다. 온라인에서 이러한 신조어를 만들거나 사용하는 것이 젊은 세대 사이에서 하나의 놀이 문화로 자리 잡았고, 그들의 소통을 위한 매개로 활용되면서 서로 간의 친밀감을 높이고 있다. 하지만 신조어를 잘 모르는 대다수의 기성세대는 말의 의미를 이해하지 못해 혼란스러워 하기도 한다. 이로 인해 세대 간 소통 단절을 불러올 수 있다는 우려가 제기된다.

① 하위문화가 주류 문화를 대체한다.
② 세대 간 문화의 이질성이 약화된다.
③ 대중 매체가 고급문화의 대중화를 견인한다.
④ 특정 세대가 새로운 가치를 추구하며 주류 문화에 저항한다.
⑤ 특정 하위문화가 해당 문화를 향유하는 구성원들의 유대감 형성에 기여한다.

2023학년도 수능 사회탐구영역 사회·문화 13번 문항, 한국교육과정평가원

- 야민정음은 온라인 커뮤니티 야구 갤러리에서 유행하던 신조어로 '야구 갤러리 + 훈민정음'의 혼성어이다. 기존의 신조어가 단어를 줄이거나 소리나는 대로 표기하는 것이 특징이었다면, 야민정음은 한글 자모의 시각적 특징을 비틀어 재미있게 표현한 언어유희의 방식이라 할 수 있다. 대표적인 예가 '댕댕이 ← 멍멍이, 띵작 ← 명작, 커엽다 ← 귀엽다'등인데 '멍멍이, 명작, 귀엽다'라는 글자 형태를 비슷한 글자로 비틀어 바꾸어 표현한 것이다.
- 젊은세대에게는 새로운 언어유희로 자리를 잡았으나 기성세대에게는 낯설게 느껴져 세대간 소통을 가로막고 있다는 비판도 있다. 이러한 세태를 반영하듯 2023학년도 대학수학능력시험에서 온라인 신조어 '야민정음'과 관련된 문항이 출제되기도 했다.

3. 편지쓰기의 역사

"우리 이제 그만하자.", "그동안 고마웠어." 요즘은 연인들이 이별할 때 문자로 통보한다고 한다. 밤새워 마음을 담은 손 편지는 아니라도, 구겨진 편지지로 휴지통을 가득 메워본 경험은 아니라도 문자 한 통으로 이별을 통보하는 방식은 어떻게 받아들여야 하는지. 한 결혼정보업체의 조사에 따르면 문자를 통한 이별 통보가 최악의 이별 통보 1위로 뽑혔다고 하니 사람들 마음이 비슷한 것이 아닐까.

마음을 글로 써서 상대방에게 전하는 것이 편지라면 그 역사는 언제부터 시작되었을까? 글이 없던 시절에는 직접 만나 말을 주고받음으로써 소식을 알렸겠지만, 글이 생겨나면서부터는 이러한 직접 대면의 방법이 편지라는 간접 대면의 방법으로 대체된다. 그러나 방법은 직접에서 간접으로 바뀌었을지라도 거기에 담겨 있는 글쓴이의 마음이야 어찌 달라질 수가 있으랴.

여기에서는 그 옛날 인편을 통해 편지를 전달하던 시절부터 오늘날 '보내기' 단추를 누름과 동시에 빛의 속도로 전달되는 전자우편과 짧은 문자에 이르기까지 편지에 얽힌 문화적 측면을 조망해 보고자 한다.

<편지, 여관, 그리고 한 평생> - 심재휘

후회는 한 평생 너무나 많은 편지를 썼다는 것이다
세월이 더러운 여관방을 전전하는 동안
시장 입구에서는 우체통이 선 채로 낡아갔고
사랑한다는 말들은 시장을 기웃거렸다

새벽이 되어도 비릿한 냄새는 커튼에서 묻어났는데
바람 속에 손을 넣어 보면 단단한 것들은 모두 안으로 잠겨 있었다

편지들은 용케 여관으로 되돌아와 오랫동안 벽을 보며 울고는 하였다

편지를 부치러 가는 오전에는 삐걱거리는 계단에서
낯선 사람을 만나기도 하였는데 누군가는 짙은 향기를 남기기도 하였다
슬픈 일이었지만

오후에는 돌아온 편지들을 태우는 일이 많아졌다

내 몸에서 흘러나간 맹세들도 불 속에서는 휘어진다
연기는 바람에 흩어진다
불꽃이 '너에 대한 내 한때의 사랑'을 태우고
'너를 생각하며 창밖을 바라보는 나'에 언제나 머물러 있다

내가 건너온 시장의 저녁이나
편지들의 재가 뒹구는 여관의 뒷마당을 기억할 것이다 그러나
나를 향해 있는 것들 중에 만질 수 있는 것은 불꽃밖에 없다
한 평생은 그런 것이다

<연애편지를 쓰자> - 김행숙

어둠을 동그랗게 오려낸
스탠드 불빛 아래서
꿈결처럼
너도 언젠가 그런 편지를 받아본 적이 있었다고 생각하는
옛날 연애편지를 쓰자

이 연애편지에서 나는 무엇을 소망하는가
밤바다의 등대 같은
사막에서 잃어버린 물병 같은
매우 어려운 것을
꿈꾸는 눈동자나
노래하는 심장과 함께
그때 우리는 열렬해
외롭기도 해
그랬지, 나는 오래전에 너의 창문을 두드리고 두드리다
갔지

세게 두드렸으면 유리창쯤 깨졌을 텐데……
피도 봤겠지
너도 봤겠지
오버over하는 건 연애의 본질일까, 실수일까

지우개는 아직 하얗고
밤중에 밀려나오는 지우개 가루는 검다
모래로 쓴 글씨처럼
애써 지울 필요도 없어!
우리는
내일 또 지워진 후에 아주 옛날식 연애편지를 쓰자

마음속의 편지

편지가 없던 시절, 우리 조상들은 마음에 사무치는 사랑을 어떻게 표현했을까? 아마도 노랫가락에 담아 하늘로 날려보내지 않았을까? 임을 그리는 수많은 노래들이 그러한 마음의 편지인지도 모른다. 우리 문학 작품에서 임이 등장하는 최초의 예는 바로 〈공무도하가(公無渡河歌)〉가 아닌가 한다. 여기서 임은 바로 사랑하는 사람이다.

> 님이여, 그 물을 건너지 마오
> 님은 그 예 물 속으로 들어가셨네
> 물에 쓸려 돌아가시니
> 가신 님을 어어 할꼬

고려시대의 노래 가운데 임을 그린 〈가시리〉 또한 마음속의 연애편지가 아니었을까 생각해 본다.

> 가시리 가시리잇고 나는
> 바리고 가시리잇고 나는
> 위 증즐가 대평성대(大平盛代).
> 날러는 엇디 살라하고,
> 바리고 가시리잇고 나는
> 위 증즐가 대평성대(大平盛代).

이 노래의 지은이는 누군지 모른다. 그것은 이 노래가 많은 사람들의 입에서 입으로 전해져 온 노래이기 때문이 아닐까 싶다. 그만큼 애절한 사랑의 편지는 시간이 흘러도 변함없이 계속되는 것이기 때문이다.

먹 냄새가 물씬 나는 편지

"이 밤 그날의 반딧불을 당신의 창 가까이 보낼게요. 음 사랑한다는 말이에요~" 이렇게 시작하는 〈밤편지〉라는 노래가 있었다. 가수 아이유가 부른 이 노래는 편지에 담긴 애틋한 사랑을 노래한다. 이런 편지는 문방사우가 사랑받던 시절에도 역시 있었을 것이다. 오히려 먹 냄새를 지긋이 풍기면서 더 품위가 가득했을 것으로 보인다. 그윽한 먹 냄새가 묻어 있는 편지는 얼마나 격조가 있었을까?

그러나 먹이 항상 그윽한 의미로만 쓰인 것은 아니다. '먹칠'이라고 할 때는 아주 부정적인 의미로 쓰였다. "가문에 먹칠을 할 놈!"이라는 말이 있는데, 그 연원은 실제 조선시대 역적의 집 대문에 먹칠을 하여 이를 세상에 널리 알렸다는 이야기에서 생겨난 것이다. 실제 조선시대 사헌부에는 체포와 구속을 담당하는 '먹자[墨尺]'라는 사령이 있어 이 일을 담당했다고 한다.

편지에 대한 옛 기록은 그리 많지 않지만 『삼국유사』에 나오는 백제 무왕 서동과 선화공주에 대한 이야기에서도 편지를 주고받았다는 대목을 발견할 수 있다. 이미 신라시대에 역(驛)이 마련되어 국가의 우편을 취급하였고 이것이 고려·조선시대까지 계속되었다고 하니 당시 편지의 왕래가 얼마나 빈번했는가를 알 수 있다. 편지는 소식을 알리거나 용건을 적어보내는 글로 이를 서간문이라고도 한다.

이렇게 특별히 편지글이라는 별도의 이름을 붙이는 이유는 편지에 쓰이는 글이 일반 글과는 여러 가지로 차이를 보이기 때문이다. 즉, 편지글만의 특유한 양식과 문체가 있었다. 그것은 보내는 사람과 받는 사람의 관계 속에서 결정되는 것이기에 그 관계에 따라 절차와 예법이 생긴 것으로 이를 특별히 서간체라고도 부른다.

'편지(便紙)'라는 용어는 우리 문헌에 15세기부터 등장하는데, 처음에는 ‘쪽지’를 뜻하는 ‘片紙’로 쓰이다가(郎廳一員於片紙着署分定(낭청(郎廳) 한 사람이 쪽지에 서명(署名)을 붙여서). 〈『세종실록』 15년 2월 23일, 1443〉), 16세기 후반에는 안부나 소식을 담은 ‘종이에 적은 짧은 내용의 글’ 정도의 의미로 변한다(부듸 이 편지 안 싱원 지븨 보내고 답장 바다 보내소 〈순천김씨묘 한글편지, 1550~1592〉). 그러다가 18세기 중반 『승정원일기』 등의 문서에 ‘便紙’라는 용어가 등장한다(搜問於其家, 則有諺書便紙二丈 (그 집안에서 수소문하자, 언문 편지 2장이 있는데) 〈『승정원일기』 영조 27년, 1751〉). 이때부터는 ‘편지’가 ‘書信’의 의미로 굳어져 사용되었다고 할 수 있다. 1748년에 간행된 만주어 학습서 『동문유해』에도 ‘書信 편지’라는 대목이 나온다(연규동 2021).

디지털 시대의 전자편지

독립영화 『아버지의 이메일』(2013)은 아버지가 1년간 딸에게 보내온 이메일을 소재로 한 영화이다. 아버지는 죽기 전 1년간 43통의 이메일을 보냈다. 첫 메일의 문장은 “재희야! 애비의 회고록이라야 그러나 이재生을 얼마 남지 않은 지글 나의 살아온 과거를 알려 주는 것도 나쁘지 않다고 생각해 몇 자 적어 본다.”로 시작했다. 맞춤법도 맞지 않는 독수리타법으로 쓴 이메일이었다. 그러다가 “재희야”, “나의 사랑하는 재희야^^”로 점차 변해갔다. 1월 23일 시작된 이메일은 12월 20일 죽기 사흘 전 마지막으로 발송되었다. 아버지가 세상을 떠

아버지의 이메일

난 후에 다시 이메일이 생각나서 차근차근 읽어내려갔다. 통곡이 흘러나왔다(『한겨레21』 2015. 05.14.).

이 영화는 서울독립영화제에서 최우수작품상을 받았고, 2015년 같은 제목으로 이메일을 그대로 실은 책으로 나왔다(바다출판사). 아마도 딸인 홍재희 감독은 이메일을 통해 '아버지'란 이름으로 살아온 한 남자의 삶을 돌아보고 싶었을 것이다.

요즘은 초등학생부터 나이가 지긋한 노인에 이르기까지 이메일(전자우편) 주소를 하나씩은 가지고 있다. 앞서 언급했듯이 문자 발달의 역사를 살펴보면 필기도구나 필기 방법에 상당한 영향을 받았다는 점을 알 수 있다. 물론 편지의 역사도 이러한 필기도구의 변화에 영향을 받은 것은 사실이지만, 이외에 편지의 역사에 영향을 준 또 하나의 요소가 있다면 그것은 배달 방법의 변화가 아닌가 생각해 본다. 더 자세히 말한다면 교통수단의 변화라고 말하는 것이 더 옳을지도 모른다.

인편으로 걸어서 편지를 전달하던 시대가 있었다면, 말을 타고 편지를 직접 배달하던 시대가 있었고, 현대에 와서는 배와 철도와 자동차의 등장으로 대량의 편지를 보다 신속하게 전달하게 되었다. 그러다가 비행기가 나오면서도 '항공우편(Air mail)'의 시대가 도래하였다. 하늘을 날아 직접 편지를 전달하는 시대에 온 것이다. 세계 어느 곳이든 일주일 안에 편지가 배달될 수 있었다.

그렇다면 지금은 어떤가. 컴퓨터의 발명은 하늘을 날아서 편지를 배달하는 대신, '빛의 속도'로 편지를 전달하는 시대가 되었다. 정말로 순식간에 지구 반대편으로 편지가 날아가는 것을 보면서, 밤새워 쓴 편지를 보낼까말까 고민하다가 우체통에 살며시 밀어 넣고 며칠 동안 가슴 조이며 기다리던 그런 시절이 이제는 아득하게만 느껴진다.

생각거리·토론거리

1. 다음의 내용을 읽고 물음에 답하라.

> 인간의 말을 시각적으로 묘사하려던 발상은 문자를 탄생시켰다. 인류가 남긴 과거의 문자는 현재의 우리에게 과거의 문화를 알려주는 타임머신 역할을 하며 그 존재가치를 빛내고 있다. 과연 언어는 어떤 단계를 거쳐 어떤 형태로 발전하여 지금껏 우리 곁에 남아 있는 것일까?
>
> 스티븐 로져 피셔 저 『문자의 역사』(2010).

   (1) 위의 말이 의미하는 것이 무엇인지 말해보자.

   (2) 문자는 '과거의 문화를 알려주는 타임머신'이라고 했는데 이에 해당하는 구체적인 예를 3개 찾아보자.

   (3) 문자의 미래는 어떤 모습일지 상상해 보자.

2. 세종대왕이 창제한 훈민정음과 관련된 물음이다. 이에 답해 보자.

   (1) 세종대왕이 훈민정음을 창제한 이유로는 애민 정신, 한자음 정리, 유교 정신 교화 등을 꼽는데, 이들에 대해 구체적으로 알아보자.

   (2) 훈민정음의 창제원리(자음과 모음의 창제원리)는 무엇인지 알아보자.

   (3) 훈민정음이 조선시대 전 계층에 통용문자로 사용되었는데, 그 구체적인 사례와 의의에 대해 알아보자.

3. 경상남도 창원 다호리 1호 무덤에서 기원전 1세기 무렵 사용된 붓과 삭도가 발견되었다. 삭도는 붓글씨로 글을 쓸 때 잘못 쓴 글자를 긁어내고 다시 쓰기 위한 용도였다. 동양의 필구도구인 붓은 그 역사가 사뭇 오래되었다. 동양이 붓이라면 서양의 필기도구는 펜이라고 할 수 있는데, 이집트에서 파피루스에 필경사들이 갈대 끝을 뾰족하게 다듬어 펜을 만들어 잉크를 찍어 사용한 예가 있다.

창원 다호리 1호 무덤에서
발견된 붓과 삭도
출처: 국립청주박물관 『한국 고대의
문자와 기호유물』(2000).

이집트 필경사가 갈대로 쓴
신관문자
출처: 조르주 장 『문자의 역사』(1995).

(1) 동서양의 필기도구가 다른 이유는 무엇일까?

(2) 필기도구가 문자나 글씨체에 어떤 영향을 미쳤을까?

4. 종이편지와 전자편지(이메일), 그리고 소셜 네트워크 서비스(SNS)라는 세 매체를 비교하여 다음 물음에 답해보자.

(1) 이들을 소재로 만들어진 영화를 각각 2편씩 찾아보고, 영화에서 이들 매체가 어떤 역할을 하는지 함께 이야기해 보자.

(2) 편지의 기능과 의미 면에서 세 매체는 각각 어떤 장단점이 있다고 생각하는지 함께 이야기해 보자.

노랫말에는 우리말의 정서가 담겨 있을까?

한국인의 애환과 노래

노래가 없는 민족은 없고, 유행가가 없는 나라는 없다. 그만큼 노래는 인류의 문화에서 빼놓을 수 없는 중요한 요소이다. 우리 민족도 '노래'하면 둘째가라면 서러운 민족이 아닌가! 삼국시대 조상들이 음주가무를 즐겼다는 기록도 있지만, 오늘날 전국 방방곡곡에 있는 노래방만 보아도 우리 한국 사람들이 노래를 얼마나 좋아하고 생활화하고 있는지를 잘 알 수가 있다. 여러분 가운데 노래방에 가보지 않은 사람이 있을까?

'노래'의 어원에서도 이러한 문화를 발견할 수 있는데, 그 어원은 '놀다[遊]'라는 동사의 어간 '놀'에 명사화 접미사 '-애'가 붙어서 '놀애' 즉 '노래'가 된 것이다. 노래는 민요, 창가, 시조, 판소리, 잡가, 창, 가요 등을 통틀어 이르는 말이며, 또 시, 시조, 가사와 같은 운문을 지칭하기도 한다.

노래는 언제부터 불렸을까? 아마도 인류가 공동체를 이루며 살아가면서부터 노래도 함께 시작되지 않았을까? 원시시대에도 조잡하지만 타악기로 뭔가를 두드리며 노래를 불렀으리라. 언어가 충분히 발달하지 못했으므로 노래 가사가 있지 않았고 다만 춤추며 '소리를 지르는' 상태의 노래였을 것으로 추측된다.

이 장에서는 과거에서부터 오늘에 이르기까지 노랫말 속에 담겨 있는 우리말의 향기를 느껴보고자 한다. 민요 가락 속에서 묻어나는 구성진 내음은 물론 K-팝에 열광하는 요즘 젊은이들의 노랫말에서 느낄 수 있는 풋풋함과 야릇함에 이르기까지.

미리 한번 생각해보자

1. 노래를 듣다가 가사가 마음에 와 닿은 적은 있는가? 있다면 어떤 노래인가?
2. 농촌에서 아낙네들이 부르는 민요를 들어본 적이 있는가?
3. K-팝에서 판소리의 느낌을 떠올릴 때가 있었는가?

1. 선조들의 가락과 노랫말

우리 문화에서 풍류를 즐기는 노래문화는 언제부터 시작된 것일까? 아마도 오래전으로 거슬러 올라갈 듯하다. 조상들의 생활은 단편적으로나마 중국 문헌에 나타난 기록을 통해 알 수 있다. 예를 들어 중국 『삼국지』 위지(魏志)에 보면 고대 국가인 부여, 고구려, 마한 및 진한 사람들이 음주가무를 즐겼다는 기록이 있고, 『후한서(後漢書)』 동이전에도 각 부족들이 하늘에 제사를 지내고 음주가무를 즐겼다는 기록이 보인다. 우리가 국사 시간에 배운 '동맹(東盟), 무천(舞天), 영고(迎鼓)' 등이 바로 이러한 축제 의식들이다. 그 가운데는 악기 사용에 대한 기록도 있는데, 이것은 가요가 종합예술의 한 장르로 당시에도 이미 존재했었다는 사실을 말해 주고 있다.

수로부인의 노래

거북아 거북아 수로를 내놓아라
남의 부녀 빼앗아간 죄 그 얼마나 클까
네 만일 거역하고 내놓지 않으면
그물로 사로잡아 구어먹고 말테다.

'여럿의 입은 쇠를 녹인다'고 했다. 위 노래는 신라시대에 바다용이 끌고 간 수로부인을 돌려 받기 위해 여러 사람들이 함께 부른 노래로, 일명 〈해가(海歌)〉라고도 한다. 이 노래는 주문(呪文)으로 소원을 성취하는 언어주술적 성격이 짙게 깔려 있어 고대 조상들의 언어관을 엿볼 수 있다. 요즘 K-팝 아이돌을 소재로 하는 애니메이션 『케이팝 데몬 헌터스(KPop Demon Hunters)』(2025)가 세계적으로 큰 인기를 누리고 있다. 여기에서 멤버들이 노래로 악령을 쫓아내는 장면이 있는데, 이 또한 우리 조상들의 언어신성관이 반영된 것이리라.

해가는 독창적인 것이 아니고 그 이전에 있었던 가락국의 개국설화에 나오는 〈구지가(龜旨歌)〉를 계승 발전한 것으로 보인다.

거북아, 거북아
머리를 내밀어라
내밀지 않으면
구어 먹을래

『삼국유사』 가락국기조에는 "구지가를 다 같이 노래하면서 춤을 추면 곧 대왕을 맞이하게 될 것이고, 이에 너희들은 매우 기뻐서 춤추게 될 것이다."라는 기록이 있다. 이 두 노래에서 알 수 있듯이 노랫말은 곧 주문이 되어, 상상할 수 없는 신통력을 발휘하게 되니, 노랫말에 담긴 선조들의 의식을 엿볼 수 있다.

망부가(望夫歌), <정읍사>

들하 노피곰 도두샤
어긔야 머리곰 비취오시라
어긔야 어강됴리
아으 다롱디리

져재 녀러신고요
어긔야 즌 딕롤 드딕욜셰라
어긔야 어강됴리

어느이다 노코시라
어긔야 내 가논 딕 졈그룰셰라
어긔야 어강됴리
아으 다롱디리

"달이시여, 높이금 돋으사, 아아, 멀리금 비치시라, 어긔야 어강됴리,
아으 다롱디리, 저자에 가 계신가요, 아아, 진 데를 디딜세라…" 이 노래
는 고대 가요로 시장에 간 남편이 날이 저물어서 무사히 돌아오도록 기
원하는 내용을 담고 있다. 남편을 향한 애틋함이 잘 묻어 나는 작품으로
백제 문학 작품의 정수라 할 수 있다.
『고려사』에는 이 노래와 관련하여 다음과 같은 설화가 전해 온다.

"정읍은 전주에 속하는 현이다. 현의 사람이 행상을 나가서 오래되어도 돌
아오지 않자, 그 아내가 산에 올라가 돌 위에서 바라보면서 그 남편이 밤
에 오다가 해를 입지 않을까 두려워하여 흙탕물의 지저분함을 빌려서 노래
하였다. 세상에 전해지는 말로는 고개에 망부석이 남아 있다고 한다."
(井邑, 全州屬縣. 縣人爲行商, 久不至, 其妻登山石以望之, 恐其夫夜行犯害,
托泥水之汚以歌之. 世傳, 有登岾望夫石云.)

『고려사』〈악지〉삼국속악 中 백제

고려가요에는 〈정읍사〉를 비롯한 수많은 가요들이 민중의 입에서 입

으로 전해졌다. 〈가시리〉, 〈동동〉, 〈쌍화점〉, 〈서경별곡〉 등 이들 노래에는 민중의 애환이 그대로 스며들어 있는 셈이다.

사랑의 노래

꿈에 보이는 임은 믿음과 의리가 없다고 하지만
못견디게 그리울 때 꿈에서가 아니면 어떻게 보겠는가?
저 임이시여, 꿈이라고 생각하지 말고 자주자주 보이소서.

동짓달 기나 긴 밤을 한 허리를 베어 내어
춘풍 이불 아래 서리서리 넣었다가
어룬 님 오신 날 밤이어든 굽이굽이 펴리라

두 시조는 임을 향한 그리움을 표현한 노래로, 명옥이라는 기생과 황진이라는 기생이 노래한 것이다. 『청구영언』(1728)에 담겨 있는 이 노래들은 임이 너무 보고 싶어 꿈에서라도 보고 싶다는 간절함이 담겨 있으며, 임과 함께 기나긴 밤을 함께 보내고픈 간절한 소망이 담겨 있어 노래를 통해 조선시대 사람들의 사랑과 낭만을 동시에 엿볼 수 있다.

두 기생의 노래와 사랑을 다룬 영화로는 『해어화』(2016)가 떠오른다. 1943년 경성을 배경으로 한 이 영화는 어린 시절부터 기생 학교에서 함께 자란 단짝 두 기생이 최고의 예인을 꿈꾸며 돕고 경쟁하는 이야기다. 작곡가 남자가 등장하면서 삼각관계가 형성되고 두 여인은 단짝에서 운명적으로 대립하는 관계가 형성된다. 가수를 꿈꿨던 마지막 기생들의 숨겨진 사랑 이야기가 아름다운 선율과 함께 고스란히 전해져 오는 그런 영화다. 마치 조선시대 명옥과 황진이의 사랑 노래를 듣는 것처럼.

2. 민중들의 애환과 민요

“저 건너 갈미봉에 비가 몰려 들어온다. 우장을 두르고 지심 매러 갈거
나, 진국명산 만장봉에 바람이 분다고 쓰러지며 송죽 같은 굳은 절개 매
맞는다고 훼절할까…”

　한국의 민요는 대개 같은 가락의 사설을 바꾸어 부르는 유절형식(有節形
式)이 많고 흔히 후렴이 붙는다. 위의 노래도 내용을 보면 비가 오려고 하
니, 비옷을 입고 밭매러 가자는 구절과 아무리 시련이 온다고 해도 절개를
굳게 지키겠다는 구절이 똑같은 가락에 실려 불렸다는 것을 알 수 있다.
　이처럼 토속민요는 그 지방마다 삶의 애환이 구수한 가락에 실려있어
소박하고 향토적인 냄새가 짙게 풍긴다. 여기에서는 김매기, 모내기, 물
레질 등 노동요와 상여소리 등 일상생활 속에서 우리의 손때가 묻은 노
래들을 찾아보기로 한다.

아리랑 전설

“아리아리랑, 쓰리쓰리랑, 아라리가 났네~~, 아리랑, 어절씨구 아라리
가 났네.”

　위의 노래는 〈강원도 아리랑〉의 한 대목이다. 영화 『서편제』(1993)를
본 사람이라면 이 노랫가락을 떠올리지 않을 사람이 없을 것이다. 아버
지와 아들, 그리고 딸이 돌담 사이로 난 길을 따라 흥겹게 어울리며 부르

던 아리랑은 지금도 우리 가슴속에 영화의 장면과 함께 고스란이 살아남아 있다. 아리랑만큼 한국의 대표적인 민요가 또 있을까. 민초들에게 가장 널리 불리고 사랑받는 민요이니, 한국 및 한국인을 위한 상징적 징표가 된 지 오래다.

어떤 이들은 남북한이 통일된 후 통일국가의 애국가로 〈아리랑〉을 말하는 사람이 많다. 실제로 운동경기에서 남북한 단일팀이 출전한 경우 한반도기와 아리랑을 단일팀의 상징으로 썼던 예가 있기 때문이다. 이처럼 아리랑이 모든 이들로부터 사랑을 받는 이유는 그만큼 노랫말과 가락이 우리의 가슴에 절절이 와 닿기 때문일 것이다. 오늘날 〈아리랑〉은 국내뿐 아니라 세계 여러 곳에 흩어져 있는 해외동포들 사이에서까지 널리 애창되고 있다. 〈독립군아리랑〉이나 〈연변아리랑〉 등이 있고, 카자흐스탄 지역에 거주하고 있는 동포들의 아리랑도 전해지고 있다.

깊이 읽기 – 아리랑 이야기

아리랑 아리랑 아라리요
아리랑 고개로 넘어간다.
나를 버리고 가시는 님은
십리도 못 가서 발병난다.

이 노래는 일반적으로 '아리랑'이라 불리는 것으로 〈서울아리랑〉, 〈경기아리랑〉이라고도 한다. 아리랑은 우리의 전통 민요로 입에서 입으로 전해온 우리 민족의 정신이 담긴 노래로 지역마다 가락과 노랫말이 조금씩 다르다. 다음은 각 지역 아리랑의 후렴구들이다.

"아리랑 아리랑 아라리요 아리랑 고개고개로 나를 넘겨주소." (정선)
"아리 아리랑 쓰리쓰리랑 아라리가 낫네. 아리랑 어절시구 날 넘겨 주소." (밀양)
"아리 당다중 쓰리 당다중 아라리가 낫네. 아리랑 어절시구 잘 넘어간다." (밀양)
"아리 아리랑 쓰리 쓰리랑 아라리가 낫네 아리랑 응응응 아라리가 낫네." (진도)
"아리아리 쓰리쓰리 아라리요 아리아리 고개로 넘어간다." (강원도)
"아라리요 아라리요 아리랑 어헐사 아라성아." (여주)

『한국민족문화대백과사전』 한국학중앙연구원

땀흘리며 부르는 노동요

지랴 이놈의 소들이 어디로가
해 다지구 저무는데 빨리 빨리 돌아가세
이랴 에라 어디 마라루가세
굵은 돌은 넨겨 딛고 잔 돌은 밀어 딛어
어웨워도차

김홍도의 벼타작

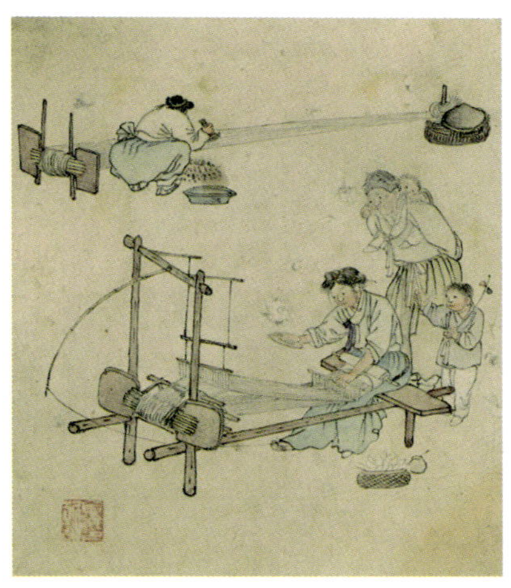

김홍도의 길쌈

이 노래는 논에서 소를 모는 농부의 입에서 흘러나오는 소리다. 보통
논에다 모를 심기 위해서는 제일 먼저 논을 갈아엎는 작업을 해야 한다.
논을 갈아엎은 후에 물을 대고, 그래야만 모심을 준비가 끝나는 법이다.
논을 갈아엎을 때는 소에 쟁기를 메고 작업을 하게 되는데, 이 노래 속에
담긴 내용을 보면 해는 뉘엿뉘엿 지고, 어서 작업을 마치고 집으로 돌아
가고픈 농부의 마음이 잘 드러나 있다. 위의 노래가 노동요 가운데 남자

들에 해당하는 노래라면 여자들에게 해당하는 노동요도 많다.

> 물렛살 팔형제에 좌우살작 궁걸동에,
> 물레테 두른 양은 남해선상 큰 무지개 북테테를 둘렀는 양,
> 산수산수 노산수에 골지기로 누웠는 듯 세제월산 가락소리,
> 반짐 싣고 놀던 양은 춘삼월 붉은 달에 떼구름이 노는 듯네.

　이 노래는 경남 함양 지방에서 아낙네들이 물레질을 하면서 부르던 〈물레노래〉의 일부이다. 옛날 물레질이 성하던 시절, 부녀자들 사이에는 이런 노래가 유행했다고 한다. 집에서 아낙네들이 해야 할 일이 어디 물레질뿐이었는가. 여자들이 부른 노동요에는 주로 잠을 호소한 것, 사랑을 노래한 것, 기름을 치는 노래 등 물레와 집안일에 얽힌 생활의 애수를 진솔하게 읊조린 내용이 많다.

판소리 노랫말에 담긴 해학

> "이 애 방자야, 저 건너 녹림 숲속에 울긋불긋 오락가락하는 게 저게 무어냐?".
> "아니, 무얼 보란 말씀이요? 소인의 눈에는 아무 것도 보이지 않습니다.",
> "아, 이놈아. 이르 와서 내 부채발로 보아라."
> "부채는 말고요, 미륵님 발로 보아도 안 보입니다."
> "저기 들어간다 들어가, 나온다 나와!" 방자 허허 웃고,
> "그게 다른 게 아니오라, 병든 솔갱이가 짓 다듬느라고 두 날개를 쩍 벌리고 움쑥움쑥허는 걸, 그걸 보고 말씀이요?"

“야, 이놈아! 내가 병든 솔갱이를 모르겠느냐?”
“아니, 그러면 무얼 보고 말씀이요?”
“저기 올라간다 올라가, 내려온다 내려와!” 방자 허허 웃고,
“아, 그게 다른게 아니오라, 우리집 숫나귀를 꾀삐를 길게 매놓았더니
저 암나귀를 보고 이리 뛰고 저리 뛰고, 그걸 보고 그러시요?”
“네 이놈! 내가 우리집 나귀를 모를 리가 있겠느냐?” 방자 생각허니, 하
정의 도리로 웃양반을 너무 속이는 것도 저의 도리가 아니거늘,
“예이, 자세히 아뢰리다. 그게 다른게 아니오라, 이 골 퇴기 월매 딸 성
춘향이라 하옵난듸, 본시 양반의 기출이라, 제 몸실 도구하야 기생 구실
마다 허고, 백화춘엽에 글자나 생각허고, 예공, 자색과 문필을 겸하야,
오월 단오날이면 저곳에 와서 여염집 아해들과 추천하는 거동인가 보옵
니다.”
“아니, 그럼 기생의 딸이란 말이냐? 내 한번 못 불러 볼까!”
“그렇지 못할 이유가 있습니다요.” “거, 무슨 이유란 말이냐?”, “예, 자
세히 아뢰옵지요.”

위 노랫말은 판소리 춘향가 중에서 이몽룡과 춘향이가 처음 만나는
그네 뛰는 장면에 나오는 것이다. 노랫말에서 알 수 있듯이 판소리는
서민적이고도 해학적인 대사가 우리를 사로잡는다. 그것은 판소리가 평
민문화가 발흥하기 시작한 조선 숙종 무렵부터 생겨나기 시작한 것과
무관하지 않다. 이런 해학성은 판소리의 백미로 다른 작품에서도 쉽게
찾아볼 수 있다. 『심청전』에서는 심 봉사가 뺑덕어멈의 거짓말에 속는
장면이나 뺑덕어멈과 농을 주고받는 장면 등에서 해학성이 잘 드러난다.
판소리는 남도 지방 특유의 곡조를 토대로 발달했는데 보통 광대 한
명이 고수(鼓手) 한 명의 장단에 맞추어 일정한 이야기를 소리와 몸짓을
곁들여 부르는 것으로 1인 오페라라고 말할 수 있다. 오늘날까지 전해지

는 판소리는 '춘향가, 심청가, 흥보가, 수궁가, 적벽가' 등 다섯 작품이다. 또한 지역적 특성과 전승 계보에 따라 동편제(전라도 동북 지역), 서편제(전라도 서남 지역), 중고제(경기도와 충청도)로 나뉘기도 한다.

3. 대중가요의 노랫말

"미아리 눈물 고개, 님이 가신 이별 고개, 화약 연기 앞을 가려 눈 못 뜨고 헤미일 때, 당신은 철사줄로 두 손 꽁꽁 묶인 채로..." 이 노래는 〈단장의 미아리 고개〉라는 노래다. 6·25 전쟁 때 미아리 고개에서 사랑하는 님이 끌려가는 장면을 생생히 묘사하면서 그 애통함을 절절히 표출한 노래가 아닐 수 없다. 전쟁을 겪어본 세대라면 이런 노래들이 단지 노래 이상으로 가슴 속에 와 닿으리라.

"다 같은 고향 땅을 가고 오건만, 남북이 가로막혀 원한 천리 길"이라는 분단의 아픔을 그린 노래 〈가거라 삼팔선〉(1948), 피난지 부산에서 고향을 떠나온 실향민이 고향을 그리워 하며 부른 노래 〈꿈에 본 내고향〉(1951), 흥남부두에서 헤어진 여동생 금순이를 그리면서 부른 노래 〈굳세어라 금순아〉(1953), 전쟁이 끝나자 부산 피난 생활을 정리하고 고향으로 돌아가면서 부산에서 이별하는 이야기를 담은 노래 〈이별의 부산 정거장〉(1954) 등.

이처럼 대중가요 속에는 그 시대의 애환이 고스란히 담겨 있다는 말에 새삼 고개를 끄덕여 본다. 어디 대중가요뿐이랴. 민중들의 애환이 담긴 노래로는 민요 또한 빠지지 않는다. '민요(民謠)'라는 말 그대로 백성들이 삶 속에서 흥얼거리며 마음을 토로하던 노래가 바로 민요이기 때문이다.

창가와 경부철도가

① 우렁탸게 / 토하난 / 긔뎍소리에
남대문을 / 등디고 / 떠나나가서
빨리 부난 / 바람의 / 형세 갓흐니
날개 가던 / 새라도 / 못따르겟네

② 늘근이와 / 졂은이 / 셕거 안졋고
우리네와 / 외국인 / 갓티 탓스나
내외틴소 / 다갓티 / 익히 디내니
됴고마한 / 딴 세상 / 뎔노 일웟네

  이 노래는 1908년 최남선이 지은 〈경부철도가〉로, 남대문역에서 종착
역인 부산역까지를 배경으로 역주변의 풍경을 서술한 연작 노래이다. 새
로운 시의 형식에 서양식 곡을 붙인 노래로 최남선은 이 노래를 지은
배경을 다음과 같이 설명하고 있다. "이 노래는 학도 모댜를 쓰고 담바귀
를 불느고 책보댜를 끼고 흥띠어라를 노래하난 아해들노 하여금 시맛[詩
趣]과 댜미를 맛보게 하고 아울너 우리나라 남반편[南半區] 디리ㅅ디식
[地理知識]을 듀기 위하여 디은 것이다…". 학생들이 시맛과 재미를 맛보
게 하고 남반구의 지리를 익히게 하기 위해 만들었다는 설명하니 이 노
래는 경부선 철도 개통으로 서양 문물에 대한 소개와 신지식 전달의 계
몽가요인 셈이다.
  이런 계몽가요식의 노래를 '창가(唱歌)'라고도 하는데, 이 노래가 등장
하게 된 시기는 대략 갑오개혁(1894) 이후라고 한다. 당시는 근대적인 각
성과 조국의 자주독립에 대한 열망이 드높은 시절이었으므로 노래의 성
격을 가늠할 수 있는 대목이 아닐 수 없다.

- 〈동심가〉 – 이중원 (1896)
  잠을 깨세 잠을 깨세, 사천년이 꿈속이라,
  만국이 회동하야, 사해가 일가로다.
  구구세절 다 버리고, 상하동심 동덕하세,
  남의 부강 부러하고, 근본없이 회빈하랴.
  범을 보고 개 그리고 봉을 보고 닭 그린다.
  문명개화 하랴하면 실상일이 제일이라.
  못에 고기 부러말고, 그물매자 잡아보세,
  그물맺기 어려우랴 동심결로 맺아보세.

- 〈자주독립가〉 – 이필균 (1896)
  아세아의 대조선이, 자주독립 분명하다.
  에야에야 애국하세, 나라 위해 죽어보세.
  깊은 잠을 어서 깨어, 부국 강병 진보하세,
  남의 천대 받게 되니, 후회 막급 없이 하세,
  남녀 없이 입학하야, 세계 학식 배와 보자.
  교육해야 개화되고, 개화해야 사람되네.

- 〈독립군가〉 – 일제강점기
  신대한국 독립군의 백만 용사야
  조국의 부르심을 네가 아느냐
  삼천리 삼천만의 우리 동포들
  건질 이 너와 나로다
  나가 나가 싸우러 나가
  나가 나가 싸우러 나가
  독립문의 자유종이 울릴 때까지
  싸우러 나가자

'럭키서울'과 '서울서울서울'

- 〈럭키서울〉 - 현 인 (1948)
  서울의 거리는 태양의 거리/ 태양의 거리에는 희망이 솟네 / 타이프 소리로 해가 저
  무는 / 빌딩가에서는 희망이 솟네 / 너도 나도 부르자 희망의 노래 / 다같이 부르자
  서울의 노래 / Seoul Seoul 럭키서울 / 서울의 거리는 청춘의 거리 / 청춘의 거리에
  는 건설이 있네 / 역마차 소리도 흥겨로워라 / 시민의 합창이 우렁차구나 / 너도나도
  부르자 건설의 노래 / 다같이 부르자 서울의 노래 / Seoul Seoul 럭키서울

- 〈Seoul Seoul Seoul〉 - 조용필 (1988)
  해질 무렵 거리에 나가 차를 마시면 / 내 가슴에 아름다운 냇물이 흐르네/이별이란
  헤어짐이 아니었구나 / 추억속에서 다시 만나는 그대 / 베고니아 화분이 놓인 우체
  국 계단 / 어딘가에 엽서를 쓰던 그녀의 고운 손 / 그 언제쯤 나를 볼까 마음이
  서두네 / 나의 사랑을 가져가버린 그대 / *Seoul Seoul Seoul 아름다운 이 거리
  / Seoul Seoul Seoul 그리움이 남는 곳 / Seoul Seoul Seoul 사랑으로 남으리
  오 오 오 / Never Forget Oh My Lover Seoul

- 〈Champions〉 - 조수미 (2002)
  너와 나 지금 여기에 두 손을 마주잡고 / 찬란한 아침햇살에 너의 다짐 새겨봐
  멀지 않아 우리 함께라면 / We are the champions tonight 이기리라
  (아 챔피언 이제는 우리 하나 되어 / 저 끝없이 펼쳐진 대지 위를 달려
  아 영광의 승리를 우린 이룰 거야 / We are the champions 우리는 할 수 있어)

젊은 사람들 가운데 첫 번째 노래를 아는 사람들이 얼마나 있으랴마는
그 제목은 〈럭키서울〉이다. 이제는 고인이 된 가수 현인이 부른 노래로
해방 후 역동적인 서울의 모습을 표현하고 있다. 두 번째 노래는 가수
조용필의 〈Seoul Seoul Seoul〉이라는 노래다. 제목이 영어라는 점에서
도 알 수 있듯이, 1988년 서울 올림픽 즈음에 서울의 낭만적인 모습을
노래한 대표적인 노래이다. 마지막 노래는 세계적인 소프라노 조수미가
부른 〈Champions〉라는 노래로, 2002 한일 월드컵 주제가였다. 세계인

이 모인 서울에서 우리 다 함께 승리를 기원하자는 노래다. 이 노래를 들으면 뜨겁게 한반도를 달구었던 2002년 한일 월드컵의 열기가 다시 생생하게 되살아나는 것만 같다. 노랫말에는 그 시대의 풍광과 정서가 고스란히 담겨 있기 때문이다.

K-팝에 담긴 MZ세대의 문화

요즘 전 세계를 누비며 세계인의 마음을 사로잡는 K-팝 가수는 단연 방탄소년단(BTS)과 블랙핑크일 것이다. "~ I'm the one I should love in this world / 빛나는 나를 소중한 내 영혼을 / 이제야 깨달아, ooh-whoa, so I love me / 좀 부족해도 너무 아름다운 걸 / I'm the one I should love ~ "(BTS 〈Epiphany〉(2018)). "If you really really love me / 말해 줘 / 나 없이 하루도 버틸 수 없다고 / really really / 집착할 만큼 원한다고 really / If you really really want me / 말해줘 ~"(블랙핑크 〈Really〉(2018)).

그룹 이름도 영어로 되어 있는 것처럼 요즘 노래들은 서구적 취향을 반영한다. 서구적 취향을 수용하는 것을 넘어 새롭게 재창조하여 역으로 세계로 수출하고 있는 실정이다. 이제 세계는 K-팝에 열광하고 외국 사람들이 한국어로 우리 가수들의 노래를 따라 부르고 우리 문화를 알기 위해 한국을 방문한다. 이제 한국어와 한국문화는 우리만의 전유물이 아니라 세계인과 함께 하는 공유물이 되었다. 격세지감이라는 말이 딱 떠오른다.

문화가 국경을 넘어선 지 오래다. 고추장과 마요네즈가 합해져서 만들어진 '고요네즈'라는 신종 고추장이 등장하는가 하면 미역국에 치즈를 곁들여 먹는 퓨전 음식문화도 흔히 볼 수 있다. 노랫말도 이전의 삶의 애환과 사랑을 노래한 것에서 벗어나 청소년들의 꿈과 미래에 대해 노래하고 있다는 점이 다르다. 요즘 K-팝을 들어보면 사랑과 이별, 열정과 환희라는 주제보다는 '나'라는 자아를 발견하는 과정과 자신을 발전시키는 성장 과정을 진솔하게 그려나가는 가사가 많다(『한국일보』 2019.02.27.). 이러한 가사의 매력 때문에 세계의 젊은이들이 마치 자신의 이야기처럼 열광하고 몰입하는 것이 아닐까.

생각거리·토론거리

1. 다음 노래는 충남 예산 지방에서 부르던 〈시집살이 노래〉이다. 누가 불렀는지는 알 수 없으나 시집간 처자가 시집살이가 힘겨워 부르던 노래라고 한다.

형님 온다 형님 온다 보고저즌 형님 온다.
형님 마중 누가 갈까 형님 동생 내가 가지.
형님 형님 사촌 형님 시집살이 어뎁데까?
이애 이애 그 말 마라 시집살이 개집살이.
앞밭에는 당추(唐椒-당초) 심고 뒷밭에는 고추 심어
고추 당추 맵다 해도 시집살이 더 맵더라.
둥글둥글 수박 식기(食器) 밥 담기도 어렵더라.
도리도리 도리 소반(小盤) 수저 놓기 더 어렵더라.
오 리 물을 길어다가 십 리 방아 찧어다가
아홉 솥에 불을 때고 열 두 방에 자리 걷고
외나무다리 어렵대야 시아버님같이 어려우랴?
나뭇잎이 푸르대야 시어머니보다 더 푸르랴.
시아버니 호랑새요 시어머니 꾸중새요
동서(同壻) 하나 할림새요 시누 하나 뾰족새요
시아지비 뾰중새요 남편 하나 미련새요

자식 하난 우는새요   나 하나만 썩는샐세.
귀 먹어서 삼 년이요   눈 어두워 삼 년이요.
말 못하여 삼 년이요   석 삼 년을 살고 나니.
배꽃 같던 요 내 얼굴 호박꽃이 다 되었네.
삼단 같던 요 내 머리 비사리춤이 다 되었네
백옥(白玉)같던 요 내 손길 오리발이 다 되었네
열새 무명 반물치마   눈물 씻기 다 젖었네.
울었던가 말았던가   베개 머리 소(沼) 이겼네.
그것도 소(沼)이라고   거위 한 쌍 오리 한 쌍
쌍쌍이 때 들어오네.

(1) 〈시집살이 노래〉 가사에 나타난 정서는 무엇인가?

(2) 노래를 통해 당시 여인들의 삶이 어떠했는지 이야기해 보자.

(3) 〈시집살이 노래〉처럼 여성들의 고단한 삶을 노래한 민요를 세 개만 찾아 노랫말에 나타난 민족의 정서를 함께 이야기해 보자.

2. 〈아리랑〉은 지역마다 다를 뿐 아니라 시대마다 그 가락과 가사가 재창조되어 끊임없이 새롭게 거듭난다는 특징이 있다.

“쓰라린 가슴을 움켜 쥐고 백두산 고개로 넘어 간다.”, “감발을 하고서 백두산 넘어 북간도 벌판을 헤매인다.”, “이천만 동포야 어데 있느냐 삼천리 강산만 살아 있네.”, “지금은 압록강 건너는 유랑객이요 삼천리 강산도 잃었구나.”, “36년간 피지 못하던 무궁화꽃은 을유년 8월 15일에 만발하였네.”, “사발그릇 깨어지면 두세 쪽이 나는데 삼팔선이 깨어지면 한덩어리로 뭉친다.”

일제 강점기 나라 잃은 민족의 설움을 담은 아리랑 가사도 있고 광복의 환희와 남북 분단의 아픔을 담은 아리랑도 있다. 이처럼 민족이 위기에 처한 시대에 아리랑은 민족적 동질성을 지탱하는 소리였다.

- 『한국민족문화대백과사전』 한국학중앙연구원 -

(1) 전쟁과 분단 이후 시대에 맞게 등장한 새로운 아리랑 노래가 있는지 찾아
보자.

(2) 자신이 새로운 아리랑 노래를 재창조한다면 어떤 가사를 붙이고 싶은지
말해보자.

3. 요즘 K-팝에는 사랑 노래보다는 자아 찾기를 주제로 한 노래가 대세라고
한다. 아이돌그룹 방탄소년단이 '너 자신을 사랑하라'는 뜻의 〈러브 유어셀
프(Love Yourself)〉를 주제로 앨범을 낸 뒤 이러한 움직임이 확대되고 있다고
한다.

(1) K-팝 가사에는 다양한 주제들이 담겨 있다. '교육 비판, 사회 비판, 사랑
노래, 자아 발견' 등에 해당하는 노래 가사를 찾아보자.

(2) 과거 유행가에는 사랑 노래나 인생살이에 대한 가사가 많았는데 최근
K-팝 가사는 다양한 주제가 등장한다. 이런 변화가 왜 생기는지, 그리고
이것이 의미하는 것이 무엇인지 말해보자.

10

욕쟁이 할머니가 그리운 까닭은?

상소리의 미학

욕쟁이할머니집, 출처: 필자

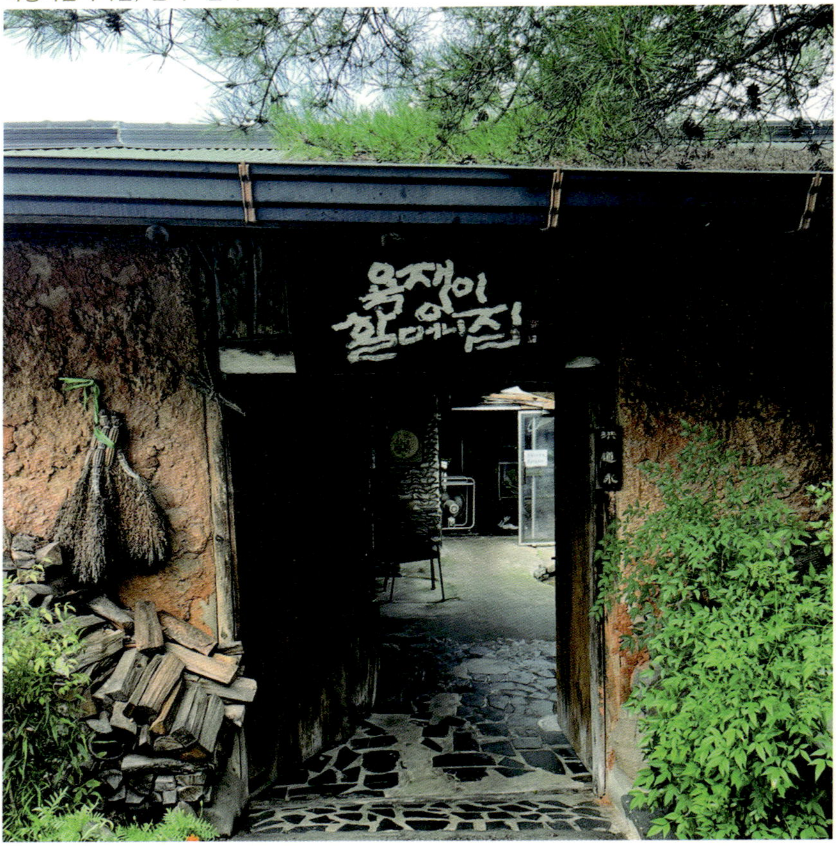

"먼길 왔으니까 밥이나 잔뜩 처먹고 가.", "밥 잘 처먹었으면 어서 가서 열심히 일들이나 해 이놈들아!". 경기도 광릉 수목원 근처에 있는 허름한 음식점에 가면 언제나 듣는 욕이다. 음식점에는 유명한 '욕쟁이' 할머니가 구수한 욕을 곁들이며 푸짐한 음식을 차려 내오곤 했다. 지금은 할머니는 세상을 떠나고 후손들이 식당을 운영하고 있는데, 식당 앞에서 할머니의 욕 어록 현판이 걸려 있어 과거의 향수에 흠뻑 젖게 한다. 당장이라도 "어서와 이놈들아!"하고 반갑게 손님들에게 욕을 맛깔나게 해줄 것만 같다.

이 식당은 시래기 정식이 기본메뉴이며, 그밖에 들기름두부, 맷돌두부, 막걸리, 감자빈대떡 등도 맛 볼 수 있다. 한번쯤 들러본 사람이면 고향집을 찾듯 발길을 다시 재촉하게 되는데, 오래된 단골일수록 구수한(?) 할머니의 욕을 더 많이 얻어먹은 사람이다. 이 식당에는 오늘도 욕쟁이 할머니를 추억하며 단골들이 줄을 잇는다고 한다.

욕을 먹으면 화가 나게 마련인데, 신기하게도 욕쟁이 할머니의 욕은 거북하기는커녕 정겹게 들렸다고 하니, 욕이 꼭 나쁜 것만은 아닌 듯하다. 그렇다면 왜 욕을 먹어도 기분이 나쁘지 않은 것일까? 이 장에서는 욕에 얽힌 이야기를 만나보기로 한다.

미리 한번 생각해보자

- 자신이 할 수 있는 욕은 몇 가지나 될까?
- 욕을 들었을 때 기분은 어떠했나?
- 욕 중에서 가장 심한 욕과 가장 귀여운 욕이 있다면?

1. 상소리와 욕

상소리는 상스럽다는 말과 관련이 있다. 국어사전에는 "말과 행동이 낮고 천하다"는 말로 '상스럽다'를 설명하고 있으니, 상소리(일명 쌍소리)는 낮고 천한 말임을 알 수 있다. 또 상욕(쌍욕)도 이와 비슷한 의미로 사용되기도 한다. 이때 '상'을 '쌍'으로 발음하는 이유는 더욱 천한 의미를 강조하려는 의도도 있고 다른 한편으로는 '쌍시옷' 발음을 하여 '째끼'나 '씹'과 보조를 맞추려는 의도도 깔려있는 것 같다.

욕(辱)이라는 말은 사전에는 '욕설'의 준말로 나와 있는데, 그 의미는 "남을 무시하는 모욕적인 말이나 저주하는 말"로 되어 있다. 이 또한 상소리와 유사하게 매우 부정적이고 천한 말로 인식된다. 상소리나 욕은 비단 어제오늘에 만들어진 것은 아니다. 정약용이 지은 『아언각비(雅言覺非)』(1819)에는 "욕이란 부끄러움이고 굴욕이다. 우리나라의 풍속은 추악한 말로써 꾸짖는 것을 이름하여 욕(辱)이라 한다."고 밝히고 있어 우리 조상들도 욕을 많이 사용했었다는 점을 알 수 있다. 여기서는 욕의 기원과 의미에 대해 알아보기로 하자.

욕이란 무엇인가?

"귀신 씨나락 까먹는 소리하고 있네!" 이 말은 '분명하지 않게 우물우물 말하는 소리'를 빈정거리며 하는 말이다. 넓게 보면 이러한 표현도 모두 욕의 범주에 드는 것이다. 그러나 왜 이런 표현이 그런 의미를 갖게 되었을까? 이를 위해서는 먼저 '씨나락'이 무엇인지를 알아야 한다. 씨나락은 못자리에 뿌리는 볍씨를 말한다. 볍씨를 까먹어 본 사람은 이 상황을 짐작할 수 있겠지만, 아마 그렇지 않은 사람들에게는 낯설게만 느껴질 것이다. 볍씨를 입에 넣고 우물우물거리며, 혀와 이로 오묘한(?) 기술을 동원해야만 볍씨를 까먹을 수 있으니 말이다.

그러니 사람도 아니고 귀신이 이런 행동으로 볍씨를 까먹고 있다고 말한 것은 말의 의미를 극단적으로 강조하려는 화자의 의지가 담겨 있다. 그것도 부정적으로 말이다. 따라서 욕에는 대부분 이러한 비유와 과장이 들어 있는 것이 대부분이다. "쥐 씹에 말 좆이다!" 이 말은 굳이 자세한 뜻을 설명하지 않아도 단번에 의미를 파악할 수 있는 부분이다. 남녀 성기를 동물에 비유하여 과장되게 말하고 있으니 말이다. 욕이 주는 불쾌감이나, 정반대로 욕을 하면서 얻을 수 있는 카타르시스가 바로 이러한 비유와 과장에서 오는 것은 아닐까?

세계 각국의 욕들

많고 적음의 차이는 있겠지만 어느 나라건 욕말은 가지고 있다. 이들 욕말에는 공통점이 있는데, 이것은 욕이 인간의 본능으로부터 나오는 것이기 때문이리라. 예를 들어 가장 대표적인 유형은 신에게 도움을 요청하는 구원 용어가 저주하는 욕말로 바뀐 경우이다. 영어의 "Jesus 지저스!" 또는 "Jesus Christ 지저스 크라이스트!"라는 말은 "제기랄!, 맙소사!"에 해당하는 것이다. 이탈리아에서는 "La Madonna 라 마돈나!"를, 프랑스에서는 "Mon Dieu 몽 디외!"하고 신을 부른다. 러시아에서는 "слава богу 슬라바 보구!"라고 하는데, 이것도 "신께 영광을!"이라는 구원 용어가 저주의 의미로 변한 것이다.

두 번째 유형은 모친과의 근친상간을 내용으로 한 욕말이다. 우리나라에서는 "지미 씨팔 놈(씹할 놈)"이라고 하는데, 중국어에서는 "차오타마!", 스페인어에서는 "투 마들!", 영어에서는 "이어 머더!"라고 한다. 또한 짐승을 소재로 삼는 것도 공통점 중의 하나다. 욕으로 등장하는 짐승은 나라에 따라 조금씩 다르다. 프랑스에서는 소-낙타-암탉이, 스페인에서 수산양이, 중국에서는 거북이가 가장 치명적인 모욕이다. 그러나 공통적인 짐승도 없지 않다. 그것은 바로 개인데, "개자식, 개새끼"나 "Son of bitch!"가 그렇다. 또 아랍에서는 "카르브!"(개)가 있고, 베트남에는 "도초데!"(개자식)이, 독일의 "슈바인훈트!"(개돼지), 러시아에는 "수킨신"(암캐새끼)가 있다.

좆과 졸라

언제부터인지 모르지만 남녀를 불문하고 청소년들 사이에서 '졸라'라는 부사를 많이 쓰기 시작했다. 요즘은 '절라'나 '존나'라는 변형을 쓰기도 하는데, 의미는 '매우'나 '아주'의 최상급을 뜻한다. 학생들에게 물어보면 이 말의 어원을 정확히 모르는 것 같아 민망하기가 그지없다. 사실이 말은 '좆나게'(좆이 나오게)라는 욕이 줄어든 말로 남자의 성기와 관련된 저속한 표현 중의 대표적인 것이었다. "좆나게 뛰었다"나 "좆나게 바쁘다"와 같이 최상급의 의미로 과장되게 표현할 때 사용한다.

이런 까닭에 여학생들도 거리낌없이 이 표현을 쓰고 있는 것을 볼 때마다 얼굴이 화끈거리지 않을 수 없다. 남녀의 성기와 관련된 욕이 가장 많다는 말은 앞에서도 한 적이 있지만, 우리 욕에는 더욱 그러한 것 같다. "좆까라. 좆까고 자빠졌네.", "좆만한 새끼", "좆같이", "좆같네, 좆됐네" 등과 같이 서술어나 관형어, 부사 등으로도 다양하게 쓰이고 있다. "새됐다!"는 말도 사실 "좆됐다!"를 애둘러 표현한 말이다. 한자로 '새=조(鳥)'이기 때문이다. 영어에도 "I am fucked!"(좆됐네)라는 표현이 있으니 두 언어는 가히 욕의 경지에 올라선 것이 아닌가?

요즘 '존버'라는 말도 유행이다. 이 말이 욕설인지도 모르고 쓰는 사람도 많을 만큼 일상생활에서 자주 쓴다. 그것은 이 말이 들어 있는 문장이 보통 긍정적인 의미로 사용되는 경우가 많기 때문이 아닐까 생각해 본다. "존버는 승리한다", "존버 정신", "존버의 아이콘" 등등. 사실 '존버'는 '존나 + 버티다'의 합성어로, '힘들지만 끝까지 버틴다'는 긍정의 의미이다. 그러나 여기에도 '존나(좆나게)'라는 욕이 들어가 있으므로 사용을 자제하는 것이 좋지 않을까.

2. 욕에 담긴 한국인의 정서

욕설은 단순히 천한 말이 아니라 그 자체가 하나의 문화를 형성하고 있다. 학창 시절만 해도 대학교의 화장실에는 낙서가 빼곡히 적혀 있었다. 대학 화장실의 낙서는 당시 젊은이들의 사회에 대한 욕구불만을 해소할 수 있던 유일한 장소였다. 화장실 낙서를 모아 책으로 출판된 것만도 여러 권에 달했으니 말이다. 그러나 요즘은 대학 화장

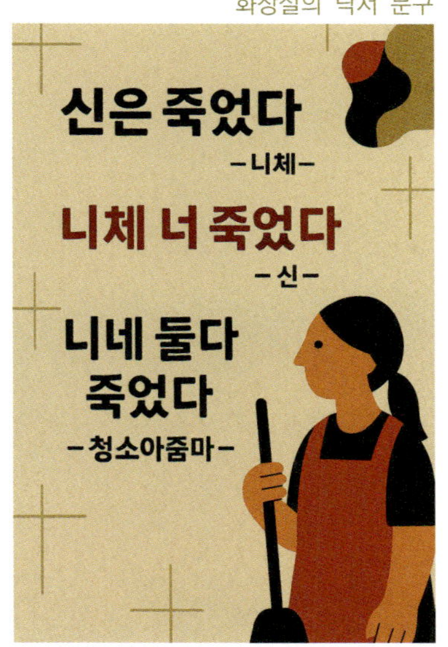

실에서 낙서를 찾아보기가 어렵다. 과거에 비해 젊은이들의 욕구불만이 완전히 사라져버린 것일까?

그 열쇠는 바로 인터넷이 쥐고 있다. 인터넷이 보급되면서 각종 게시판과 댓글 및 채팅 문화가 확산되고 일반화되자 욕구불만의 해소 장소가 화장실에서 인터넷으로 자리를 바꾸었을 뿐이다. 욕구불만을 토로할 수 있는 배설의 문화는 예나 지금이나 여전히 필요하며, 어쩌면 필요악인지도 모를 일이다. 여기에서는 상소리와 욕에 담긴 우리의 정서를 찾아보기로 한다.

욕에 담긴 정서

'욕바위'를 들어본 적 있는가? 강원도 원주 쪽으로 차를 타고 가다 보면, 문막으로 가다가 안창리를 지나 여주로 가는 길목에 능골이라는 골

원주시 안창리 욕바위

짜기가 나온다. 그곳에 일명 욕바위라는 커다란 바위가 하나 있다. 마을 사람들 말로는 예로부터 가슴 속에 응어리가 맺히거나 한이 맺힐 때면 이 바위를 찾아와 욕을 하던 곳이라고 했다. 그야말로 서민들의 원풀이를 하던 곳이니 욕바위는 요즘 말로 하면 스트레스를 해소하는 좋은 장소였던 셈이다.

이와 관련하여 한 가지 재미있는 실험이 있어 소개한다. 영국 키일대학교 심리학과 리처드 스티븐스 박사는 욕설이 고통스럽거나 극단적인 상황에 도움이 되는지 알아보기 위해 실험을 했다. 양동이에 얼음을 가득 채워 놓고 거기에 손을 넣고 얼마나 오래 버티는지 알아보는 실험이었다. 참가자들은 두 차례 실험에 참가했는데, 첫 실험에선 욕설을 사용하게 하고, 두 번째 실험에선 욕설은 금하고 정중한 말만 사용하게 했다. 실험 결과 참가자가 욕을 할 수 있을 때는 얼음 속의 고통을 잘 견뎌냈지만 욕설을 금하고 정중한 말을 사용하게 했더니 금방 고통스러워했다고 한다. 욕설이 주는 감정적 효과를 알 수 있는 실험이 아닌가(『BBC뉴스 코리아』 2021.05.12.).

가슴 속에 원한이 남으면 남을 증오하게 되고, 또 한을 지니면 스스로 괴로운 법이다. 이때 흔히 나타나는 행동이 욕(辱)과 화(火)이다. 욕을 하고 화를 내는 것은 그 자체로는 좋지 못한 행동이라 할지라도 때로는 원한을 줄이거나 그 응어리를 후련하게 씻어내리게 하는 특효가 있으니 반드시 나쁜 것만은 아니지 않은가. 다른 사람들에게 피해를 주지 않고도 원한을 자연스럽게 해소하는 방법을 터득했으니 조상들의 지혜가 남다르지 않은가.

이처럼 욕바위로 인해 응어리진 우리의 마음이 풀어질 수만 있다면 지금이라도 욕바위가 마을마다 하나씩 있어도 좋지 않겠는가. 어쩌면 각박하고 스트레스가 많은 현대인에게 이 욕바위가 더 절실히 필요한지도 모를 일이다.

그놈 참 밉게도 생겼다

　요즘은 지나가는 어린아이들을 보고도 함부로 '귀엽다, 예쁘다'는 말을 못하는 세상이 되었다. 학교에서도 낯선 사람이 말을 시켜면 경찰에 신고하라고 가르친다. 유괴범이 많은 세상에서 어쩔 수 없는 현실이지만, 그만큼 세상살이가 각박하고, 인심이 온데간데 없어졌다는 것을 실감할 수 있다. 그러나 수십 년 전까지만 해도 동네 어른들은 꼬마 아이를 보면 반가운 표정으로 다가와 어루만지며, "그놈 참 밉게도 생겼네!"하고 말을 건네던 시절이 있었다. 요즘은 남의 아이를 보고 밉게 생겼다고 하면 부모가 화를 낼 상황이지만, 당시에는 말하는 어른이나 듣는 부모나 한결같이 얼굴에 미소가 가득했으니 그 비밀은 무엇일까?

　우리 옛 풍속에서는 아이를 잡으러 다니는 귀신이 있었다고 믿었다. 그것도 예쁜 아이는 잡아가고 미운 아이는 잡아가지 않는다는 믿음 때문에 아이가 예뻐도 예쁘다는 말을 하지 못했다. 귀신이 시샘을 해서 잡아가지 못하도록 한 것이다. "아이고, 내 강아지!", "귀여운 내 새끼!", "우리 집 돼지들 잘도 먹는구나!" 이런 말들은 얼핏 보면 귀에 거슬리는 것 같지만 모두 그러한 풍속에서 나온 말이니, 자손에 대한 사랑의 표현이 아니고 무엇이랴. 자식 자랑은 팔불출이라는 말이 있다. 자기 자식을 남들에게 자랑한다는 것은 예의에 어긋난다는 말이다. 물론 요즘의 세태는 많이 달라졌다. 되도록 자식을 칭찬하고, 남들에게 자랑하고 뽐내려는 이가 넘쳐난다. 어쩌면 이것도 이기주의에 물들어 세상이 각박하기 때문에 달라진 문화가 아닌가 싶다.

　오늘의 부모들은 자식들에게 남을 배려하기보다는 남을 이기고 남 위에 군림해야 된다고 교육(?)하고 있다. 남보다는 나를 중요하기 생각하는 마음이 강하면 강할수록 마음의 여유는 사라지게 된다. 자신을 낮추고, 주위를 존중하라는 말은 어쩌면 이웃을 사랑하고 공동체를 먼저 생각하라는 의식이 깔려 있는지도 모른다. "그놈 참 밉게도 생겼다!"라는 말을 미소로 들을 수 있는 세상이 아쉽기만 하다.

상소리가 필요하다

욕바위의 이야기처럼 욕이 가슴 속의 원한을 풀어주고, 스트레스를 해소할 수 있는 좋은 방법이 될 수 있다면, 욕은 현대인에게 없어서는 안 될 필수조건이 될지도 모른다. 이게 무슨 뚱딴지 같은 소리인가 생각하는 사람도 있으리라. 욕을 하지 말라는 말을 들었어도, 되도록 욕을 하라는 말은 들어보지 못했을 것이기 때문이다. 그러나 정감 어린 욕쟁이 할머니 욕이 구수하게 들리는 이유는 무엇이며, 유머와 해학으로 가득찬 욕들이 가슴속 응어리를 말끔히 해소해주는 이유는 무엇일까?

몇 년 전 욕쟁이 할머니를 소재로 한 영화 『헬머니』(2015)는 그런 점에서 신선한 영화로 기억된다. 욕쟁이 할머니가 욕의 고수를 뽑는 서바이벌 오디션에 출전하면서 벌어지는 이야기를 담은 코미디 영화다. 주연을 맡은 배우 김수미는 "재미있는 욕은 무미건조한 삶을 풍성하게 만들고, 또 화와 분노에 찬 사람에게는 대리만족을 준다."고 하면서 삭막한 현대 사회에서 욕의 순기능을 강조하기도 했다. 이 대목에서 욕을 풍자와 해학의 소재로 삼은 김삿갓의 시가 떠오르는 것은 왜일까.

辱說某書堂(욕설모서당)

書堂乃早知 (서당내조지) 서당을 일찍부터 알고 와보니
房中皆尊物 (방중개존물) 방에 있는 것은 귀한 것들일세
生徒諸未十 (생도제미십) 학생은 다해야 열 명도 못 되고
先生來不謁 (선생내불알) 선생은 찾아와 보지도 않네

김삿갓이 어느 추운 겨울날 한 마을을 지날 적에 밤이 되어 서당에 가서 하룻밤을 청했다. 그런데 인심 사나운 훈장은 나그네를 문전박대하는 것이 아닌가. 김삿갓은 훈장에게 위와 같은 시 한 수를 남기고 홀연히 사라졌으니 김삿갓의 재치와 해학이 번득이는 절묘한 작품이 아닌가. 뜻은 서당의 풍경을 그린 것이지만 한자의 음으로만 들으면 욕설 같으니 말이다. 오늘날 현대인에게도 바로 이러한 해학과 재치가 필요한 것은 아닐까?

3. 각양각색의 욕

몽그라멱은 놈 : 막 굴러 먹은 놈
뒤여질 놈 : 죽을 놈
되싸질 놈 : 죽을 놈
벼락맞아 되갈리질 놈 : 벼락 맞아 죽을 놈
볼탁머릴 미러불카 : 따귀를 칠까
존동머리 후려불카 : 옆구리를 때릴까

위의 내용은 제주도 방언에서 사용되는 욕들이다. '뒤여질 놈'과 같이 우리가 짐작할 수 있는 말도 있지만 나머지 대부분은 쉽게 알 수 없는 말들로 되어 있는 것들이 더 많다. 어찌 보면 망측하기도 하지만 또 어찌 보면 앙증맞기까지 한 욕들을 찾아 하나씩하나씩 헤쳐보고 무슨 의미가 담겨 있는지 알아보자.

육시랄 놈!

"육시랄 놈!(육실할 놈)"은 조선시대의 5가지 형벌과 관계가 있는 욕이다. 5대 형벌은 1. 태형(笞刑)(작은 곤장으로 볼기를 치는 형벌), 2. 장형(杖刑)(곤장으로 볼기를 치는 형벌), 3. 도형(徒刑)(구금하여 강제 노역을 시킴), 4. 유형(流刑)(귀양을 보냄), 5. 사형(死刑)이 그것인데, 이 욕은 이 가운데 가장 극한 형벌인 사형을 의미하는 것이다. 사형에는 일반적으로 교수형과 참수형으로 다시 나뉘지만, 조선시대에는 이밖에도 여러 가지 방법이 있었다. "육실할놈"(육시를 당해 죽을 놈)의 '육시'도 바로 그 가운데 하나이다.

어원학자 조항범 교수에 따르면 그 해석은 두 가지가 가능한데, 예를 들어 '戮屍(육시)'일 경우는 죄가 후일에 밝혀졌을 때 죽은 자의 무덤을 파헤쳐 시체를 참수하거나 사지를 잘라버리는 능지처참(陵遲處斬)이나 부관참시(剖棺斬屍)를 말하는 것이고, 六弑(육시)로 해석한다면 네 마리나 다섯 마리의 말이 끄는 마차를 사지에 묶고 달리게 하여 사지를 다섯 토막이나 여섯 토막으로 찢어버리는 것을 의미하는 것이니 어느 쪽이라도 끔찍한 사형 방법이 아닐 수 없다.

이 때문에 이 형벌은 대역죄나 부모를 살해하는 것과 같은 패륜의 죄를 범한 사람들에게 행해졌다. 한 시대를 풍미했던 정승 한명회가 죽은 뒤 연산군에 의해

태형(笞刑)의 집행 모습

이 부관참시를 당했으니 연산군의 분노가 얼마나 컸던가를 짐작하고도 남는다. 따라서 "육실할놈"이라는 이 욕은 이렇듯 끔찍한 뜻을 담고 있는 욕으로 민심이 흉흉했던 시대에 많이 쓰이면서 지금에 이르고 있다.

염병할 놈(옘병할 놈)

'염병할 놈'은 '염병을 앓을 놈'이라는 뜻이다. 염병은 장티푸스 같은 전염병을 나타내는 말이니, '장티푸스를 앓을 놈'이라는 뜻으로 해석된다. 오늘날이야 예방 주사를 맞으면 장티푸스 같은 전염병은 쉽게 예방할 수 있기 때문에, 병에 대한 두려움이나 고통이 쉽게 연상되지 않지만 옛날에는 이 병을 앓다가 사망하는 경우가 비일비재했기 때문에 사람들에게 이 전염병은 공포의 대상이 아닐 수 없었다. 고열과 헛소리, 그리고 발진과 설사로 이어지며 고통스럽게 죽어가는 모습을 보며 옛사람들은 공포심을 느꼈을 것이다. 그리고, 이 병은 땀을 내야 낫는 병이기도 해서

“땀을 낼 놈”이라던가 “염병 앓다 땀도 못내고 죽을 놈”이라는 욕들이 파생되기도 했다. 과연 염병 앓다 땀도 못내고 죽는 고통이 어떤 것인지 알고 이런 욕이 생겼는지 자못 궁금하지 않을 수 없다.

물론 오늘날에는 이러한 욕의 참 의미를 알고 사용하는 경우도 많지 않을뿐더러 이 병에 대한 두려움도 없으니 욕쟁이 할머니가 간투사처럼 툭툭 내뱉는 “염병할 놈”이라는 욕말이 정겹게 받아들여질지도 모른다. 오늘날 사람들에게 더 공포심을 불러일으키는 병이 바로 “에이즈(AIDS)”라는 점을 생각해보면 어쩌면 조만간 “에이즈 걸릴 놈”이라는 욕말이 새롭게 생겨나지 않을까 생각해 본다. 말은 우리 삶의 모습을 고스란히 담고 있기 때문이다.

호랑이가 물어갈 놈!

우리 욕말에 ‘호랑이가 물어갈 놈’이라는 말이 있다. 얼마나 말을 안 듣고 미웠으면 호랑이가 물어가버리면 좋겠다고 생각했을까? 실제로 그 말을 듣고 호랑이가 와서 물어갈 가능성은 물론 하나도 없다. 그야말로 과장 그 자체다. 과장된 표현을 담은 욕들은 이밖에도 수없이 많다. “손주 제삿밥 받아먹을 때까지 살아라, 이 썩을 놈아!”, “육시랄, 모가지를 빼서 똥장군 마개로 박을 놈아!”, “똥물에 튀길 놈(년), 오줌에 절여서 똥에 말 년, 똥을 묻혀서 오줌에 튀길 놈”에 이르면 그 절정에 다다르게 된다.

이처럼 과장법과 강조법은 우리나라에서 별나게 발달했는데, 특히 욕말 가운데 ‘죽인다’는 말이 가장 흔히 쓰인다. 우리는 툭 하면 “죽일 놈”이라는 말을 별 생각없이 쓰지만, 문화가 다른 외국에서는 이 말이 매우 심각하게 받아들여질 수 있다는 사실은 깨닫지 못한다. 얼마 전 신문에

LA의 한인 동포 두 사람 이야기가 화제가 된 적이 있었다. 그들은 말싸움 끝에 "죽여버리겠다!"는 말을 했다가 경찰에 체포돼 5만달러씩의 보석금을 내고 겨우 풀려났으니 말이다. 별 생각없이 한 이 말이 영어로는 "I'll kill you!"로 해석되어 '살해 위협'이 있는 중벌로 다스려진 것이다.

어디 '죽인다'는 말에서 그치는가. 죽이되 그냥 죽이지 않고 때려 죽이고, 호랑이가 물어 죽이고, 간에 옴이 옮아 긁지도 못하고 죽고, 주리를 틀어 죽이며, 오살(五殺) 육시(六屍)를 해서 죽이니 '죽인다'는 욕말이 이처럼 발달한 나라는 찾아보기 어려울 것이다. 욕말이 가슴 속에 응어리를 배설한다는 효과가 없지 않고 정감 어린 구수한 욕말도 많지만, 저속한 성적 표현이나 상대방을 모욕하는 '육두문자'들이 더 발달(?)할 필요는 없지 않을까 생각한다.

생각거리·토론거리

1. 시인 이해인 수녀는 "관속에 들어가도 막말은 말라", "말이 고마우면 비지 사러 갔다가 두부 사 온다"는 속담을 의식적으로 자주 기억하면서 아무리 화가 나도 극단적인 막말을 하지 않도록 인내하는 연습을 한다고 한다.

    (1) 화가 나서 막말을 해본 경험이 있는가? 막말을 하고 후회한 적이 있는가?

    (2) 화를 참으며 막말을 피할 수 있는 자신만의 노하우가 있는가?

    (3) 요즘 유행하는 욕을 찾아서 그 생성 원인과 의미를 함께 토론해보자.

2. 욕은 보통 그 문화권에서 금기시하는 것을 소재로 삼는 경우가 많다고 한다. 이와 관련하여 다음의 물음에 답하라.

(1) 한, 중, 일 세 나라의 욕을 조사해 보자.

(2) 세 나라의 욕이 자신의 문화적 금기를 어떻게 깨고 있는지 알아보자.

(3) 욕의 사용 빈도와 다양성을 고려할 때, 욕이 그 나라 국민의 기질과 일정한 상관관계를 갖는다고 할 수 있을까?

3. 우리말에는 '간뎅이가 부었다', '쓸개 빠진 놈'이나 '지랄염병할 놈'처럼 신체나 병과 관련된 욕이 있다.

(1) 신체어와 관련된 욕을 더 찾아보자.

(2) 병과 관련된 욕을 더 찾아보자.

(3) 이들이 왜 욕이 되었는지 그 배경을 알아보자.

4. 욕은 그 시대의 문화와 사람들의 삶을 반영한다고 한다. 이와 관련하여 다음 질문에 답해보자.

(1) 만약 여러분이 지금 욕을 새로 만든다면 어떤 종류의 욕을 만들 수 있을까?

(2) 여러분이 만든 욕은 어떤 배경에서 만들어졌는지 말해보자.

(3) 자신이 만든 욕과 친구들의 욕을 비교해 보고, 욕의 순기능과 역기능에 대해 이야기해보자.

11

말에도 성차별이 있다고요?

차별된 말과 평등한 말

말에도 차별이 있다.

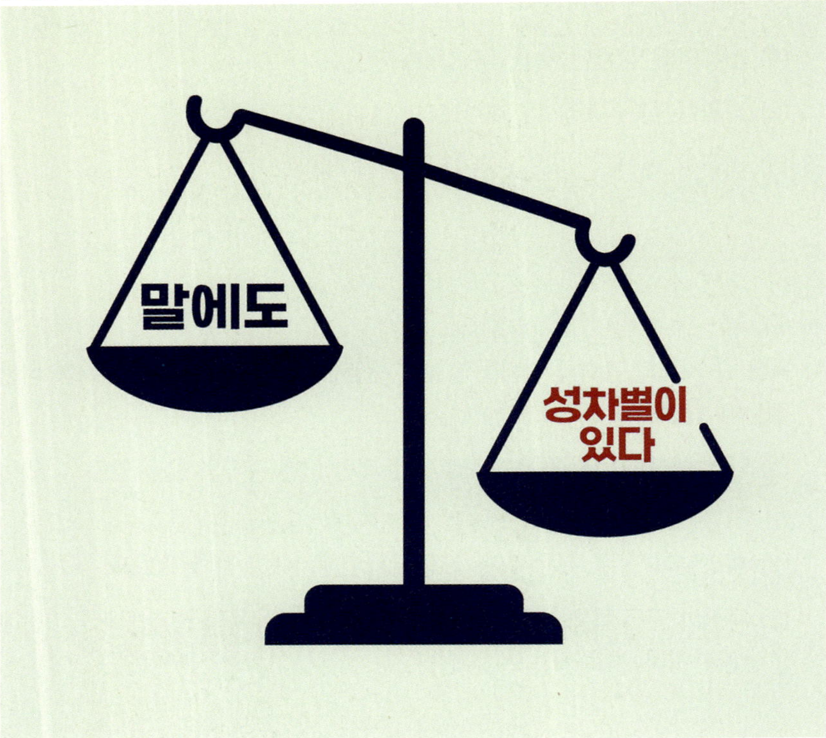

남성어와 여성어가 구별이 될까? 연령과 함께 성별이 언어 분화의 한 요인이라는 점은 전통적으로 많은 학자들에 의해서 주장되어 왔다. 세대 차이에 의한 언어 차이는 어느 사회에서나 일어날 수 있지만, 성별에 의한 언어 차이는 과연 어떨까? 어느 곳에서는 아주 미미하여 눈에 띄지 조차 않을 수도 있지만, 또 어느 곳에서는 그 차이가 뚜렷하여 누구나 그것을 느끼고 지적해 낼 수도 있다.

'미녀'라고 하면 여성을 가리키고, '미남'은 남성을 대상으로 하는 말이다. 그렇다면 '미인'이라는 말은 누구를 가리키는 말일까? '미인'의 단어적 의미는 '미인＝美＋人'이며, 그 뜻은 '아름다운 사람'의 중립적 의미를 갖는다. 따라서 단어적 의미로는 남성이나 여성 모두 '미인'의 대상이 되어야 하지만, 실제로는 남성보다는 여성을 가리키는 경우가 일반적이다. 멋진 남자를 보고 '미인'이라고 하지는 않기 때문이다. 그렇다면 이 것은 어떤 까닭일까?

또 '멋지다'라는 말은 남자에게도 사용하고 여자에게도 사용할 수 있는데(멋진 남자/멋진 여자), '예쁘다, 아름답다'라는 말은 여성에게만 사용하는 이유는 무엇일까? '예쁜 남자, 아름다운 남자'라는 말은 우리 사회적 통념상 잘 사용하지 않기 때문이다. 그렇다면 이러한 차이는 어디에서 오는 것일까? '예쁘다, 아름답다'는 여성어라고 할 수 있을까? 여성의 웃음소리는 '호호호'로 표현되지만, 남성의 웃음소리는 '하하하, 허허허' 등으로 표현되는 이유 또한 무엇 때문일까? 이 장에서는 우리 사회에 존재하는 말과 성의 상관성에 대해 알아보기로 하자.

미리 한번 생각해보자

1. 남자다운 말과 여자다운 말이 구분될 수 있을까?
2. '싱글남'이라는 말과 '싱글녀'라는 말 가운데 더 부정적인 의미로 해석되는 단어가 있는가? 만약 있다면 어떤 단어이며, 왜 이러한 차이가 생겼을까?
3. 신(God)은 남성일까 여성일까?

1. 성과 언어

다음 두 사람의 대화를 살펴보자.

여러분은 위의 대화에서 A와 B 중에 누가 남자인지 여자인지를 구분할 수 있는가? 만약 구분할 수 있다면 여러분은 현재 남성어와 여성어의 존재를 인식하고 있는 셈이다. 그렇다면 남성어와 여성어가 이렇게 다른 이유는 무엇일까? 그 사회의 통념과 문화 등이 이유가 아닐까? 사회마다 다르겠지만 남자와 여자의 사회적 역할을 좀더 뚜렷이 구별하는 사회일수록 성별 언어 차이가 더 잘 드러난다. 남자들은 아무런 제약 없이 말을 할 수 있는 반면, 여자들에게는 일정한 제약을 가하는 문화가 그것이다. 이러한 상황에서 자연스럽게 성별에 따른 언어 차이가 생기게 된 것이다.

말에도 성이 있나요

우리말에는 성(性: gender)을 나타내는 구체적인 표지가 없으며, 성에 따라 어휘가 달라지는 것도 그리 두드러지지 않는다. 물론 '형 / 누나, 오빠 / 언니' 등의 호칭어가 성별과 위치에 따라 달리 사용되거나, 인칭대명사의 경우 '그'와 '그녀'라는 구분이 있기는 하다. '그녀'라는 단어도 개화기 때 만들어진 단어라고 하니 그 이전에는 남녀를 구분하는 인칭대명사가 없었다고 할 수 있다.

그러나 인구어 가운데는 성에 따라 단어의 형태가 달라지는 말들이 상당히 많다. 인도유럽어족이나 셈어족 등의 굴절어에서는 성을 나타내는 표지를 흔히 볼 수 있다. 예를 들어 그리스어, 라틴어, 러시아어, 독일어 등은 남성, 여성, 중성의 3성으로 구분되어 있고, 프랑스어, 스페인어 등의 로망스어와 아랍어 등은 남성과 여성의 2성으로 구별된다. 아랍어의 'kataba'(쓰다, 書: 3인칭 단수)는 남성형이며 여기에 't'를 덧붙이면 'katabat'라는 여성형이 만들어진다. 또한 러시아어의 경우 'znal'(알다: 3인칭 단수)이 남성형이고 여기에 'la'가 덧붙으면 'znala'(여성형)가 되고, 'o'가 덧붙으면 'znalo'(중성형)가 된다.

이처럼 성에 따라 언어의 형태가 달라지는 경우에도, 언어의 성과 실제의 성이 반드시 일치하지는 않는 것 같다. 예를 들어 현대독일어의 'mädchen'(소녀)은 여성형이 아닌 중성형이며, 고대영어에서는 여자를 나타내는 'wifmann'이 남성형이었다고 하니 말이다. 그러나 대부분 남성형이 기본이고 여성형은 남성형에 무엇인가를 덧붙여 만들어진다는 측면을 생각하면 여기서도 남성 위주의 언어관을 엿볼 수 있다. 중심은 항상 남성이었던 셈이다.

남성의 권위주의와 남성어

‘여교수’라는 말은 있어도 ‘남교수’라는 말은 없다. ‘여기자’라는 말은 자연스럽지만 ‘남기자’라는 말은 없고, ‘여의사’는 있지만 ‘남의사’는 없지 않은가. ‘여자대학교’는 또 어떤가. ‘남자대학교’라는 말이 사용되지 않는 것을 보면 흥미롭기 그지없다. 왜 이러한 비대칭 현상이 일어나는 것일까? 그러나 어휘 앞에 ‘여’라는 말을 붙여서 만든 어휘들을 가만 들여다보면 그 어휘에서 ‘여’를 빼버리면 그것이 바로 ‘남자’를 뜻한다는 것을 쉽게 알 수 있다.

이 말은 두 가지 중요한 의미를 함축하고 있는데, 하나는 ‘여 + 명사’의 어휘가 나중에 생겼다는 것을 말하고, 다른 하나는 ‘여’가 붙기 전의 원래 어휘가 기본이며 그것이 남성을 가리킨다는 점이다. 즉, 과거 ‘의사’는 모두 남자였으므로 굳이 ‘남의사’라는 말을 붙일 필요가 없었고, ‘기자’나 ‘교수’, ‘군인’도 그 자체로 남자라는 의미를 내포하고 있었던 셈이다. 언어가 사회적 산물이라는 점을 고려할 때 사회는 남성 중심으로 이루어졌다는 점을 쉽게 알 수 있다.

이러한 현상은 비단 우리말에만 국한되는 것은 아니다. 영어의 she가 he에서 나왔고, princess는 prince에서 나왔으며, actress는 actor에서 나온 것이다. 또 여신을 의미하는 말 Godness는 God에서 나왔으니 그러고 보면 서양의 신 God는 자연스럽게 남성이 되는 것이 아닌가.

남성어와 여성어

‘여기자’나 ‘princess’처럼 단어를 만들 때 남성어와 여성어를 구분하는 예도 많지만, 다른 언어 표현에서도 남성과 여성을 구분하는 경우가 많다. 예를 들어 인칭대명사를 사용할 때도 남녀의 차이가 나타난다. everyone, someone, person, student와 같은 성 중립적 명사를 가리키는 대명사로 남성대명사 he를 사용해야 하는 것이 전통문법의 규칙이다.

"Every student must do <u>his</u> home work hard."

위 문장에서 알 있듯이 주어가 'every student(모든 학생)'인데 대명사는 남성형 'his'만을 써야 한다. 그렇다면 한 문장에 남녀가 섞여 있을 경우는 어떨까? 예상대로 이를 대표하는 대명사도 3인칭 대명사 he를 사용한다. she는 선행사가 여성일 때만 사용한다. 프랑스어에서도 비슷한 사례가 있다. 문장에서 등장인물 모두가 남성일 때는 남성 복수형을 쓰고, 모두가 여성일 때는 여성 복수형을 쓰지만, 여자 백 명 중 남자가 한 명이라도 끼어 있으면 남성 복수형을 써야 한다.

nos petit<u>s</u> ami<u>s</u> '우리 꼬마 친구들'(남성 또는 혼성일 때)
nos petit<u>es</u> ami<u>es</u> (여성일 때)

히브리어에서도 남성과 여성에 따라 동사의 어미변형이 달라진다. 남성형이 무표형으로 기본이고 여기에 접미사를 덧붙여 여성형을 만든다. (I write : /ani kotɛv/ 남성화법, /ani kotɛvɛt/ 여성화법). 우리말에서도 비슷한 현상이 나타난다. "자식이 많다", "기독인의 형제애" 등에서의 '자식, 형제'는 남녀를 다 포함함에도 불구하고 남성 중심의 어휘를 사용하지만, 여식(女息), 자매(姉妹)는 오직 여자만을 가리킨다는 점에서 국어도 다르지 않음을 알 수 있다.

2. 언어 차별은 언제부터 생겼을까?

"인형 놀이는 무슨 / 사내 대장부는 그럼 못써! / 애써 울음 참는 내 동생…(중략)… 말 따로 마음 따로 / 두 얼굴의 우리 엄마 / 앞치마 두른 아빠는 / 좋아하시면서"

이 시는 중학교 2학년 국어 교과서 176쪽 '삶과 향기' 단원에 실려 있는 '두 얼굴'이란 시의 일부분이다. 이 시는 대전의 초등학교 5학년 학생이 지은 것으로, 여성특별위원회가 전국 초·중·고·대학생을 대상으로 '남녀평등'을 주제로 연 글짓기 대회에서 장려상을 탔던 작품이라고 한다. 자녀들에게 남자다움과 여자다움을 가르치면서 정작 아빠가 앞치마를 두르고 부엌 일을 도와줄 땐 좋아하는 엄마의 이중성을 초등학생의 시각으로 잘 포착한 작품이라는 평가를 받았다. 초등학생 눈으로 바라본 남녀 불평등의 현실을 솔직하게 표현한 것이다.

그러나 이것이 어찌 비단 한 가정만의 일이겠는가. 우리 사회에 만연된 남녀 불평등의 사회 현상이 아닐 수 없다. "상을 타고도 유치한 시라고 여겼는데 교과서에 실렸다는 소식을 전해 듣고 무척 기분이 좋았다."는 학생은 "남자다움과 여자다움을 강조하는 것이 남녀 불평등의 시작"이라고 말했다고 한다. 아마도 이 학생이 사회의 주역이 될 때쯤이면 남녀불평등도 그리고 언어의 불평등도 말끔히 사라지지 않을까.

속담에 나타난 성차별

우리나라에는 "여자가 셋이 모이면 접시가 깨진다."거나 "암탉이 울면 집안이 망한다.”는 속담이 있다. “여자가 시집오면 벙어리 3년, 귀머거리 3년”을 겪어야 한다는 말도 여성들의 사회적, 가족적 제약을 의미하는 것이 아니고 무엇이겠는가. “여자는 제 고을 장날을 몰라야 팔자가 좋다.”는 말에서도 여성의 사회 참여는 철저히 배제되고, 또 그렇게 하는 것이 ‘팔자에 좋다’고 했으니, 그런 제약을 잘 지키는 것이 여성의 최고 미덕으로 간주되었던 것이다.

이러한 여성의 사회적 제약이 어디 우리나라뿐일까? “침묵하는 여성이 지껄이는 여성보다 훨씬 낫다.”는 이탈리아 속담이 있고, “남성은 말하지만 여성은 쫑알거린다.”는 스페인 속담도 있다. 또 러시아 속담에는 “여성은 긴 머리카락과 그것보다 긴 혀를 가진 동물이다.”는 말이 있으며, 페르시아 속담에 “현명한 여성은 할 말은 많지만 침묵할 줄 아는 여성이다.”는 말도 있다. 모두 사회적으로 여성의 말을 제약하고 있다는 것을 알 수 있다. 이 어찌 말뿐이겠는가.

이러한 사회, 문화적 배경 속에서 여성들은 웃음도 들릴락 말락 웃어야 했고, 또 웃을 때도 이가 드러나지 않도록 손으로 가리면서 웃어야 했다. 여성 웃음소리의 전형이 “호호”인 것만 보아도 잘 알 수 있다. 남성의 웃음소리는 “허허, 껄껄”처럼 크고 호탕하다는 점과 비교해도 참 대조적이다. 또한 ‘배시시’나 ‘생긋’과 같은 의태어에서도, “어마나, 엄마야!, 에그머니나, 어쩜, 아이참”과 같은 간투사들도 여성어의 특성을 잘 알 수 있는 대목이다. 요즘 SNS를 보면 남녀를 막론하고 “크크, ㅋㅋㅋ”라는 표현을 쓰는데, 이 또한 남녀평등의 반영이 아닐까 생각해 본다.

여성어는 차별을 받았다

앞에서 ‘여기자’는 있어도 ‘남기자’라는 말은 없다고 했고, Godness도

God에 ness를 붙여 만들어진 말이니 여성어는 그야말로 덤으로 생긴 언어라는 점을 말했다. 어디 이뿐인가? 여자는 미혼(Miss)과 기혼(Mrs)을 구별해 부르면서도 남자는 결혼을 했건 하지 않았건 항상 Mr.라는 호칭을 쓰고 있지 않은가? 전 미국 대통령 클린턴은 기혼자이지만 호칭은 늘 "Mr. Clinton"이 아니던가!

영어의 man이 '남자'라는 뜻 말고도 '인간'이라는 더 넓은 뜻이 있다는 사실은 모든 사람들이 알고 있는 상식이다. 그러고 보니 'woman'도 man에 무언가 붙어서 생긴 것임에 틀림없다. 명사가 결합한 합성어를 보면 이러한 현상이 좀더 명확하게 드러난다. <u>man</u>kind '인류', chair<u>man</u> '과장·의장', fresh<u>man</u> '일학년생' 등을 보아도 신입생이 여자든 남자든, 의장이 남자든 여자든 항상 man이 붙어 있으니 말이다. 남성의 권위와 남성 중심 사회가 낳은 결과가 아니고 그 무엇이겠는가.

일본의 에도시대에는 여성들이 말을 떠듬떠듬거리는 것이 미덕으로 여겨졌다고 한다. 여성은 말을 되도록 하지 말고, 하더라도 어눌하게 떠듬떠듬하고 끝까지 끝맺지 않는 것이 미덕이 되었으니 얼마나 사회적으로 여성에게 제약이 심했는가를 알 수 있다. 또한 일본어에 공손형 호칭 어미로 '-san'이 있는데 좀더 친근한 관계에서는 '-kun'을 쓰기도 한다. 그런데 남자는 'Sujishi-san / Sujishi-kun'을 둘 다 사용할 수 있지만 여성은 공손형이든 친근형이든 모두 'Sujishi-san'만을 써야 한다. 비공식적이고 친근한 호칭이 여성에게는 허용되지 않는 것이다. 언어 또한 남성 중심 사회가 만들어낸 결과물이었다.

신사숙녀와 년놈

"Lady and gentleman!"을 우리말로 번역하면 "신사 숙녀 여러분!"이 된다. 두 말을 비교해보면 동서양의 여성관을 엿볼 수 있어 흥미롭기 그지없다. '숙녀'를 앞세운 서양은 "Lady first!"라는 말을 실천이라도 하듯이 'lady'를 앞세우고 있다. 차를 탈 때도 여성 먼저, 식당에서 의자에 앉을 때도 여성이 먼저라고 한다. 여성의 권위를 존중하고 여성 상위 시대를 여실히 보여주는 듯하다. 그에 비하면 '신사'를 앞세우는 우리는 아직도 남성 위주의 사회를 보여주고 있는 것은 아닐까?

모든 자리에서 '여성'을 배려하기보다는 연장자를 배려하는 관습이 아직도 짙게 남아 있다. 서양이 평등을 강조한다면 동양은 장유유서와 효가 더 강조되고 있는 것은 아닌가 생각해 본다. 그러나 우리말에도 여성이 앞서는 경우가 있는데, 그것이 바로 '년놈'이라는 말이다. "년놈이 다 똑 같애!", "저 년놈들을 모두 하옥시켜라!"하는 속된 표현에서는 늘 남성보다 여성을 앞세우고 있다. 좋지 못한 일에 대해서는 여성을 앞세우고 있으니 철저한 남성 중심의 시각이 아닐 수 없다.

동서양의 여성에 대한 입장이 이처럼 다르게 보이지만 서양의 여성 배려의 입장도 조금만 더 깊이 보면 남성 우월주의에서 나온 것임을 알 수 있다. 여성을 배려하고 존중할 수 있는 것은 여성이 존중의 대상이기 때문이기도 하겠지만 그보다는 바로 남성이 '신사 gentleman'이기 때문에 그러한 행동을 한다는 생각이 깔려 있지는 않은지 다시 한번 생각해 봐야 할 것이다.

3. 성 평등과 언어 평등

21세기를 살아가는 오늘날, 세간의 이목을 끄는 문제 가운데 성소수자(性少數者 sexual minority)가 있다. 과거에는 사회적으로 죄악시되거나 따돌림을 받았으나 이제는 어엿한 사회 구성원으로 인정해야 한다는 분위기가 무르익고 있다. 남성과 여성의 이분법적 사고를 지양하고 성을 다양한 시각에서 바라보자는 움직임인 듯하다. 그 가운데 트랜스젠더 즉 성전환자는 더욱 언론의 주목을 받는다. 몇 년 전 미성년 자녀를 둔 성전환자가 더는 결혼 상태를 유지하고 있지 않다면 가족관계등록부에 기재된 성별을 정정할 수 있다는 대법원 판결이 나온 것도 이러한 분위기를 말해주고 있다(『한겨레』 2022.11.24.).

그런데 언어에도 이와 비슷한 성전환(?) 현상이 보인다. 다름 아니라 여성어는 점차 남성어화하고 남성어는 점차 여성어화되는 현상을 어렵지 않게 볼 수 있기 때문이다. 그동안 남존여비 사상으로 말미암아 여성들을 차별하는 말이 많이 쓰여 왔던 것이 사실이다. "여자가 담배를 피워?", "여자가 술을 마시니?", "여자가 밤늦게 다니면 안 된다." 등처럼 "아니, 여자가~"와 같은 표현이 많았다.

그러나 오늘날 여성의 지위가 향상되고 성평등 사회가 구현되면서 여성 차별언어는 점차 사라지고, 그 대신 반작용으로 남성 차별언어가 생겨나고 있는 듯하다. "남자가 이것도 못해?", "남자가 쫀쫀하게 왜 그래.", "남자가 왜 그렇게 빌빌거려.", "남자가 왜 그리 말이 많아." 등등. 앞으로 얼마나 많은 남성 차별어가 생길지 모를 일이다.

하느님은 남성인가 여성인가

얼마 전 미국에서는 과연 신(神:God)이 남성인가 여성인가 하는 격렬한 논쟁이 벌어진 적이 있다. 그 논쟁 이후 미국의 어느 교과서에서는 신이 반드시 남성일 이유가 없다면서 성경에 나오는 '하나님'이나 '예수' 등을 남성이 아닌 '중성'으로 번역하여 신선한 충격을 던졌다. 이에 따라 "하늘에 계신 우리 아버지(Our father who is in heaven)"로 시작하는 그 유명한 주기도문의 첫 구절도 이제는 '우리 어버이'(Our parent), 또는 '우리의 창조주'(Our Creator)로 번역하게 되었으니 말이다. 하기야 하나님을 머리가 희고 수염이 덥수룩한 할아버지쯤으로 생각하고 있던 막연한 가정도 남성 위주의 고정관념이지 않을까.

최근 한 언론에 보도된 직장인의 성에 대한 고정관념이 화제였다. 홍보물을 대상으로 한 조사에서 여전히 남녀에 대한 편견과 고정관념이 우리 사회 곳곳에 그대로 남아 있음이 드러났다. '남성은 회사 중역 또는 정보통신·과학분야 전문가로, 여성은 서비스업이나 회사의 비서'로 그려지거나 '여성은 돌봄·가사 담당자, 남성은 경제적 부양자'로 가족 역할이 고정되거나, '여성은 긴 머리에 짧은 치마, 남성은 넥타이에 셔츠 복장'으로 표현해 여성다움과 남성다움의 구분이 이루어졌기 때문이다.(『경향신문』 2019.11.24.)

아프리카 사람들은 산타할아버지가 흑인일 것이라고 생각한다는데, 우리는 늘 백인 할아버지를 떠올렸으니 그 또한 고정관념의 결과가 아닐까 생각해 본다. 고정관념을 깨는 일, 그것이 언어평등의 시작이 아닐까?

여성의 참정권과 언어 평등

미국 역사상 두 번째 여성 대법관이었던 '루스 베이더 긴즈버그(Ruth Bader Ginsburg)'는 "여성에게 특혜를 달라는 말이 아니다. 다만, 우리 목을 밟은 발을 치워달라는 것뿐이다."라는 유명한 말을 남겼다. 남성 중심 사회의 관습을 치우고 여성을 우대하라는 것이 아니라 여성을 남성과 평등하게만 대해 달라는 말이었다. 긴즈버그를 소재로 만든 영화 『세상을 바꾼 변호인』(2019)과 그녀의 다큐 영화 『루스베이더 긴즈버그: 나는 반대한다』(2018)도 시간 날 때 한 번쯤 보면 어떨까?

언어가 탄생하고 발전하는 역사 속에서 여성의 역할은 주목받지 못했고 여성은 많은 문화적 형태뿐 아니라 그런 형태를 연구하는 학문 분야에서도 제외된 것이 사실이다(Spender 1980). 특히 성 고정관념은 성별에 따른 신체적, 심리적 또는 사회적 특성을 마치 그것이 뚜렷한 사실인 것처럼 착각하면서 남자와 여자의 역할을 획일적으로 구분해 버렸다. 물론 주로 긍정적인 것은 남성으로, 부정적인 것은 여성의 속성으로 간주되었다(Broverman 1972).

그런데 남성 중심의 기나긴 인류의 역사를 돌이켜보면 어쩌면 이러한 고정관념의 형성이 자연스러운 것으로 이해될 수도 있다. 세계 최초로 여성에게 참정권이 주어진 것은 1893년 9월 19일 뉴질랜드에서였다. 지금으로부터 132년 전에 불과하기 때문이다.

성 고정관념에 대한 흥미로운 이야기를 소개해 본다. "신랑이 퇴근하고 애기 봐준다고 해서 난생처음 혼자 영화 보러 갔어요! 이런 게 호강인가 봐요 ㅎㅎ" 얼마 전 신문에 난 육아 관련 기사다. 여기에 '부러워요'라는 댓글이 많이 달리기도 했지만, 아빠의 육아를 '특별한 호의'로 받아들여야 하는가 하는 의문을 제기하기도 했다(『오마이뉴스』 2025.03.08.). 이와 관련하여 한 연구팀은 매우 흥미로운 결과를 발표했다. '아빠가 애 봐준다'는 표현을 자주 접한 그룹과 '아빠가 육아한다'는 표현을 접한 그룹의 차이를 비교한 실험이었다. 놀랍게도 전자의 아빠들은 후자에 비해 시간이 갈수록 육아 참여도가 떨어졌다는 것이다. 호의나 배려의 시각으로 육아를 접근한 그룹보다는 마땅히 해야 할 일이라고 생각한 그룹의 아빠들이 지속적인 육아를 자연스럽게 받아들인 것이 아닐까. 성평등 사회를 위해 참조할 만한 이야기가 아닌가 싶다.

he와 she, 그와 그녀

미국의 어느 여성잡지 편집자는 남성과 여성을 가리키는 인칭대명사 he와 she 이외에 제3의 인칭대명사를 만들자고 제안해 화제를 낳았다. 그녀가 제안한 단어는 바로 'te'인데, 이 대명사로 선행명사가 남성인지 여성인지 불분명할 경우 사용하자는 것이다. 너무 지나치다는 비판도 있었으나 여성계에서는 설득력 있는 제안이라고 옹호하고 나섰다고 하니, 앞으로 언어에 있어서도 남녀평등의 시도가 꾸준히 이루어질 것으로 예상된다.

이러한 분위기에 맞춰 요즘은 doctor, teacher를 대명사로 사용할 때 'they'를 쓰거나, policeman을 police officer로 고쳐 부르고 chairman 대신 chairperson을 쓰려고 한다. 또한 남성과는 달리 여성의 경우만 결혼 전후 타이틀을 구분했었는데(Miss, Mrs) 이것을 Ms라는 단어로 통칭하여 부르자는 시도도 활발히 전개되고 있다. 또한 스페인어에서는 2010년대 말부터 성중립적 언어운동에 일어나 기존에 -o로 끝나던 남성 명사와 -a로 끝나던 여성명사 대신, 모든 명사에 중립적 접사 -e를 사용하자는 움직임도 있다.

최근 영어권에서 이메일 하단에 'she / her / hers'라는 '성별 인칭대명사(Gender pronoun)'를 표시하는 움직임도 성차별에 항거하는 행동이라고 본다. 보통 이메일 하단에는 자신의 이름과 직책, 전화번호 등이 적혀 있는데 여기에 성별 인칭대명사를 추가한 것이다. 예를 들어 민주당의 한 상원의원은 자신의 트위터에 'she / hers'라는 표시를 포함시켰으며, 어떤 뉴욕시장도 트위터에 'he / him'이라고 인칭대명사를 밝혔고, 어떤 가수는 자신을 중성 인칭대명사인 'they / their / theirs'로 지칭해줄 것을 부탁했다고 한다.

금융업계에서도 이런 추세를 반영해서 자신의 성적 정체성에 맞게 불

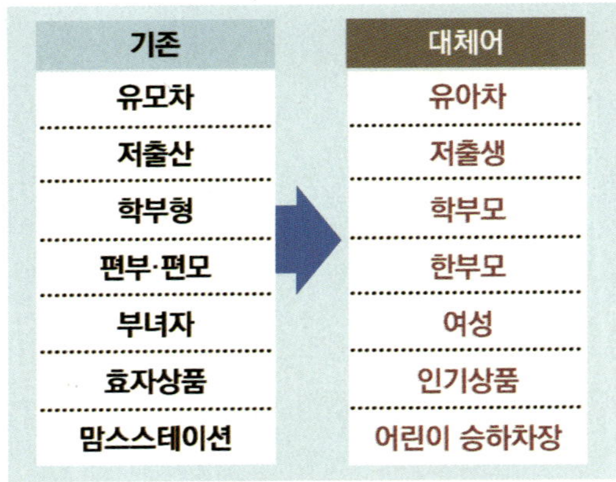

서울시가 2022년 한글날에 발표한 성평등 언어사전

리도록 본인이 희망하는 인칭대명사를 사내 전화번호부에 기재하기로 했다. 뉴욕, 캘리포니아, 오레곤 등에서는 운전면허증에도 남성과 여성 외에 제3의 성을 기록할 수 있도록 허용했다고 하니(『이코노믹리뷰』 2020.11.21.) 이제 남성과 여성의 이분법적 고정관념이 하나둘씩 허물어지고 있는 것이 아닐까.

언어의 성차별에 대한 노력은 우리나라라고 예외는 아니다. 그동안 우리나라에서도 언어의 평등을 위해 정부는 물론 각 지자체와 시민사회를 중심으로 다각도의 노력이 진행되어 왔다. 서울시가 공개한 '서울시 성평등 언어사전'에 따르면 일상 속에서 흔히 사용하는 말 중에 차별적 의미가 담기거나 오해를 불러일으킬 만한 어감이 담긴 단어를 대체 단어로 바꿔 쓸 것을 제안했다. '유모차'를 '유아차'로 바꾸고, '학부형'을 '학부모'로 바꾸며, 단어에 붙는 '여-'자를 삭제하려는 노력이 일어나고 있다. 자발적인 시민의 아이디어와 제안으로 성평등 언어사전이 만들어졌다는 점에서 더욱 의의가 크다고 하겠다. (『동아일보』 2022.10.06.)

생각거리·토론거리

1. 다음의 공익광고 〈어느 것이 여자의 뇌입니까?〉에는 이러한 설명이 덧붙여 있다.

   > "남자와 여자, 우리는 모두 똑같은 가능성을 가지고 태어났습니다. 그런데 잘못된 선입견, 불평등한 기회가 어느 한쪽의 가능성을 제한하고 있는 것은 아닐까요? 서로가 서로에게 힘이 될 수 있는 사회, 평등한 생각이 우리를 더 강하게 합니다."

   (1) 이 광고에서 말한 우리 주위에 "잘못된 선입견, 불평등한 기회"가 여전히 존재하고 있는지, 존재한다면 그것은 무엇인지 이야기해 보자.

   (2) 이 광고에서 말한 대로 "서로가 서로에게 힘이 될 수 있는 사회, 평등한 생각이 우리를 더 강하게 하는" 사회를 만들기 위해 우리가 할 수 있는 것은 무엇이 있을지 구체적으로 이야기해 보자.

2. 언어학자 트루질(Trudgill)의 책 『사회언어학: Sociolinguistics』(1983)에는 아프리카 탄자니아에서 벌어지는 부부싸움에 대한 에피소드가 등장한다. 탄자니아는 나라의 공식적인 언어로 스와힐리어를 쓰고 영어를 공용어로 쓰고 있는데, 보통 남편들은 스와힐리어를 사용하는데 반해 부인들은 주로 영어를 사용해서 부부간에 언어적 갈등이 생긴다는 것이다(전혜영, 2004).

   (1) 탄자니아에서 부부간 언어적 갈등이 생기는 이유에 대해 어떤 이는 남편은 전통적인 가치를 고집하지만, 아내는 새로운 문화를 선호하기 때문이라는 주장이 있는데 이에 대해 어떻게 생각하는가?

   (2) 또 남편에 비해 부인들이 공용어인 영어를 지향하는 것은 여성들이 남녀불평등 사회에 대한 거부와 항거의 의지가 표현된 것이라고 해석하는 사람도 있는데 이에 대해서는 어떻게 생각하는가?

(3) 지방에서 서울로 유학 온 남학생은 사투리를 유지하는 반면, 여학생은
이른 시간에 서울말로 바뀌기도 하는데, 이것은 단순히 언어능력의 차이
일까 아니면 다른 까닭이 있을까?

3. 아래 남녀의 〈대화 1〉〈대화 2〉를 보고 주어진 문제를 생각해 보라.

〈대화 1〉

남 : 안녕하세요? 응급실에는 어떻게 오셨습니까?

여 : 담낭 때문에요.

남 : 그게 아니라 어디가 아픈지 말해봐요.

여 : 제 이모도 똑같은 문제가 있었어요. 이모도 담낭 때문에.

남 : 부인, 저는 당신 이모에 대해서 얘길 듣고자 하는 게 아닙니다. 제가 부인을
도와드리려면 제 질문에 답변하셔야 돼요. 통증이 어느 부위에 있고 언제부
터 시작됐고, 얼마나 지속되는지, 그것 말고는 도움이 될 만한 것은 다 말해
주세요. 그래야 어디가 잘못됐는지 제가 찾아낼 수 있어요.

여 : 뭐가 잘못됐는지 다 얘기해 드렸잖아요. 내 담낭 때문이라고요. 제 이모 ……

남 : 이모 얘기는 필요가 없어요! 제발 협조해 주세요! 환자가 당신 한 사람만이
아니라고요! 아시겠어요?

〈대화 2〉

여 : 네 비서가 오늘 아침 나한테 무척 화가 나 있더구나!

남 : 어머니, 괜한 생각이세요. 제 비서는 어머니를 알지도 못한다구요.

여 : 내가 너 좀 바꿔달라고 전화를 했을 때, 화가 나 있던 걸. 목소리를 들어보면
알 수 있어. 그리고 그 여자는 내가 너한테 얘기하는 것도 싫어하는 것 같애.
몇 번이나 이야기해야 했어.

남 : 어머니, 제발 저를 좀 믿으세요. 제 비서는 어머니한테 화 안 냈어요.
어머니한테 화낼 일이 없어요. 왜 그런 정신나간 생각을 하고 그러세요?

여 : 그래, 내가 늙긴 늙었다마는 – 그렇다고 내가 노망든 건 아냐!

남 : 어머니, 누가 노망들었대요, 아무도 그런 소리 한 사람 없어요!
　　　점심시간에 저 만나고 싶으신 거예요, 아니에요?

여 : 정신나간 생각이라고 했니? 정신나간 생각?

남 : 말이 그렇다는 거지요. 정말 그런 뜻은 아니라구요!

여 : 그래, 정말로 뜻하는 건 뭐냐, 그럼?
　　　(하략)

(1) 〈대화 1〉과 〈대화 2〉에서는 화자들이 바람직한 대화를 이끌어 나가지 못하고 있다. 대화를 분석해 볼 때 문제점은 무엇이라고 생각하는가.

(2) 위의 대화에 나타난 여성의 말투는 일반적으로 여성 대화체의 특징을 보여주고 있다고 생각하는가? 찬반에 대한 입장을 분명히 하고 그 근거를 찾아보라.

4. 2023년 한 연구팀이 '부모 역할에 대한 언어적 프레이밍 효과'를 조사했다. 연구결과는 매우 흥미로웠다. '아빠가 애 봐준다'는 표현을 자주 접한 그룹과 '아빠가 육아한다'는 표현을 접한 그룹의 차이를 비교했더니, 놀랍게도 전자의 아빠들은 시간이 갈수록 육아 참여도가 떨어졌다(『오마이뉴스』 2025.03.08.).

(1) 왜 이러한 결과가 나왔을까?

(2) 다음의 예를 참조하여 언어 표현을 양성평등의 관점에서 새롭게 바꿔보자.
　　　(예) '아빠가 애 봐준대' → '오늘은 아빠와 아이의 시간이야'
　　　　　'아빠 육아 휴직? 멋진데!' →
　　　　　'남편이 요리를 정말 잘해, 운이 좋네' →
　　　　　'아빠가 애를 데리고 가네, 엄마 오늘 쉬는 날이야?' →

(3) 부모의 역할 이외에 '언어적 프레이밍 효과'가 나타나는 다른 예를 찾아보자.

말도 수입하고
수출을 한다고요?

들온 말과 나간 말

빵을 외래어라고 생각하는 사람은 그다지 많지 않은 듯하다. 그러나 빵은 우리 고유어가 아니라 포르투갈어인 '팡(Pao)'이 일본을 거쳐 우리나라에 들어온 외래말이다. 가족과 함께 스페인을 여행한 적이 있었다.

고대 이집트 파라오 람세스 3세 무덤 벽화에 나오는 빵 제조 과정 일러스트

그때 식당에서 웨이터가 빵을 '빵'이라고 하자 유치원생 딸아이가 큰 소리로 웃으며 "빵이 빵이네!"하고 외치던 생각이 난다. 프랑스어로는 '뺑(Pain)'이니 포루투갈어나 스페인어 그리고 프랑스어가 과거에는 한 가족이었음을 쉽게 짐작할 수 있다. Pain, Pan, Pao에 해당하는 그리스어는 Pa, 라틴어는 Panis이니 그 역사를 어렴풋이 알 수 있다.

빵의 역사는 6000년 전으로 거슬러 올라간다. 성경에 '사람은 빵으로만 살 수 없다'라고 쓰여 있는 것을 보면 빵은 성서가 쓰이기 전부터 존재하였음을 알 수 있다. 인류의 문화가 수렵생활에서 농경, 목축생활로 옮아가면서 빵의 식문화가 생겨났다. 초기에 인류는 곡식으로 미음을 끓여 먹었다. 이것이 죽 → 납작한 무발효빵 → 발효빵으로 발전해 온 것이다. 그리고 문물교류가 이루어지면서 빵은 자연스럽게 널리 퍼져나간다. 문물이 퍼져나갈 때 문물의 명칭도 자연스레 따라가게 되는데, 외래어란 이러한 경로로 자연스럽게 생기는 부산물인 셈이다.

김치와 비빔밥이, 태권도의 구령 소리가 국경을 넘어 세계로 수출되는 것도 우리 문물과 문화가 세상에 보급되면서 생겨난 일이다. 이 장에서는 문물의 유입 역사와 그에 따른 외래어의 관계를 살펴보고, 이를 통해 세계화 시대에 한국어와 한국문화를 계승하고 발전시킬 수 있는 길이 무엇인지도 함께 생각해 보기로 한다.

미리 한번 생각해보자

- 제일 먼저 떠오르는 외래어를 3개만 말해본다면?
- 외래어 가운데 어느 나라에서 온 말이 제일 많을까?
- 외국으로 수출된 우리말은 어떤 것들이 있을까?

1. 최초의 외래문물은 무엇이었을까?

　'실크로드(silk road)'는 비단길이라는 뜻으로, 이 말은 동방에서 서방으로 간 대표적 상품이 중국산 비단이었던 데에서 유래한다. 이 길을 통해 서방에서는 보석, 옥, 직물 등의 산물이나 불교, 이슬람교 등이 동아시아에 전해졌다. 이 길의 연결은 BC 2세기 후반의 한무제(漢武帝) 때라고 하지만, 그보다 2세기 앞서서 이미 동서의 교섭이 있었다는 증거가 있다. 그것은 중국의 전국시대부터 한대(漢代) 초기에 걸쳐 간쑤성 서부를 점거하고

실크로드

선유도 해역에서 발굴한 분청사기

있던 월지(月氏: 禱氏)라는 종족이 비단의 중계무역에 종사했다는 것이다.

그것은 당시 서역의 옥(玉)이 월지의 중계로 활발히 중국으로 수입되었고, 그 옥의 대가로 중국은 비단을 수출한다. 비단과 옥은 당시 우리나라에도 들어왔으리라고 본다. 신라시대의 유물에서 서역의 것으로 보이는 옥 치장품과 유리병 등이 보이기 때문이다. 최근 실크로드의 중심지였던 돈황 석굴의 벽화에서 한국의 삼국시대부터 고려시대까지의 고대 한국인 복식과 의관, 생활 모습이 담긴 인물상이 다량 발견되어 실크로드가 우리나라와도 오래전부터 깊은 관계를 맺고 있다는 사실이 알려졌다.

무역과 문물의 유입

2024년 11월 전북 군산 선유도 인근 바다에서 청자, 분청사기, 백자 등 도자기와 담뱃대와 숟가락 등 생활용품을 비롯한 다양한 조선시대

유물이 발견됐다. 선유도는 예부터 물건을 실어 나르던 조운선을 비롯해 많은 선박이 오갔으며, 국제무역 항로의 기착지로 서해 연안 항로의 거점 역할을 했다고 여겨진다(『연합뉴스』 2024.11.29.). 과거 2002년 4월에도 군산 앞바다에서 1000년 동안 감춰진 고려청자 800여점이 발굴되어 그 신비가 세상 밖으로 소개된 적이 있는데 당시에도 학자들은 고려시대 무역선에 가득 고려청자를 싣고 어디론가 떠난 배가 좌초되어 가라앉은 것으로 추측했었다.

여기서 사뭇 타이타닉호가 생각났다. 2024년 9월에는 타이타닉호가 바닷속에서 그 모습을 세상에 드러냈기 때문이다. 1912년 빙산 충돌로 침몰한 초호화 유람선 타이타닉호, 1997년 영화로 세계인의 마음을 사로잡았던 타이타닉호의 아우성이 귓가를 맴도는 것 같다. 마치 타이타닉호처럼 선유도 앞바다의 유물도 천년 전의 무역길과 상인들의 숨소리를 귓가에 전하는 것 같아 가슴 또한 벅차지 않을 수 없다. 세계 유명 박물관에는 우리의 도자기 한두 점이 없는 곳이 없으니, 이 또한 당시 바닷길을 통해 해외로 흘러나간 우리 문물의 흔적이 아닐까 생각해 본다. 한국의 영어 명칭이 'Korea', 아니 'Corea'로 불리게 된 것도 바로 이즈음, 고려청자의 화려함을 맛본 파란 눈들이 붙여준 것이 아닐까?

시대마다 달라진 외래문물

개화와 쇄국으로 나라가 한창 시끄러웠을 1866년, 오페르트라는 독일 상인이 충남 해미에 당도했다. 해미를 가본 사람이라면 아직도 잘 보존이 되어 있는 해미읍성을 금방 떠올릴 수 있으리라. 당시에 바다로 들어오는 외적을 막기 위해 지었다는 아담한 성이다. 아산만에 정박한 오페르트는 관리들의 마음을 사려고 해미 현감과 관원들을 선상으로 초대해

잔치를 베풀었는데, 오페르트는 서
양문명으로 조선 사람들의 기를 죽
이려고 축음기를 틀었다. 현감은 눈
을 감고 못들은 체 했지만 관원들은
조금 멈칫거리다가 흘러나온 노래
에 맞춰 춤을 추었다. 서양 노래에
맞춰 조선 춤을 춘 그 장면이 우습
기 짝이 없었다고 훗날 오페르트는
자신의 책 『조선기행』에 적고 있다.

이것이 우리나라에 축음기가 처
음 소개된 장면이다. 이후 1897년
에는 미국 공사이던 앨런이 미국에

에디슨사의 축음기

서 축음기 한 대를 가져와서 조선 대신들 앞에서 이를 틀었다고 한다.
이는 그냥 레코드가 아니라 1877년에 에디슨이 발명한 원통형 축음기로
녹음과 재생이 가능한 것이었다고 한다. 이 한국 최초의 축음기와 동형
의 것이 강릉에 있는 〈참소리 축음기 박물관〉에 소장되어 있다. 디지털
파일로 음악을 듣는 오늘날 그때를 떠올려 보면 가히 격세지감을 느끼지
않을 수 없다.

개화기 때 외래문물만 들어온 것은 아니다. 서양의 이야기도 들어왔
다. 우리가 잘 알고 있는 '산신령과 도끼' 이야기도 수입된 것이라는 사
실을 아는 사람은 많지 않다. 옛날 나무꾼이 나무를 하다가 도끼를 연못
에 빠뜨리자 산신령이 나타나 "이 금도끼가 네 것이냐? 아니요, 그럼 이
은도끼가 네 것이냐? 아니요" 하자, 정직하고 착한 나무꾼에 감복하여
금도끼와 은도끼를 모두 선물로 주었다는 우리 옛날이야기다. 그러나 이
이야기는 원래 그리스 이솝 우화에 수록된 '정직한 나무꾼' 이야기이다.
원작에서는 산신령이 헤르메스였다. 개화기 때 이 이야기가 우리나라에

소개되면서 '산신령과 도끼' 이야기로 탈바꿈한 것이다.

전기와 철도는 무엇을 가져다 주었나

철도의 시작은 교통수단의 일대 혁신을 가져왔다. 1814년 스티븐슨이 증기기관차를 발명하자 동력이 비로소 기계화되어 기차라는 편리한 교통수단이 탄생할 수 있게 된 것이다. 이후 1825년 영국에서 철도를 건설하자 모든 나라도 그 뒤를 따르게 되었다. 1843년에는 파리에서 철도가 개통되었고, 일본에서는 1872년에 개통되었다. 1876년 일본과 근대조약을 체결하고 김기수가 일본 수신사로 일본에 파견되었다. 그가 일본을 다녀와 1877년에 기록한 견문록 『일동기유』에는 기차를 보고 난 감회를 적어 놓은 대목이 있다.

> "차마다 모두 바퀴가 있어 앞차에 화륜이 한번 구울면 여러 차의 바퀴가 따라서 모두 구울게 되니 우레와 번개처럼 달리고 바람과 비처럼 날뛰었다"
> "우레는 신의 진노를 일깨울 만큼 두렵고 놀라운 일이었다."

김기수의 놀라움이 우리나라에서 구현된 것은 그로부터 30년 후에 일이다. 1896년(고종 33) 최초로 제물포~노량진 사이에 철도가 개통되었다.

증기기관차가 주종을 이루던 시절에는 '기차(汽車)'(증기기관차의 준말)라는 말이 적절하였으나 그후 디젤기관차, 전기기관차, 그리고 근년에는 자기부상열차라는 것이 생겨 이제는 '기차'라는 이름이 무색하게 되었다. 1899년 경인선 철도 개통식 당시에는 '기차'를 '화륜거(火輪車). 철륜(鐵輪)' 등으로 불렀고 그 후 '화차, 기차, 철마, 열차' 등을 거쳐 오늘날 KTX에 이르기까지 그 명칭의 변천도 길고 길다.

철도 선로를 한국과 일본에서는 '철도', 중국에서는 '철로(鐵路)', 영국에서는 '레일웨이(railway)' 독일에서는 '아이젠반(Eisenbahn)', 프랑스에서는 '슈맹 드 페르(chemin de fer)' 등으로 부르고 있듯이 각양각색이지만, 그 어원은 '철의 길'이라는 뜻에서 유래했다고 한다. 철도라는 새로운 문물이 들어오면서 많은 것이 변하고, 또 이 철의 길을 따라 새로운 문물이 오고 가면서 사회는 급속도로 변하게 된 것이다.

2. 물건이 들어오면 말도 따라온다.

컴퓨터를 '계산기'나 '셈틀'이라고 부르던 때가 있었다. 컴퓨터의 원어가 'computer = compute + er'이니 말 그대로 해석하면 계산기로 번역이 가능할 법하고 이를 다시 순우리말로 바꾸면 '셈틀'이 된다. 그러나 어느 순간부터 컴퓨터는 계산기가 아닌 컴퓨터로 불리기 시작했다. 그것은 아마도 컴퓨터가 단순히 계산을 빨리하는 단순 계산기의 차원을 넘어 그 기능이 가히 상상할 수 없을 정도로 발전되었기 때문이 아닐까. 인공지능(AI)이 발달한 오늘날을 생각하면 더욱 그렇다고 할 수 있다.

컴퓨터가 들어오자 관련 용품도 하나둘씩 따라 들어오기 시작했다. '마우스, 키보드, 모니터, 하드, 서버, 그래픽카드' 등 이들을 부르는 명칭도 하나둘씩 불어나기 시작했다. 그러다가 인터넷이 확산되자 '인터넷, 사이버, 사이트, 아이디, 북마크, 브라우저, 홈페이지' 등의 용어가 물밀 듯이 들어왔고, 최근 모바일시대가 펼쳐지자 '클라우드, 스마트폰, 앱, QR코드, 어플' 등에 이르기까지 봇물처럼 밀려오는 새로운 용어들은 외래문물의 유입 속도가 얼마나 빠른지를 짐작할 수 있게 한다.

삼국시대의 상품명

우리나라에서는 언제부터 전문적인 기술자가 물건을 만들었을까? 역사가들은 명실상부한 '장인' 집단이 등장한 것은 철기문화가 본격화된 삼국시대로 추정하고 있다. 삼국시대에는 다양한 종류의 공방(工房)이 있었다고 하니 그러한 추정을 뒷받침해 줄 수 있을 것이다. 주요 공방으로는 제철소, 토기제작소, 기와제작소, 귀금속 공방 등이 있었다고 하니, 당시에 어떤 물건들이 상품화되었는지 짐작할 수 있겠다. 주로 수도에 자리 잡은 관영 공방은 국가에 물건을 납품하는 역할을 했으며, 민영 공방은 민간인들의 생활용품을 만들었던 곳이다.

황남대총 금팔찌 귀걸이

오늘날 신라 고분에서 출토되는 금관을 비롯한 화려한 장신구 등을 고려해 볼 때, 당시 귀족 사회에서 화려한 금은제 장식품이 널리 유행했음을 알 수 있다. 심지어 무덤 속에까지 가지고 갔으니 말이다. 경주 황남대총은 왕과 왕비의 무덤인데 여기에서 화려한 신라 금제 반지, 팔지, 귀걸이 등이 출토되었다. 이러한 장신구는 신라 시대의 신분을 나타내는 징표로, 신분에 따라 화려함과 세공의 정도가 달랐다. 장신구는 신라인에게는 필수 아이템이자 명품의 상징이 아니었을까?

커피와 고히

우리는 하루에 한두 잔씩은 커피를 마신다. 커피 소비량이 우리나라가 세계 1등이라고 하니 한국인의 커피 사랑은 놀라울 따름이다. 왜 이렇게 커피를 사랑하게 되었는지 궁금할 따름이다. 어떤 사람은 한국의 숭늉문화에서 그 이유를 찾기도 하지만, 그보다는 한국의 고강도 노동과 빨리빨리 문화와 연관 짓는 설명이 조금 더 설득력이 있는 듯하다. 커피가 기호식품이기도 하지만 각성제 효과가 있어 일하는 데 촉진제로서 도움이 된다는 설명이다. 만약 정말 그렇다면 조금은 웃픈 현실이 아닐 수 없다.

그렇다면 커피는 언제부터 우리나라에 들어왔을까? 대부분의 서양 문물이 그렇듯이 커피도 개화기때 우리나라에 유입되었다. 앞서 축음기의 유입과정을 소개하면서 소개했던 독일 상인 오페르트가 쓴 『조선기행』

덕수궁 정관헌: 우리나라 궁궐 안에 최초로 지어진 서양식 건물(1900년경). 이곳에서 고종이 커피를 마셨다고 한다.

을 보면 "조선 사람들은 차를 마시지 않는 것이 중국 사람과 다른 점"이
라고 되어 있으므로 아마도 당시까지는 커피의 유입이 없었던 것으로
보인다. 그러던 것이 1895년에 발간된 유길준의 『서유견문』에 의하면
1890년경 커피와 홍차가 중국을 통하여 우리나라에 유입되었다고 적고
있다.

그러다가 고종 때 손택(Sontag)이라는 독일계 여인이 서울 정동에 호텔
을 열면서 처음으로 일반인에게 커피를 팔게 되었다. 이것이 한국 커피
다방의 시초인 셈이다. 그 후 3·1운동이 지나고 일본인들이 명동에 '멕
시코'라는 다방을 열면서 문화인들이 차를 마시며 환담하는 장소로 발전
하게 되었다. 당시에는 커피를 '고히'라고 했는데, 이것은 커피의 일본식
발음이다.

스마트폰과 손전화

외래문물이 들어올 때마다 문물을 일컫는 명칭이 문제가 된다. 요즘
우리 주위에는 스마트폰이 없는 사람을 찾아보기 어렵다. 이제는 필수품
이 되어버린 스마트폰은 그 출발이 핸드폰(모바일폰)이었다. '핸드폰, 휴대
폰, 휴대전화, 이동전화, 손전화' 등으로 불리던 핸드폰은 인터넷 기능이
첨가되면서 '스마트폰'으로 거듭났다. 기술의 속도가 우리의 생활을 얼
마나 변화시키는지를 쉽게 알 수 있다.

그렇다면 이들 명칭은 어떻게 붙여진 것일까? 명칭을 붙이는 방법에는
여러 가지가 있다. 그냥 외국에서 사용하는 말을 그대로 가져다 쓰는
경우가 있는가 하면, 이를 적절히 자기네 말로 다듬어 쓰기도 한다. '스
마트폰'은 영어의 smartphone을 그대로 음차 표기한 것인데 일본도 우
리와 유사하다. 일본에서는 'スマートフォン(Sumātofon, 스마토혼)'으로

적고 이를 줄여서 'スマホ(Sumaho, 스마호)'라고 하기도 한다. 외래어를 적절히 다듬어 사용하는 나라로는 중국과 북한을 들 수 있다. 중국에서는 스마트폰을 '지능수기(智能手机, Zhìnéng shǒujī, 즈넝서우지)'라고 하는데, 이는 핸드폰을 手机라고 부른 데서 연유한 것으로 여기에 '지능'이라는 말을 추가하여 만든 것이다. 북한에서는 '지능형손전화기'라고 다듬어 부른다.

이런 관점에서 보면 '핸드폰'이라는 말은 우리가 직접 만든 말일 가능성이 많다. 미국에서는 'cellular phone'으로, 영국에서는 'mobile phone'으로 부르고 있으니, 원어의 발음을 그대로 따온 것은 아니기 때문이다. 아마도 '휴대용전화'라는 의미의 영어 'handy phone'을 줄여 '핸드폰'이 만들어졌는지도 모른다. 우리말 합성어에서 한자어가 생산력이 높기 때문에 '이동전화, 휴대전화'가 만들어질 수 있는데, '휴대폰'은 한자와 영어의 결합이니 이 또한 생소한 경우가 아닐 수 없다. 이와 같은 퓨전식(이 자체도 퓨전이네!) 단어는 영어의 사용이 확대되면서 나온 현상이라고 볼 수 있다.

반면에 '손전화'는 고유어와 한자어의 결합으로 한자의 생산력은 살리되, 우리 고유어를 살려 쓰자는 취지가 담겨 있다고 본다. 그러나 '손전화'보다는 '휴대폰, 핸드폰'이 더 많이 사용되었고, 이제 '스마트폰'은 그냥 영어 발음 그대로 표기를 하고 있고 이런 방식의 음차표기가 날로 많아지고 있는 현실이다. 이것은 그만큼 외래문물이 빛의 속도로 빨리 유입되고 정착되기 때문일 수도 있다. 들어오는 말을 하나씩 차분히 우리 고유어로 다듬을 시간을 주지 않기 때문이다.

3. 수출된 말은 없었나

　전통적으로 외국인들이 가장 좋아하는 한국 음식은 '불고기와 비빔밥'이었다. 최근에는 다양한 한국 음식이 소개되고 있는데 그 가운데서도 '김치말이국수'가 세계인의 인기를 차지하고 있다고 한다. 김치말이국수는 김치로 만든 국물에 국수를 말아서 시원하고 얼큰하게 먹는 음식인데, 유튜브 먹방에 올라온 해외 동영상을 보면 희한한 장면이 눈에 띈다. 외국인은 소면을 김치에 돌돌 말아서 먹고 있는 것이 아닌가!

외국인 유튜브에 소개된 김치말이국수

　어떻게 이런 기괴한(?) 음식이 탄생한 것일까? 그 이유는 김치말이국수의 영어표기에서 찾을 수 있었다. 영어로는 'Kimchi Rolled Noodles' 또는 'Kimchi noodle wrap'으로 표기되어 있는데 이 때문에 면을 김치에 말아서 만든 새로운 음식이 탄생한 것이다. 우리 음식을 세계에 어떻게 알릴지도 이제는 체계적으로 생각해야 할 때다.

피자가 이탈리아의 고유 음식에서 세계인의 사랑을 받는 음식이 되었지만, 그 이름은 여전히 '피자'로 불리는 것처럼, 또 인도 음식 '카레'가 보편 음식이 된 것처럼 불고기나 비빔밥도 이제는 세계인들에게 보통명사로 자리잡고 있는 것은 아닌지. 한 가지 재미있는 점은 외국인들이 '비빔밥'을 발음할 때 우리와 조금 다르게 발음한다는 점이다. 한국 사람이라면 비빔밥은 단연 [비빔빱]으로 발음하지만, 흔히 외국인들은 '밥'이 '빱'으로 된소리가 된다는 사실을 모르기 때문인지 글자 그대로 [비빔밥 pibimbap]으로 발음한다. 비빔밥이 더욱 일반화되면 미국에서는 [비빔밥]으로 굳어질지도 모를 일이다. 피자가 [핏자]가 아닌 [피자]가 되었듯이, 또 카레가 [커리]가 아닌 [카레]가 되었듯이 말이다.

김치와 기무치

2020년 우리나라의 대표적 전통음식 '고추장'과 '곶감'이 국제식품규격위원회(CODEX)에서 국제 식품으로 공인받았다. 이제 고추장은 명칭도 '레드 페퍼 페이스트(Red pepper paste)'가 아니라 'Gochujang'이라는 고유명으로 세계인과 만나게 되었다. 이보다 앞선 2001년에는 '김치'가 일본의 '기무치'와 경합에서 승리하고 당당히 세계 사람들의 공인을 받았다. 이에 따라 김치는 앞으로 'kimchi'라는 영문 명칭으로 국제적으로 통용되며, '기무치'란 일본식 이름은 더 이상 사용될 수 없게 된 것이다. (최근 외래어 표기로는 gimchi가 맞지만 그 이전에 kimchi로 상표 등록이 됨) 유명한 웹스터사전에도 'kimchi(김치)'는 다음과 같이 소개되어 있다. "a vegetable pickle seasoned with garlic, red pepper, and ginger that is the national dish of Korea". 바야흐로 김치가 세계인의 사랑을 받으면서 세계에 널리 알려지게 된 역사적 사건이었다.

'김치'라는 단어의 유래를 찾아보면, 크게 두 가지 갈래를 추론해 볼 수 있다. 하나는 '묵은지'의 '지'이고 다른 하나는 '김치'의 형태이다. 먼저 '지'는 고형이 '디히'이다. 『두시언해(중간본)』(1632)에 '디히'의 형태가 나타나는 것으로 보아(長安앳 겨욼 디히난 식오 또 파라고(長安冬菹酸且綠)), 15세기 『두시언해(초간본)』(1481)에도 이 단어가 사용되었을 가능성이 높다. 물론 삼국시대나 고려시대에도 소금에 절인 무 형식의 담백한 김치가 있었을 것으로 추정된다. 고려 문인 이규보의 『동국이상국집』(1241)에는 무를 소금에 절여 겨울 동안 먹는 동치미 같은 음식이 등장하기 때문이다. '디히'는 '디히 〉 디이 〉 지이 〉 지'와 같은 변천 과정을 통해 '지'로 굳어졌을 것이다.

그렇다면 오늘날 '김치'는 언제부터 만들어 먹기 시작했을까? 오늘날처럼 통배추와 고춧가루를 주원료로 소금에 절이고 발효시킨 김치는 조선시대 중반 이후에 배추와 고추가 우리나라에 들어오면서 본격화되었다. 물론 그 이전에도 존재했을 가능성이 높지만, 문헌에 등장한 것은 『대동야승』(1512)에 '沈菜'를 꼽을 수 있다. 1527년 『훈몽자회』라는 한자 학습서에는 '菹 딤치 조'란 새김이 있어, '딤치'의 형태가 보이고, 『소학언해』(1587)에는 '팀치'가 나타난다. 이를 통해 우리는 15세기 이전에 '沈菜 = 팀치'의 형태를 추정할 수 있다. '채소를 소금물에 담근다'는 의미이다. 이렇게 보면 '동침이'도 '동침(冬沈)+-이'로 분석이 가능하다.

그러다가 17세기에 오면 '짐치[菹]'(『두창경험방』(1663))가 등장하고 18세기에는 '침치[鹹菜]'가 등장한다.(『동문유해』(1748)) 19세기에는 김치[菹菜](『물명고』(19세기))와 '짐치[沈菜]'(『한불자전』(1880))가 공존하다가 '김치'로 자리잡게 된 것으로 보인다. 이때 '짐치(침치) 〉 김치'로의 역구개음화 현상이 발생하는데 이는 구개음화에 대한 과도교정 현상으로 볼 수 있다. 화자들이 잘못된 어형으로 인식하고 이를 과도하게 바로잡으려는 시도

인 것이다. 비슷한 예가 '질들이다 〉 길들이다, 뎜심 〉 졈심 〉 겸심'에서
도 나타난다.

차렷! 경례!

태권도가 올림픽 공식 종목으로 채택되면서 세계 각국에서는 태권도
를 배우려는 사람들로 넘쳐났다. 세계 어디를 가든 한국어 사범이 지도

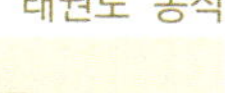
태권도 동작

하고 있는 태권도 도장이 있으며, 도장 한 가운데에는 태극기가 놓여 있다. 이제 벽안의 외국인들은 '차렷!, 경례!'라는 우리말 구령에 맞춰 땀 흘려 연습하면서 태권도의 나라 한국에 가보길 학수고대하고 있다. 그리스도교인들이 평생 한 번은 가보고픈 성지 이스라엘처럼 말이다. 이 밖에도 '돌려차기, 지르기' 등의 전문용어도 한국어로 되어 있어, 태권도의 보급은 우리말 보급의 효자 노릇을 톡톡히 해내고 있는 셈이다.

한동안 우리 스포츠계에서는 외국 용어를 순우리말로 바꾸어 부르자는 분위기가 있었다. '모서리차기, 문지기, 머리받기' 등의 축구 용어를 비롯해서, '가로막기, 내려꽂기' 등의 배구용어 등에 이르기까지. 그러나 외국에서 우리의 태권도 용어는 그대로 사용되기를 원하면서 유입된 스포츠 용어는 반드시 우리식으로 바꾸어야 한다는 주장은 어딘가 맞지 않는 아전인수격의 이야기가 아닐까. 무조건 순화라는 것이 미덕이 될 수만은 없지 않을까 생각해 본다. 우리말의 수출은 곧 우리의 문화 수입과 맞물려 있는 개념이기 때문이다.

우리는 어떤 말을 수출할까

요즘 일본에서는 젊은이들이 한국어를 사용하는 것이 유행이라고 한다. '대박', '최고', '졸라'라는 말을 쓰는 일본 젊은이를 쉽게 볼 수 있다. (『중앙일보』 2024.10.22.) 그런가 하면 한국어와 일본어를 섞어서 신조어를 만들어 쓰기도 한다. 예를 들어 '알겠습니다'와 일본어 어미 '~です'를 합쳐 '아랏소데스'를 만들거나, '귀엽다'와 '可愛い(카와이)'를 합쳐 '키요이'라는 말을 만드는 식이다.

그런가 하면 세계적인 권위를 지닌 영국 옥스퍼드 영어사전(OED)에는 해마다 한국어가 꾸준히 등재되고 있다. 옥스퍼드 영어사전 홈페이지에

옥스퍼드영어사전(OED) 2021년 등재 한국어

aegyo(애교)	banchan(반찬)	bulgogi(불고기)
chimaek(치맥)	daebak(대박)	dongchimi(동치미)
fighting(파이팅)	galbi(갈비)	hallyu(한류)
hanbok(한복)	japchae(잡채)	K-, comb(K-복합어)
K-drama(K-드라마)	kimbap(김밥)	Konglish(콩글리시)
Korean wave(한류)	manhwa(만화)	mukbang(먹방)
noona(누나)	oppa(오빠)	PC bang(피시방)
samgyeopsal(삼겹살)	skinship(스킨십)	tangsoodo(당수도)
trot(트로트)	unni(언니)	

따르면 2024년 12월에 한국어 단어 7개를 새로 등재했다('달고나'(dalgona), '노래방'(noraebang), '형'(hyung), '막내'(maknae), '찌개'(jjigae), '떡볶이'(tteokbokki), '판소리'(pansori)) 앞서 2021년 옥스퍼드 영어사전은 '오빠, 언니, 누나, 삼겹살, 스킨십, 잡채, 김밥, 콩글리시, 만화, 먹방, 애교, 반찬, 불고기, 치맥, 대박, 동치미, 파이팅, 갈비, 한류, 한복' 등 26개 한국어 단어를 대거 등재한 바 있다(『동아일보』 2025.01.07.).

세계에서 한국의 위상이 나날이 높아지고 있다. 특히 K-팝, K-드라마, K-푸드 등 하루가 다루게 한국어와 한국문화가 세계 속으로 뻗어나가고 있다. 얼마 전 한 강 작가가 노벨문학상을 타자 이제 K-문학도 세계인과 마주하게 되었다. 이제 세계인들은 한국 전통놀이에 열광하고 한국어 소설을 읽고 한글의 디자인과 과학성에 또 놀란다. 우리말과 우리 문화가 세계를 누빌 날도 머지않았다.

세종대왕상은 유엔 산하의 유네스코(UNESCO)에서 1989년 6월에 제정된 상으로, 정식이름은 '세종대왕 문맹퇴치상(King Sejong Literacy Prize)'이다. 이 상은 한글 창제에 담긴 숭고한 세종대왕의 정신을 기리고, 전 세계에서 문맹을 퇴치하기 위하여 헌신하는 개인, 단체, 기관들의 노력을 격려하고 그 정신을 드높이기 위해 제정되었다. 이 상의 이름에 세종이라는 이름을 딴 것은 세종 임금이 만든 한글이 그만큼 배우기가 쉬워서 문맹자를 없애는 글이라는 사실을 세계가 인정하였기 때문이다.

유네스코 세종대왕상은 '세계 문해(文解)의 날(International Literacy Day)'인 9월 8일에 매년 수여하고 있는데, 1990년에 인도 과학 대중화 단체에게 처음 수여된 이래로 가나, 인도, 요르단, 튀니지, 중국, 사우디아라비아, 필리핀 등 세계 곳곳에서 문맹퇴치에 커다란 공을 세우거나 성공적인 활동을 펼친 단체에 수여되고 있다. 수상자에게는 상장과 2만 달러의 상금이 지급된다.

우리나라의 문맹률이 세계 최저인 까닭도 다 세계 최고의 문자인 한글 덕분이 아닐 수 없다. 인터넷 시대를 맞이하여 세계 공용의 컴퓨터 자판을 한글로 만들자는 주장이 제기되고, 문자가 없는 나라에 한글을 보급하자는 주장도 나온다. 이러한 주장을 애국심의 발로로 치부해 버릴 수 없는 것은 우리의 높아진 국제적 위상과 한글의 가치 때문이 아니겠는가.

박영준 외 『우리말의 수수께끼』(2002)

생각거리·토론거리

1. 아래의 글을 읽고 물음에 답하라.

3월령 : 인간의 요긴한 일 장 담그는 정사로다 / 소금을 미리 받아 법대로 담그리라
고추장 두부장도 맛맛으로 갖추 하소 / 앞산에 비가 개니 살진 향채 캐오
리라
……

5월령 : 아기어멈 방아 찧어 / 들바라지 점심하소
보리밥과 장국에 / 고추장 상추쌈을
넉넉히 능을 두어 / 식구를 헤아리소
……

10월령 : 소채 과일 흔할 적에 저축을 많이 하소 / 박 호박 고지켜고 외가지
짜게 절여
겨울에 먹어보소 귀물이 아니 될까 / 무 배추 캐어 들여 김장을 하오리라
앞내에 정히 씻어 염담을 맞게 하고 / 고추 마늘 생강 파에 젓국지
장아찌라
……

위의 노래에 나타나는 고추가 우리나라에 들어온 것은 대개 17세기 무렵인
데, 지금은 고추로 상징되는 '매운맛'이 우리 음식의 대표적인 맛으로 꼽힐
만큼 일상생활에 큰 자리를 차지하고 있다. 위의 민요에서처럼 '고추'나 '매
운맛'이 들어있는 속담과 전통 노래를 찾아보자.

2. 다음 자료를 보고 우리 고전에 나타난 음식 문화와 음식 용어들을 알아보자.

흥보 자식들이 배가 고파 노니, 밥을 달라, 떡을 달라, 저그 어머니를 조르는듸
이런 가관이 없던가 보더라. 한놈이 나앉으며, '아이고, 어머니, 배고파 나 죽겠소,
밥 좀 주오, 밥 좀 주오,' 또 한놈 나앉으며, '어머니, 나는 거 호박 시리떡 좀 하여

주시오. 그놈이 거 두 가지로 답넨다. 따수면 따수아도 달고, 식으면 식은 대로
호박 시리떡이 달지요.' 또 한놈 나앉으며, '어머니, 나는 거 육계장국에다가 흐헌
쌀밥 좀 말아 주시오.' 또 한놈 나앉더니만, '어머니, 나는 거 영계탕, 생치구이,
어만두, 육만두, 두누 산적 좀 해주시오, 먹어 볼라요.' '어따, 그놈, 입맛도 안다.'
또 한놈 나앉으며, '압따, 그놈들이 음식타령을 하여 노니까 속이 니웃니웃하여 죽
겠구려. 나는 아무 것도 말고, 우유차나 한 그릇 뜨끈뜨끈하게 끓여 주시오,' '아이
고, 이놈아, 나는 우유차 이름도 모린다'……

『흥부전』에서

(1) 윗글에 나오는 음식을 모두 골라보고 그 뜻을 찾아보자.

(2) 윗글에 나오는 '우유차'에서의 '우유'는 우리나라에 언제쯤 들어 온 식품
  일까?

(3) 이밖에도 다양한 음식 문화를 엿볼 수 있는 고전 작품에 어떤 것이 있을까?

3. 세종대왕이 만든 '훈민정음'이 (정확히는 『훈민정음해례본』) 국보 제70호로 지정되
  었다는 사실을 알고 있는 사람이 얼마나 될까. 남대문과 동대문, 고려청자와
  석가탑, 다보탑 등이 국보라는 사실은 모두들 알고 있지만, 훈민정음이 국보라
  는 사실을 알고 있는 사람은 많지 않다. 하물며 상황이 이럴진대 '훈민정음'이
  유네스코의 세계기록 문화유산에 등록되었다는 사실을 알고 있는 사람은 더
  찾아보기 힘들 것이다. 훈민정음은 1997년 10월에 유네스코의 세계기록 문화
  유산으로 등록되었으니 그 과학성과 우수성을 세계가 인정한 것이 아닌가.

(1) 우리나라 유산 가운데 훈민정음 이외에 유네스코 세계기록 문화유산으로
  등재된 것이 더 있는지 알아보자.

(2) 선정된 문화유산이 어떤 이유와 배경으로 선정되었는지 찾아보자.

(3) 문화유산이 유네스코 세계기록 문화유산으로 등재되었다는 것이 어떤
  의미가 있는지 함께 이야기해 보자.

배꼽잡는 한국인의 유머감각과 언어감각

풍자, 해학, 말놀이

요즘 우리나라 여성들에게 가장 인기 있는 신랑감 후보는 돈 많은 사람도 아니요, 학력이 높은 사람도 아닌, '유머가 풍부한 사람'이라고 한다. 주위 사람을 재미있게 할 줄 아는 능력을 가진 사람들이 각광을 받고

웃음의 민족

있다. 이러한 추세를 반영하기라도 하듯이 방송 프로그램에서는 개그 코너가 다시 인기를 얻고, 그 코너를 통해 새로운 스타가 줄줄이 배출되기에 이르렀다. 철학자 칸트는 "무엇인가 중대한 것을 기대하고 긴장해 있을 때 예상 밖의 결과가 나타나서 갑자기 긴장이 풀려 우스꽝스럽게 느껴지는 감정의 표현"이 바로 웃음이라고 했다.

30년간 웃음과 건강을 연구한 미국 스탠포드 의대 윌리암 프라이 교수는 "10초 동안 배를 잡고 깔깔 웃으면 3분간 힘차게 노를 젓는 것과 똑같은 운동효과가 있다."고 했고, 한 번 폭소를 터트릴 때마다 엔돌핀이 나오고, 그 엔돌핀이 유지되는 5분 동안 배꼽을 잡고 웃으면 병이 생길 틈이 없다고 말하기도 한다. 이제 웃음이 건강과도 밀접한 관련을 맺고 있음이 증명된 셈이다.

그러나 웃음문화는 어제오늘의 일이 아니다. 우리 문화를 보면 언제나 웃음이 중요하게 여겨졌으며, 웃음을 만들어내는 익살꾼이 그야말로 스타 대접을 받았으니 말이다. 이 장에서는 한국인의 마음속에 숨어 있는 유머 감각과 언어 감각을 찾아 여행을 떠나 보기로 한다.

미리 한번 생각해보자

1. 최근에 들었던 가장 재미있는 유머는 무엇인가?
2. 한국 사람들은 서양 사람들에 비해 잘 웃지 않는다고 하는데 왜 그럴까?
3. '~ 시리즈'의 유머 중 기억나는 것이 있다면 하나 말해보자.

1. 우리 조상들은 익살꾼이다?

시인 김삿갓(김병연)의 일화이다. 어느 날 김삿갓이 길을 가고 있었는데, 이때 미모의 여인이 나타나자 그 여인에 반해 글을 한 자 써서 보냈는데 그 여인의 답은 이러했다.

김삿갓 : 榴
여　인 : 漁

'류'와 '어'라는 글자 하나씩만을 주고받은 이 선문답 같은 대화에서 그 숨겨진 의미가 우리를 흥미롭게 한다. 의미는 이렇다. "현명한 선비가 (이 아름다운 풍경을 보고) 어찌 놀고 가지 않을 수 있으리오."라고 김삿갓이 물었고, "고고한 기생은 먼저 (놀고 가라고) 말을 하지 않는다."라고 여인이 화답했다는 것이다.

내용을 살펴보면 의미심장한 대화가 오고 간 것 같은데, 그럼 한자 한 글자가 어떻게 그런 의미를 담고 있다는 것일까? 풀이는 바로 이렇다. 김삿갓이 적은 한자는 석류나무 유(榴)자인데, 이를 '석류나무유(碩儒奈無遊)'로 풀면 바로 그 뜻이 나온다는 것이고, 여인이 말한 한자는 고기잡을 어(漁)자인데, 이를 '고기자불어(高妓自不語)'로 풀이하면 "고고한 기생은 먼저 말을 하지 않는다."는 뜻이 된다는 것이니 어찌 기막힌 기지와 유머가 아니랴.

삶의 여유와 웃음

"사회주의는 부자를 터는 산적이고, 자본주의는 빈자를 터는 산적"이라고 말한 영국 작가 버나드 쇼의 경구와 위트는 폐부를 찌르는 듯 날카

롭기 그지없다. 그에 못지않은 위트와 유머 자질을 가진 사람을 우리 선조 중에 찾아보라면 단연 월남 이상재와 오성 이항복을 꼽을 수 있겠다.

1905년 을사늑약으로 서울에 일제의 통감부가 설치되었고, 초대 통감으로 이토 히로부미가 부임했다. 어느 날 이토 히로부미와 일본인 고관, 그리고 매국노 이완용, 송병준 등이 참석한 행사에 월남 이상재 선생도 참석하였다. 매국노의 맞은편에 앉아있던 이상재 선생은 이들을 보고 심기가 상할 대로 상한 채 갑자기 버럭 한소리를 했다. "이, 송 대감은 동경으로 이사를 가시오." 무슨 영문인지 어리둥절한 이완용과 송병준은 "영감, 별안간 그게 무슨 말씀이오?"하고 물으니, 이상재 선생은 태연스럽게 "대감들은 나라 망치는데 천재니까, 동경에 가면 일본이 또 망할 게 아니겠소."라고 맞받았다고 한다. 이토 히로부미 앞에서 매국노들을 꾸짖고 매국노와 일본을 동시에 디스한 촌철살인의 말이었다.

조선시대 오성과 한음으로 유명한 오성 이항복은 영의정을 지낸 조선 최고 정치가요, 문인이자 임진왜란 때 선조를 모시고 의주까지 몽양을 다녀온 공신 중의 공신이었다. 그는 유머와 해학에도 일가견이 있었는데, 선조 임금이 한번은 그런 이항복의 번뜩이는 기지를 꺾어보고자 신하들과 짜고 꾀를 내었다. 이른바 몰래카메라를 시도한 것이었다. 선조는 신하들에게 다음날 출근할 때 옷 속에 계란 한 개씩을 넣어 올 것을 분부했다.

다음날 아침 어전 회의에서 선조는 신하들에게 급히 필요하니 계란 한 개씩을 당장 구해오라고 하명한다. 이에 신하들은 준비해 온 계란을 소매 속에서 꺼내어 어전에 드리는데 오성만은 드릴 것이 없었다. 꼼짝없이 낭패를 볼 순간이었다. 모든 사람의 시선이 오성에게 집중된 순간, 웬걸 오성은 조금도 주저하지 않고 두 조복 소매를 후다닥 치면서 "꼬끼오!"하고 닭 훼치는 소리를 내는 것이 아닌가. 선조와 신하들이 모두 놀라고 그 까닭을 물으니 오성이 말하기를 "신은 암탉이 아니옵고 수탉이 되어 알을 낳지 못하와 대단히 황송합니다!"라고 천연덕스럽게 대답했다. 자기의 난처함을 일거에 벗어날 뿐 아니라 계란을 가지고 온 만조백관을 암탉으로 만들어버린 임기응변은 가히 천하일품이 아닌가 (『오마이뉴스』 2019.07.20.)

언어유희의 역사

언어유희(言語遊戲, pun)는 말 그대로 '말장난'이다. 말이나 문자를 소재로 하여 재롱을 펴는 것이니 '말재롱'이라고도 한다. 그러나 언어유희는 단순한 장난이 아니라 기지가 풍부하고 어조가 날카로우며 인생을 풍자하기도 한다는 특징이 있다. 언어유희에는 여러 가지 종류가 있는데, 예를 들어 '콩글리쉬'와 같이 '영어＋한국어'의 조합으로 말을 만든다든지, '얼죽아'(얼어 죽어도 아이스아메리카노)처럼 줄임말을 만든다든지, '띵작'(명작)처럼 유사한 형태로 비틀어 다른 단어를 만들기도 한다.

또 다른 종류의 말놀이도 있다. 경상도 방언에서 "가가 가가가?"(그 아이가 성이 가씨냐?)라는 말이나, "눈에 눈이 들어가니 눈물(淚)이냐 눈물(雪液)이냐!"는 말 등은 모두 동음이의어를 활용한 말놀이고, '마당에 콩깍지 깐 콩깍지냐 안 깐 콩깍지냐.', '간장공장 공장장은…' 등과 같은 어려운 발음하기놀이도 있다. 또한 '가랑잎-잎사귀-귀엣말-말장난'과 같은 끝말이어가기 놀이도 있으며, "You are a dog(有雅羅毒)" 등은 차자(借字)를 활용한 말놀이다.

아래 민요도 언어유희의 한 단면을 보여주고 있어 조상들의 유머 감각과 언어 감각의 출중함을 엿볼 수 있다.

"달래 먹고 달려가자 / 쉬영 먹고 쉬여 가자 / 찔레 먹고 찔러가자 / 앵두 먹고 앵두가자 / 뺏먹고 뻐드러져 / 복숭아 먹고 복받아 / 살구 먹고 살았네"

신랄한 유머들

그런가 하면 조상들의 유머에는 성과 관련된 야한(?) 유머들도 많다. 『청파극담(靑坡劇談)』이라는 야담집에 실린 판원(判院) 김효성이라는 사람의 연애 이야기를 들어보자. 그는 유부남임에도 불구하고 사랑하는 여인이 많았다. 부인도 또한 질투가 지나치게 심한 사람이었다. 하루는 남편이 밖에서 들어오다가 문득 보니 부인의 자리 옆에 검정색으로 물을 들인 모시가 한 필 놓여 있었다. 이에 남편이 물었다.

"저 검정 모시는 장차 어디에 쓰려는 것이기에 부인의 자리 곁에 놓아두었소?"
그러자 부인은 정색을 하며 대답하였다.
"당신이 뭇 첩들에게 혹하여 본 아내를 원수처럼 대하시기에, 저는 결연히 중이 될 각오를 하고 물을 들여 놓았던 것이오."

남편이 웃으며 말했다.
"나는 본래 호색하여 기녀(妓女), 여의(女醫)로부터 양인(良人), 천인(賤人), 현수(絃首), 침선비(針線婢)에 이르기까지 자색만 있다 싶으면 반드시 모두 정을 통하였소. 그런데 여승의 경우에는 아직 한 번도 가까이한 적이 없었소. 그대가 여승이 될 수만 있다면 그는 정작 내가 바라는 바요."

부인은 끝내 아무 대답도 할 수가 없었다. 다만 검정 모시를 접어 땅바닥에 내동댕이칠 뿐이었다.

2. 풍자와 해학으로 가득 찬 문학작품들

"문 들어온다, 바람 닫아라. 물 마른다, 목 들여라."
"너의 서방(西方)인지 남방(南方)인지 걸인 하나 내려왔다."
"허허 이게 웬 말인가. 서방(書房)님이 오시다니?"
"열녀가 이부를 섬기다니."
"이부(二夫)가 아니라 외얏 리자 쓰는 이부(李夫)를 말씀이오."
"올라간 이도령인지 삼도령인지는 일거후 무소식하다."

위의 대사는 판소리 『열녀춘향수절가』에 나오는 대목들로 한 마디 한 마디에 풍자와 해학으로 가득 차 있다고 해도 과언이 아니다. 주객전도 시키는 말재주라든가, 동음이의어를 가지고 말을 다채롭고 재미있게 만드는 부분에서는 조상들의 기지를 엿볼 수 있으며, '이도령'을 '삼도령'으로 받아 칠 줄 아는 대목에서는 말놀이의 현란함을 느껴볼 수 있다. 여기서는 문학작품에 나타난 풍자미와 해학미를 엿보기로 한다.

사설시조에 나타난 유머

대천 한 바다에
중침 세침이 풍덩 빠졌는데

여남은 사공들이 길남은 삿대로
귀꿰어 내단 말이 있돗던가.

저 님아 열 놈이 백말을 할지라도
님이 짐작하시소.

이 시조는 부정하다는 누명을 쓴 여인이 사랑하는 사람과의 사이에 생긴 갈등을 웃음으로 해소하고 있는 노래다. 여인은 과장법을 써서 자신의 결백함을 강조하고 있는데, 그 내용은 "대천 앞 바다에 중바늘과 잔바늘이 빠졌는데, 사공이 배를 젓는 삿대로 바다에 빠진 바늘의 귀를 꿰어 냈다는 말을 들어본 적이 있는가, 남이 어떤 말을 하더라도 믿지 말고 자신을 믿어 달라"는 하소연이다. 속담에 '웃는 얼굴에 침 못 뱉는다'는 말이 있듯이 그 여인의 진실은 알 수 없으나, 노래에 담긴 여인의 과장법을 듣고 있노라면 절로 귀여운 생각이 들지 않을 수 없으리라. 사랑이 위기에 부딪혔어도 오히려 웃음에 기댈 여유를 지니고 있었던 것이 아닐까.

판소리에 나타난 유머

판소리는 해학과 유머로 가득 찬 보고이지만 그 가운데서도 『흥부전』의 해학미는 백미가 아닐 수 없다. 다음은 놀부가 박을 타는 한 대목인데, 박통을 도끼로 쪼개고 보니 아무것도 없어 허연 박속을 끓여 온 집안 식구가 한 사발씩 달게 먹고 나니 그다음부터는 이상한 말을 하기 시작했는데,

"그 국맛이 매우 좋아, 당동!"
"글쎄요, 그 국맛이 매우 유명하오. 당동!"
놀부의 자식들이 제 어미를 부르면서 말하였다.
"이 국맛이 좋소, 당동!"
놀부가 다시 말하였다.
"글쎄요? 나도 그 국을 먹고 나니 당동 소리가 절로 나오. 당동!"

놀부의 자식이 말하였다.
"어머니 우리들도 그 국을 먹고 나니 당동 소리가 절로 나오. 당동!"
"오냐 글쎄 그렇구나. 당동!"
놀부놈은 은근히 화가 치받쳐서 꾸짖었다.
"너무 요망스럽게 굴지 마라! 당동. 무슨 국을 먹었다고 당동하노? 당동."

놀부의 딸도 당동, 아들도 당동, 머슴놈도 당도, 놀부 마누라도 당동, 온 집안 식구가 저마다 당동거리니 무슨 가야금이라도 뜯으며 풍류하는 것 같았다. 부자가 되려고 박을 심었다가 재산을 다 없애고 고생만 하고, 끝판에 와서는 온 집안 사람이 당동 소리로 망가지고 말았다는 내용인데, 오늘날의 코미디보다도 더 발상이 재미있지 않은가?

현대소설에 나타난 유머

'해학미 넘치는 한국 소설'의 대명사는 누가 뭐래도 단연 김유정의 '봄봄'이다. 머슴으로 일하는 데릴사위 춘삼이와 장인 봉필 영감 사이에 벌어지는 희극적인 갈등을 매우 익살스럽고도 해학적으로 그린 농촌소설이다. 춘삼이는 점순이와 혼인할 욕심으로 봉필 영감 집에 데릴사위로 들어가게 되는데, 영감의 집에서 3년 7개월 동안이나 돈 한 푼 안 받고 머슴살이를 했지만, 영감은 딸을 줄 생각을 조금도 하지 않는다. 결혼시켜 달라고 조를 때마다 키가 좀더 크면 혼례를 시켜주마 하고 늑장을 부리는 영감 때문에, 매일매일 점순이의 키만 재보는 춘삼이.

뿐만 아니라 나무를 하러 가면 서낭당에 돌을 올려놓고 "점순이의 키 좀 크게 해줍소사. 그러면 담엔 떡 갖다 놓고 고사드립죠."하고 치성도 한두 번 드린 것이 아니다. 그러다가 마침내 화가 머리끝까지 차오르고 만다. 점순이의 격려에 힘을 얻은 춘삼이가 봉필 영감과 벌이는 사투(?)는 해학의 백미가 아닐 수 없다. 1935년도에 김유정이 발표한 이 단편 소설은 한국인의 전통적인 해학미와 익살스러움을 여실히 보여주고 있다.

3. 풍자의 역사는 계속되어야 한다

최근 대통령 퇴진 시위 현장에 재미있는 깃발이 등장해 화제다. 단어를 자세히 살펴보면 이들 조직은 실재하는 단체가 아니라 패러디를 통한 가상의 조직이나 단체들이었다. 소개된 깃발로는 '만두노총 군만두노조', '방구석 피자토핑 연구회', '전국 멀미인 연합', '냉동실 발굴단', '일정밀린 사람 연합', '빡친(화난) 고양이 집사 연맹', '전국 탈모병아리 협회', '전국 해달은 수달이아니야 협회' 등 이들은 실제 존재하는 것이 아니라 기존 노조나 단체 등 실제 유명 단체들을 패러디한 것이다.

얼핏 보면 심각하고 진중한 정치 집회에 과연 어울리는 것이냐 하고 비판적으로 볼 수 있겠지만, 젊은층의 새로운 풍자와 해학의 마당이었다는 긍정적인 시선도 뒤따른다. 미국 유력 일간지 뉴욕타임스(NYT)는 이번 시위에 등장한 유머 넘치는 '패러디 깃발'을 집중 조명했다. NYT는 이번 시위에서 거리로 나선 한국인 중 일부는 농담과 풍자를 통해 분노를 표현하는 새로운 방식을 찾아냈다며 "연대감 형성에 유머 활용…낙관적이고 축제 같은 분위기"였다고 분석했다(『연합뉴스』 2024.12.23.). 대통령 퇴진 요구와 같은 심각한 시위조차 매력적이고 낙관적이며 축제처럼 만들어버린 한국인들의 풍자와 해학의 미에 감탄한 듯하다.

끝말 이어가기

"원숭이 똥구멍은 빨개, 빨간 것은 사과, 사과는 맛있어, 맛있으면 바나나……"

아마 어린 시절 이 노래를 한 번쯤 불러보지 않은 사람을 없었을 것이다. 빨간 똥구멍이 사과로 이어지고 사과는 다시 바나나로 이어지고, 바나나는 기차로, 비행기로, 그리고 백두산으로 이어지는 이 노래는 끝말 이어가기라는 언어유희의 한 부류인 셈이다. 이러한 말잇기놀이는 요즘도 유행하고 있다. 한 예가 '비아그라'라는 발기부전 치료제에 대한 풍자로 '~그라' 시리즈가 대표적이다. '애 배그라: 불임증 치료제', '밥묵그라: 식욕촉진제', '또싸그라: 변비치료제', '자그라: 불면치료제' 등이 비아그라에 영향을 받아 만들어진 우스개 약품들이다.

심지어는 비아그라가 한국에서 유래했다는 '설'도 등장했다. "전란으로 소실된 '성기보감'에 따르면, 태백산 계곡에서 동면 직전 백사를 잡아 69가지 약재와 함께 다려낸 것이 '배암고아'란 탕. 이걸 복용하면 일주일간 '오그라들지 않는다' 해서 원래 이름은 '비(非) 오그라'다. 이 소문을 들은 서양인들이 19세기 말 병인양요를 일으켰고, 미국 상선 '제기랄셔먼호'도 '비오그라' 때문에 왔었다. 이것이 일본의 침략으로 유출돼, 수십 년간 연구 끝에 알약으로 만든 게 '비아그라'다." 이런 황당한 이야기를 누가 만들었는지는 모르겠지만 그야말로 한번 웃고 잊어먹을 수 있는 우스갯소리이다.

이 말을 듣고 있자니 '택시(taxi)'가 우리 가마 문화에서 나왔다는 우스개 '설'이 문득 떠오른다. 한참 가마를 타고 가다가 가마 안에서 가마꾼에게 "여기 딱 서!"라고 말했고 이 '딱서'라는 말을 우리나라에 와 있던 서양인이 듣고 나중에 서양으로 건너가 가마를 연상하면서 '택시'를 만들었다는 믿거나 말거나 하는 택시의 유래 말이다. 이러한 '설'에까지 다다르면 언어유희의 참맛이 느껴지지 않는가?

사오정 시리즈에서 대충살자 시리즈까지

'~시리즈' 류의 유머가 한동안 유행한 적이 있었다. '만득이시리즈, 참새시리즈, 최불암시리즈, 사오정시리즈'까지. 이 같은 시리즈 유머의 가장 큰 특징은 시대의 흐름을 반영하고 있다는 점이다. 특히 젊은이들은 시리즈 유머를 통해 사회 문제의 핵심을 풍자함으로써 이른바 '보이지 않는 언론'을 만들어냈다는 평가다.

(예) 부부 참새가 함께 전선에 앉아 있다가 한 마리가 떨어지면서 하는 말은?
50년대: 내 몫까지 살아주.
60년대: 그것봐, 아까 내가 자리 바꾸자고 했잖아.
80년대: 아휴, 아까워! 저걸 어떻게 꼬신건데 ….
90년대: 쟤도 참새래요. 쟤 아직 안죽었대요. 한방 더 쏘세요.

1950년대 자유당 정권 시절에 처음 선보인 참새시리즈는 힘없는 참새의 이미지를 통해서 서민층의 아픔을 대변했을 뿐 아니라 포수에 대한 비웃음을 통해 권력층을 풍자하기도 했다. 그런가 하면 1993년 말부터 유행하기 시작한 '나 맞아?' 시리즈는 정체성 확인을 통해 불안감을 해소하려는 시대적 심리 상태를 반영하고 있다.

(예) 오리: 새끼오리가 어미오리에게 물었다.
『엄마, 엄마. 나 오리 맞아?』『그럼, 넌 예쁜 오리지.』
새끼는 다시 물었다.
『정말 나 오리 맞아?』『맞다니까!』
『그런데 난 왜 닭살이 돋아?』.

이밖에 여성의 사회적 지위 향상과 남성 권위의 상대적 추락 현상을 빗댄 '간 큰 남자' 시리즈(1995년)을 비롯해, 삼풍백화점 붕괴 사건 이후 퍼지기 시작한 '무서워' 시리즈, 신세대 해체 유머의 시조라 볼 수 있는 '덩달이' 시리즈, '펭귄' 시리즈 등도 모두 당대의 사회상을 반영하고 있다.

최근에 등장한 '대충살자' 시리즈도 현재를 살아가는 우리 사회상을 잘 반영하고 있다. 각박한 세상, 너무 치열하게만 살지 말고 조금은 여유 있게 살자라는 사회 분위기를 풍자적으로 그리고 있다.

- 대충살자~ 베토벤 높은 음자리표처럼 (베토벤이 높은 음자리표를 다른 음악가에 비해 간단히 그린 것을 보고)
- 대충살자~ 걷기 귀찮아서 미끄러져 내려가는 북극곰처럼 (미소를 띠며 눈썰매 타듯이 눈밭에서 미끄럼을 타는 북극곰의 천진난만함을 보면서)
- 대충살자~ 귀가 있어도 관자놀이로 노래 듣는 아서처럼 (미국 만화 '내 친구 아서'의 주인공 (귀는 토끼처럼 높은데 헤드폰은 엉뚱하게 사람처럼 끼고 있다)
- 대충살자~ 하우스 지붕에 누워서 자는 고양이처럼 (평화롭게 선텐을 즐기는 고양이처럼 조금은 느긋하게 살자)

'내 친구 아서'의 주인공

- '덩달이 시리즈'는 '덩달이'라는 이름의 바보 캐릭터를 중심으로 덩달이의 엉뚱하지만 기발하게 맞아떨어지는 말이 웃음을 유발하는 것이 특징이다.

  예) 선생님이 덩달이에게 '책임감'이란 단어를 넣어 글짓기를 해오라고 숙제를 낸다. 그런데 덩달이는 숙제는 아랑곳하지 않고 만화책만 잔뜩 빌려다가 밤늦게까지 보고 있다. 이때 덩달이 할머니가 등장해서 만화책을 가리키며 "이것도 책인감?"이라고 말한다. 할머니의 '책인감'은 숙제인 '책임감'과 발음이 비슷해지면서 글짓기 숙제와 전혀 상관이 없는 만화책 보기가 숙제와 엉뚱하게도 딱 맞아떨어지면서 웃음을 유발하게 된다.

- '사오정 시리즈'도 조금은 허무하고 엉뚱한 사오정의 말이 필요한 얘기 외엔 못들은 체 하고픈 사람들의 심정을 풍자적으로 잘 나타내주고 있다.

  예) 사오정이 미팅을 하러 갔다. 함께 커피를 마시는데 여자가 이것저것 물어도 사오정은 묵묵부답이다.

  "과묵하신가 봐요"

  "…"

  "제가 마음에 안 드세요"

  그러자 사오정이 하는 말.

  "이거 맥심 맞지?"

3행시 짓기

소 - 소방차가 불난집 불을 끈다.
나 - 나는 신나게 구경을 했다.
기 - 기절했다. 우리집이었다.

한 초등학생이 지은 3행시다. 요즘 3행시 짓기는 초등학교 교실에서 일반 직장인들에까지 마치 국민스포츠처럼 인기를 끌었다. 이러한 유머는 연령과 직업을 불문하고 모든 사람들이 웃고 웃기며 하루의 고단함을 달래보는 감초 역할을 톡톡히 해냈다. 2002년 대통령 선거에서는 후보들이 TV 토론회에서 '대통령'이라는 단어로 3행시를 짓기도 했다. 그때 노무현 대통령은 다음과 같은 멋진 3행시를 지었다.

대 - 대화와 타협의 시대를 열어서
통 - 통합과 통일을 이루고
령 - 영원한 평화와 번영의 나라로 가자

이처럼 남녀노소를 막론하고 3행시 짓기가 유행이었을 만큼 3행시는 우리 국민의 사랑을 받았다. 요즘은 해외에서 한국어를 배우는 외국인도 3행시 짓기에 푹 빠져 있다. 주홍콩한국문화원이 2020년 '한글날 기념 삼행시 짓기' 대회를 열었다. '한글날, 한국어'로 3행시를 짓는 과제였는데, 여기서 상을 탄 작품을 소개한다(국제문화홍보정책실, 2020.10.21.).

한 - 한국문화를 배우면서 한국어
글 - 글자로 자기를 표현하는 것 자꾸
날 - 날 설레게 한다

한 - 한국 사람들은
국 - 국을 많이 먹어요
어 - 어머니들이 매일 국을 주거든요

이쯤 되면 외국인의 3행시도 수준급이 아닌가. 유머는 단순한 말장난에 그치는 것이 아니라 사회현실에 대한 진한 풍자가 담겨 있다는 점이 흥미롭다. 몇 해 전 코로나바이러스가 전 세계를 뒤덮어 모두가 격리되었을 때, 3행시 짓기는 코로나 시대를 풍자하고 사람들에게 조그마한 위로를 전달하기도 했다.

코 - 코로나 바이러스를 극복하기 위해
로 - 노력 해봐요. 사회적 거리두기
나 - 나 자신을 위해서

코 - 코와 입을 막는 마스크의 답답함과
로 - 노동에 지쳐 힘드실 만도 하건만
나 - 나를 살뜰히 보살펴 주시는 간호사님 보호사님 감사합니다.

위의 3행시는 2020년 코로나가 한창일 때 신세계병원과 효병원 환자들을 대상으로 열린 '코로나 삼행시 대회'에서 선정된 것이다. 3행시 짓기는 형식은 같지만 시대에 따라 늘 새롭게 옷을 갈아입으면서 우리에게 풍자와 해학을 전해주고 있다.

깊이 읽기 - 초등학생 웃긴 답안지

- 『슬기로운 생활』 시험문제 중
  문제) 부모님은 우리를 왜 사랑하실까요? 답) (그러게 말입니다.)
  문제) 옆집 아주머니가 사과를 주셨습니다. 뭐라고 인사해야 할까요?
  답) (뭐 이런걸 다)
- 『국어』 시험문제 중
  문제) "불행한 일이 거듭 겹침"이란 뜻의 사자성어는? 답) 설 (사) 가 (또)
      (정답: 설상가상)
  문제) 술에 취해 거리에서 큰 소리를 지르거나 노래를 부르는 것을 사자성어로 무
      엇이라고 하는가? 답) (아) (빠) (인) 가 (정답: 고성방가)
- 『수학』 시험문제 중
  문제) 초콜릿 사탕이 36개가 있었다. 그 중에 29개를 먹었다. 이제 남은 것은?
  답) (당뇨) (정답: 7개)
- 『자연』 시험문제 중
  문제) 개미를 세 등분으로 나누면 ( ), ( ), ( )
  답) 개미를 세 등분으로 나누면 (죽), (는), (다) (정답: 머리, 몸통, 다리)

1. 아래 글을 읽고 물음에 답하라.

> 암만해도 성을 안낼 뿐만 아니라 누구를 대할 때든지 늘 좋은 낯으로 해야 쓰느니 하는 타입의 우수한 견본이 **김기림**이라.
>
> 좋은 낯을 하기는 해도 적이 비례를 했다거나 끔찍이 못난 소리를 했다거나 하면 잠자코 속으로만 꿀꺽 업신여기고 그만두는, 그러기 때문에 근시 안경을 쓴 위험 인물이 **박태원**이다.
>
> 업신여겨야 할 경우에 '이놈! 네까진 놈이 뭐 아느냐'라든가 성을 내면 '여! 어디 뎀벼봐라' 쯤 할 줄 아는, 하되, 그저 그럴 줄 알다뿐이지 그만큼 해두고 주저 앉는 파에 고만 이유로 코밑에 수염을 저축한 **정지용**이 있다. 모자를 홱 벗어던지고 두루마기 마고자도 민첩하게 턱 벗어던지고 두 팔 훌떡 부르걷고 주먹으로는 적의 벌마구니를, 발길로는 적의 사타구니를 격파하고도 오히려 행유여력(行有餘力)에 엉덩방아를 찧고야 그치는 희유의 투사가 있으니 **김유정**이다.
>
> 이상 〈김유정〉

(1) 위의 글은 시인 이상이 당대를 주름잡던 문인들인 김기림, 박태원, 정지용, 김유정을 묘사한 것이다. 유머러스한 표현이 있다면 어떤 부분들인가? 왜 그렇게 생각하는가?

(2) 위의 글에서 묘사된 정지용의 성격을 여러분 나름대로 풀어서 서술해 보라.

2. 풍자와 해학은 그 시대의 사회상을 과장, 왜곡, 비꼬아 표현해 우스꽝스럽게 나타내고 웃음을 유발하는 비판적 웃음이다. 이런 풍자적 기능으로 기존의 사자성어나 단어의 의미가 아래와 같이 풍자적으로 새롭게 해석되는 경우가 있다.

> (예) 일취월장(日就月將) – 일찍 취업해서 월급 타서 장가가자
> 좌불안석(坐不安席) – 좌우지간 불고기와 안심은 석쇠가 최고
> 사오정 – 45세에 정년
> 오륙도 – 56살까지 회사에 남으면 도둑

위와 같은 예를 더 찾아보고 이러한 새로운 풍자적 해석이 등장한 시대적
배경에 대해 이야기해 보자.

3. 유머 시리즈는 시대적인 사회상을 반영하고 있다. 자신의 기억에 남아있는
   유머 시리즈는 어떤 내용이며 거기에 투영된 사회상은 어떤 것인지 분석해
   보자.

4. 최근 방송이나 영화에서 가장 유머스러운 장면을 하나씩 뽑아보자. 선정한
   장면을 친구들에게 소개하고 어떤 점이 유머를 일으키는 요소인지 함께 말해
   보자.

14
말도 옷을 입고 밥을 먹어야 산다

의식주 문화와 우리말

　우리 속담에 "옷이 날개고 밥이 분이다."라는 말이 있다. 이 말은 "옷을 잘 입어야 풍채가 좋아지고, 밥을 잘 먹어야 신수가 좋아진다."는 것이니 입고 사는 것이 얼마나 중요한가를 보여주는 말이다. 의(衣)와 주(住)

의식주의 문화

에 관한 속담이 어디 이뿐이랴. "집도 절도 없다.", "옷은 새옷이 좋고 사람은 옛사람이 좋다."도 있다. 또 먹는 것은 또 어떠한가. 안 입고는 살 수 있어도 먹지 않고는 살 수 없기에 식(食)문화와 관련된 속담은 실로 다양하다. "밥 먹을 때는 개도 안 건드린다."는 말은 밥 먹는 일이 얼마나 소중하고 절실한 일인가를 보여준다.

그런가 하면 "밥 한 알이 귀신 열 쫓는다."는 속담에서는 밥 한 알이라도 아껴야 하고 감사해야 한다는 조상들의 생각이 들어있다. "밥 푸다 말고 주걱 남 주면 살림 빼앗긴다."는 말도 그와 비슷한 의미를 갖는다. 이처럼 의식주와 관련된 말들은 너무도 많다. 이 장에서는 의식주 생활 문화 속에 숨어 있는 우리말의 모습을 살펴보기로 한다.

미리 한번 생각해보자

- '입성이 날개'라는 말의 뜻은?
- '시장이 반찬'이라는 말의 뜻은?
- '집도 절도 없다'의 뜻은?

1. 옷과 우리말

'소데나시'라는 패션이 유행한 적이 있었다. 말만 들어도 금새 알 수 있듯이 이 패션은 일본에서 건너온 것인데, 일본어 "そでなし"라는 말을 풀어보면, "소매가 없다"는 뜻이니, 옷소매가 없이 겨드랑이가 보이는 여성옷을 일컫는다. 이 옷이 한창 인기일 때는 연령과 상관없이 이 옷을 즐겨 입었다. 요즘은 이 소데나시를 '민소매' 옷이라고 부른다. 일본어를

그냥 쓰기가 뭐 했는지, 우리말로 고쳐 부른 것이다.

그런데 이 고쳐 부른 이름도 문제가 없는 것은 아니다. 원래 '민'이라는 말은 우리말 접두사로 '아무런 무늬가 없는'이라는 뜻을 나타내기 때문이다. '민족두리'는 "아무런 무늬가 없는 족두리"이고, '민저고리'는 "옷소매 끝에 다는 끝동을 달지 않은 여자 저고리"이기 때문이다. 따라서 "민소매"는 소매가 없는 옷이라기보다는 "소매에 아무런 무늬가 없는" 옷이라는 의미여서, 소데나시의 순화어로는 적절하지 않다. 옷 이름에도 이처럼 다양한 문화적 흔적이 담겨 있다.

백의민족이란?

요즘 '마이카' 시대를 맞이하면서 한국에도 집집마다 자동차가 없는 집이 없을 정도다. 자동차 색 가운데 한국 사람이 가장 선호하는 것은 단연 흰색이다. 백의민족이기에 자동차까지도 흰색을 좋아하는 것일까? 다른 사람의 시선을 의식하는 한국인이 자동차 색을 제일 무난한 흰색이나 회색 등으로 고른다는 설명이 조금은 더 설득력이 있는 것 같다.

일제강점기에 한 일본 학자는 한국인이 흰옷을 입게 된 동기를 고려시대 몽골의 침입에서 찾으려고 했다. 몽골제국에 고려가 항복하면서 이에 조의(弔意)를 표하기 위해 흰옷을 입기 시작했다는 주장이다. 그러나 『삼국지』 위지 동이전에 다음과 같은 내용이 있음을

주지할 필요가 있다.

　최소한 이 동이전의 기록만을 놓고 보더라도 고려시대 몽골에 대한
조의를 표하기 위해 입었다는 일본 학자의 주장은 엉터리임이 분명하다.
따라서 문헌에 나타난 기록을 보더라도 흰옷을 숭상한 역사는 삼국시대
를 거쳐 고려와 조선, 그리고 오늘날에 이른 것이라고 할 수 있다.

색동저고리와 색문화

〈조지훈, 고풍의상〉

고와라 고와라, 진정 아름다운지고
파르란 구슬빛 바탕에 자줏빛 회장을 받친 회장저고리
회장 저고리 하얀 동정이 환하니 밝도이다.

　위의 시는 우리 전통의상인 저고리의 아름다움을 찬양한 것으로, 색감
의 비교가 절묘하게 드러나 있다. 이러한 색감이 잘 드러난 저고리가
바로 색동저고리인데, 보통 액땜을 하고 복을 받기 위해 음양오행설에
입각한 오방색(五方色)을 이어 붙여 만든다. 오방색은 오방신(神)과 관련이
있는데, 하양, 검정, 빨강은 전통적으로 재앙과 악귀를 막는 주술색이라
하고, 노랑은 중앙색, 파랑은 젊음과 희망을 나타내는 색을 의미한다고
한다. 그러니 돌잔치 때 색동저고리를 입히는 이유도 다 무병장수를 위
한 것이 아니겠는가.

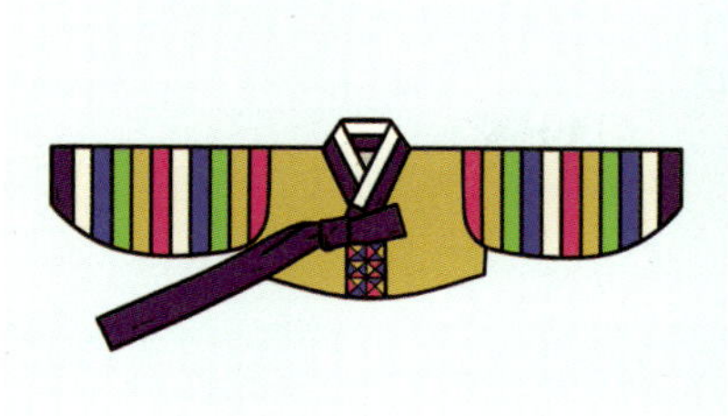
색동저고리

회장저고리

바느질 문화와 바느질 용어

'짜집기'라는 말을 흔히들 쓴다. 어떤 어떤 내용들을 가져다가 조합한다는 뜻으로 사용하는데, 실은 '짜깁기'가 제대로 된 말이다. '짜깁기'가 구개음화를 겪어 '짜집기'가 된 것이다. '짜깁기'는 바느질 문화의 산물이다. '옷감의 찢어진 곳을 그 감의 올로 본디와 같이 흠집 없이 짜서 깁는 행위'가 바로 '짜깁기'이기 때문이다. 요즘은 가정집에서 재봉틀을 찾아보기가 쉽지 않지만 어려웠던 시절, 어머니의 정성이 깃든 짜깁기는 우리 생활의 필수적 요소가 아니었던가.

바느질 도구 '골무'

그러고 보니, 어린 시절 재봉틀을 '미싱'이라고 불렀던 기억이 든다. 그때도 그랬지만 왜 재봉틀을 '미싱'이라고 하는지 궁금했었는데, 그 궁금함이 최근에야 풀렸다. 창고 한구석에 놓여 있는 재봉틀을 우연히 들여다보니, 거기에는 'machine'이라고 쓰여 있었다. 이 머쉰이 '미싱'이 되었던 것이다. 재봉틀이 처음 나왔을 때, 옷을 만들어주는 기계였으니 머쉰이라고 이름이 붙을 만하지 않았을까?

이 작품은 바느질에 쓰이는 도구를 의인화하여 옷을 만드는 데 자신이 더 중요한 역할을 한다며 도구들끼리 서로 논쟁하는 이야기이다. 국문으로 쓰여진 필사본이며 작자와 연대는 알려지지 않았다. 대략적인 줄거리는 다음과 같다.

옛날 집안에서 부인이 바느질을 하다가 깜빡 낮잠이 들었다. 그 사이에 규중칠우, 즉 바느질에 쓰이는 7가지 도구들이 서로 자기가 더 중요하다며 옥신각신한다. 먼저 척부인(尺夫人 : 자)이 자기가 없으면 어떻게 옷을 제단하고 치수를 잴 수 있겠느냐며 자신이 제일 공이 크다고 주장한다. 그러자 이 말을 듣던 교두각시(交頭 : 가위)는 자신이 없으면 옷을 만들 수 없다고 주장하고, 이어서 세요각시(細腰 : 바늘), 청홍각시(실), 감투할미(골무), 인화낭자(引火 : 인두), 울낭자(熨 : 다리미) 등이 차례로 자기가 없으면 옷을 만들 수 없다고 자신의 공을 내세운다.

이때 떠드는 소리에 놀라 부인이 깨어나고 규중칠우 이야기를 들어본 후 너희들이 공이 있다 한들 자기만 하겠느냐고 이들을 책망하고는 다시 잠에 든다. 규중칠우는 주인으로부터 야단만 맞아 야속한 마음에 부녀자들이 자신들의 공은 모르고 부당한 대우를 한다고 불만을 토로한다. 다시 떠드는 소리에 잠에서 깨어난 부인은 화를 내면서 모두 나가라고 쫓아내려 한다. 이때 감투할미가 나서서 부인에게 용서를 빌어 쫓겨나는 것은 면하게 된다. 전체를 위해 용감히 나선 감투할미는 이후 주인의 각별한 사랑을 받게 되었다는 이야기다.

이 작품은 규방에서만 사용하는 여성들의 섬세한 정서를 잘 표출하고 있으며, 바느질 도구의 생김새나 쓰임새에 대해 현실감 있게 묘사한 탁월한 작품으로 평가된다.

- 『한국민족문화대백과사전』-

2. 음식과 우리말

　'금강산도 식후경'이라는 말이 있다. 먹는 것이 무엇보다도 중요하다는 말이다. 그러나 이 말이 먹을 게 없어서 나온 말은 아니다. '상다리가 휘어질 정도로' 음식을 차려 놓고 먹어야 직성이 풀리는 민족이기 때문이다. 이런 문화 때문에 서양의 풀코스 음식이나 뷔페와 같은 음식문화는 우리나라에 정착하기가 쉽지 않았다. 점잖게 앉아 있으면 상다리가 휘어질 정도로 한 상 잘 차려 내오는 것이 우리의 음식문화이기 때문에, 스프를 주고 조금 있다가 주요 메뉴가 나오고 또 그다음에 후식이 나오는 서양의 음식문화는 그야말로 감질나는 것이 아닐 수 없다. 또 빈접시를 들고 이리저리 헤매면서 음식을 퍼 날라야 하는 것도 우리 문화에서는 여간 번거로운 일이 아닐 수 없다. 문화에 따라 음식이 다르고, 음식에 따라 문화도 달라지는 법이다.

쉬어 가기 – 한국인에게는 밥이면 다 된다!

고마울 때 : 내가 밥 한번 살게.

안부 물어볼 때 : 밥은 먹고 지내냐?

아플 때 : 밥은 꼭 챙겨 먹어.

인사말 : 식사는 하셨습니까? 밥 먹었어?

재수 없을 때 : 쟤 진짜 밥맛 없는 애야~

한심할 때 : 저래서 밥은 벌어 먹겠냐?

무언가 잘 해야 할 때 : 사람이 밥값은 해야지~

무능함을 비난할 때 : 넌 밥값도 못하냐?

나쁜 사이일 때 : 그 사람하곤 밥 먹기도 싫어~

멍청하다고 욕할 때 : 어우!! 이 밥통아~~

심각한 상황일 때 : 넌 목구멍에 밥이 넘어가냐?

팔도 음식과 팔도 말

우리나라는 삼면이 바다로 둘러싸여 있고 또 평야보다도 산악지대가 많은 지형적인 특성과 사계절이 뚜렷한 기후적인 특성으로 인해 우리나라만의 독특한 '음식문화'가 발달해 왔다. 멋과 맛의 고향답게 전라도에 가면 맛난 음식들이 즐비하다. 넓고 기름진 평야와 바다에서 나오는 재료를 바탕으로 한 음식들은 우리 음식문화의 백미로 꼽힌다. 특히 전주 지

팔도음식

방의 콩나물은 맛있기로 이름나 있다. 전주비빔밥, 콩나물국밥(전주), 고들빼기김치(남원), 풍천장어(고창), 순창고추장 등은 소문난 먹거리들이다.

태백산맥과 소백산맥 사이에 산간평야와 내륙지방을 굽어 흐르는 낙동강 주변을 바탕으로 한 경상도도 맛깔스러운 음식이 즐비하다. 기후가 따뜻한 까닭으로 음식의 맛은 대체로 얼얼하도록 맵고 짠 편이며, 경상도 특유의 무뚝뚝함을 반영하듯 멋을 내거나 사치스럽지 않고 소담한 것이 특징이다. 안동식혜, 다슬기국(영천), 닭백숙(청송), 횟집나물(청도), 수수풀떼기(봉화), 호박떡(울릉)이 유명하다.

어디 이뿐이랴. 전국 팔도 어느 지방을 가더라도 그 나름의 독특한 맛을 지닌 고유한 음식이 즐비하지 않은가. 서울의 '설렁탕, 장김치', 경기도의 '조랭이떡국, 비늘김치', 강원도 '삼숙이탕', 충청도의 '청국장', 제주도 '빙떡', 황해도의 '김치말이', 함경도와 평안도의 '냉면'까지. '아바지, 아바이, 아버지, 아부지, 아방이, 아부이, 아방'처럼 말은 서로 조금씩 다르지만 그 의미는 모두 같은 것처럼, 음식도 맛은 조금씩 달라도 모두 우리의 음식이 아닌가.

깊이 읽기 – 음식이름의 형성 방식

　'칼국수'는 칼로 만든 국수이고, '잔치국수'는 잔치날 먹는 국수이며, '열무국수'를 열무를 넣은 국수이고, '비빔국수'는 매콤한 양념을 비벼서 먹는 국수이다. 같은 국수지만 '~국수'라는 단어가 만들어지는 방식은 서로 다르다. 이처럼 음식명은 매우 다양한 방식으로 만들어진다.

〈조리법+재료〉 : 튀긴닭, 수육(熟肉 삶은고기), 찜닭, 찜갈비, 무침회, 김치말이국수 …
〈재료+조리법〉 : 제육볶음, 갈비찜, 떡볶이, 김치볶음밥, 바지락칼국수, 고등어구이 …
〈지명+음식〉 : 전주비빔밥, 영광굴비, 평양냉면, 함흥냉면, 여수갓김치, 안동소주 …
〈조리기구+음식〉 : 뚝배기장국, 항아리수제비, 칼국수, 돌솥비빔밥,　…
〈모양〉 : 가래떡, 가락지빵, 붕어빵, 땅콩과자, 호두과자　…
〈부위〉 : 등심, 안심, 살칫살, 치맛살, 족발, 닭발, 닭똥집, 곱창　…

지지고 볶고 조리고 부치고: 조리용어

우리도 음식문화가 발달했지만, 음식 하면 둘째가라면 서러울 나라가 바로 프랑스다. 프랑스에서는 소 한 마리를 잡으면 30가지의 부위별 고기를 음식으로 사용한다고 한다. 그런데 한국은 소 한 마리에 50가지 부위별 고기가 나온다고 하니, 프랑스를 제치고도 남음이 있다. 안심, 등심, 갈비 등에서 시작하여 도가니탕, 제비추리에 이르기까지 다양한 고기 명칭이 존재한다. 도가니는 소 무릎도가니로 무릎 주위에 붙어 있는 종지뼈와 그것을 감싸고 있는 살덩이를 가리키는 말이며, 제비추리는 양지머리(소 가슴살)의 배꼽 아래에 붙은 살코기를 말한다.

그 때문인지 예나 지금이나 우리나라 방송에서 요리 프로그램은 단연 인기가 많다. 조선시대 궁중요리를 배경으로 한 드라마 『대장금』(MBC, 2003)이 공전의 히트를 치면서 세계인들에게 한류를 알리는 선봉장이 되었고, 집에 있는 냉장고에 들어 있는 재료를 가지고 즉석 요리를 펼치는 『냉장고를 부탁해』(JTBC, 2014), 그리고 최근 요리 경연 프로그램인 『흑백요리사』(넷플릭스, 2024)에 이르기까지 요리는 언제나 생활의 한복판에서 사람들의 관심을 끌었다.

이러한 문화 때문인지 음식을 조리하는 방법과 관련된 낱말도 수없이 많다.

- 불로 익히는 것: 굽다, 튀기다, 지지다, 데치다, 볶다, 부치다, 익히다, 끓이다, 달이다, 찌다, 삶다, 고다, 데우다, 조리다, 쑤다, 덖다
- 불을 사용하지 않는 것: 저미다, 다지다, 썰다, 무치다, 버무리다, 말리다, 절이다, 뜨다, 안치다.

그리고 이러한 조리 용어가 서로 조합을 이루거나(지지고 볶다 구워 삶다

/ 버무려 무치다) 정도를 나타내는 수식어가 붙으면(달달 볶다 / 살짝 볶다) 더욱 많은 어휘가 만들어진다. 또한 '나물무침, 곰국, 지짐이, 장조림, 갈비찜, 겉절이' 등에서 알 수 있듯이 조리를 나타내는 동사들이 명사로 쓰이면서 많은 복합어를 만들어내기도 하니, 우리나라는 가히 조리의 천국이 아닐까 싶다.

달콤하다와 짭짤하다

"느끼한 목소리, 달콤한 신혼생활, 떨떠름한 표정, 싱거운 놈, 씁쓸한 기분, 쓰디쓴 패배, 짠 200(당구에서), 짭짤한 수입, 팍팍한 인생"

위의 예들은 우리 일상생활에서 흔히 사용하는 말인데, 가만히 들여다보면 공통점이 몇 가지 있다. 하나는 이 표현들이 주로 감정이나 속성을 나타내는 말이라는 점과 다른 하나는 수식어 대부분이 음식 관련 어휘들이라는 점이다. '느끼하다, 달콤하다, 싱겁다, 쓰다, 짭짤하다'에 이르기까지 맛과 관련된 어휘들이다. 이러한 어휘들이 음식맛을 표현하는 데 그치지 않고 일상적인 감정과 사물의 속성을 표현하는 의미로 확대되어 사용된 것은 무엇 때문일까? 아마도 그것은 그만큼 이러한 어휘들이 우리의 삶에서 차지하는 비중이 크기 때문일 것이고, 또 그만큼 사용의 빈도가 많기 때문이 아닐까 생각해 본다.

이러한 단어들은 관용적 표현에서도 나타난다. '구워 삶다 / 달달 볶다 / 지지고 볶다' 등의 표현은 1차적인 의미 이외에 "나를 구워 삶아 먹어라.", "그렇게 달달 볶아대니 내가 어떻게 살 수 있겠니?", "쟤네들은 만나기만 하면 지지고 볶고 하냐."와 같이 관용적 표현으로 더 많이 사용하고 있다. 이밖에도 말을 음식에 비유한 표현도 매우 다양하다. 말을 '삼키다, 곱씹다, 소화하다, 음미하다, 흘리다, 토하다, 뱉다', "양념으로 한 말씀 드리겠습니다." 따라서 우리 문화에서는 그만큼 음식용어가 삶의 깊숙한 곳까지 들어와 있음을 알 수 있다.

음식문화와 관련하여 우리말에서는 다양한 미각어가 발달되었다. 세계적으로도 자랑할 만한 음식문화를 가지고 있는 우리가 다채로운 미각어를 갖고 있다는 것은 어쩌면 자연스러운 일이라 하겠다.

- 단맛 : 달다, 달콤하다, 달곰하다, 달큼하다, 달짝지근하다, 달착지근하다, 들큰하다, 들쩍지근하다, 들부레하다
- 쓴맛 : 쓰다, 쌉쌀하다, 쌉싸름하다, 쌉싸래하다, 씁쓸하다, 씁스름하다, 씁쓰레하다
- 신맛 : 시다, 새큼하다, 시큼하다, 새곰하다, 시금하다, 시쿰하다, 산산하다
- 짠맛 : 짜다, 짭짤하다, 찝질하다, 짐짐하다, 간간하다
- 매운맛 : 맵다, 알알하다, 얼얼하다, 얼근하다, 얼큰하다, 알큼하다, 매콤하다, 칼칼하다

3. 집과 우리말

우리 주위에는 '집'이라는 말로 끝나는 말이 많다. '꽃집, 밥집, 술집, 개미집, 벌집, 사윗집, 양반집, 시골집, 전셋집, 몸집, 살집, 뱃집, 안경집, 칼집, 도장집…' 물건을 파는 가게라는 의미의 '집'도 있고, 누가 사는 곳이라는 의미도 있으며, 무엇을 담는 도구의 의미에 이르기까지 매우 다양한 의미를 갖는다. 또한 '수신제가치국평천하(修身齊家治國平天下)'에서처럼 '집'은 '집안'을 의미하기도 한다. 물론 이 모든 '집'이 사람이 사는

곳이라는 최초의 의미에서 파생된 말이라는 것은 주지의 사실이다. 이처럼 '집'이라는 의미가 다양하게 사용되는 것은 우리 삶 속에서 '집'이 차지하고 있는 중요성을 말해주는 것이리라.

어느 한학자(漢學者)는 집의 한자 '家'를 보면서 한자를 만든 민족은 중국의 한족이 아니라 우리 민족이라고 주장한 적이 있다. 그 이유는 '家'의 글자 모양이 '집 속에 돼지'가 있는 형상인데(宀 + 豕), 집안에 돼지를 키우는 민족은 우리 민족이라는 것이다. 제주도 전통 가옥에서는 화장실 밑에 돼지가 사는 것을 볼 수 있으니 가능성이 전혀 없는 것은 아니다. 또한 집안에 돼지를 키운 것은 뱀을 쫓기 위해서라는데, 궁합에서도 돼지와 뱀이 상극이라니 어디까지를 믿어야 할지 모를 일이다. 그러나 한자의 제작자가 누구이든 중요한 것은 '집'(家)이라는 글자가 갖는 중요성이 아닌가 한다. "즐거운 곳에서는 날 오라 하여도 / 내 쉴 곳은 작은 집 내 집 뿐이리…" 문득 '즐거운 나의 집'이라는 노래가 떠오르는 것은 왜일까?

너와집에서 기와집까지

'주택'이라는 말은 머무를 주(住)와 집 택(宅)의 합성어로서 그 뜻은 사람이 들어 사는 집을 말한다. 이 말은 순수한 우리말인 '집'에 대한 한자어로 외래어이며, 같은 한자어인 주거(住居)와 유사하다. 전자가 집 그 자체의 건물만을 지칭한다면 후자는 집에서 이루어지는 생활도 포함된다는 차이가 있다. 또 가옥(家屋)이라는 말도 집 자체를 뜻하며, 저택(邸宅)은 비교적 큰 집을 말한다.

한편, 민가(民家)라는 말은 어떤 특정한 건축가가 건축하기보다 목수들이 선대로부터 물려받은 기술로 지은 일반백성들의 집을 말한다. 민가의

울릉도 너와집

초가집

대표적인 형태가 '초가집'이다. '초가(草家)'는 '짚이나 갈대 따위로 지붕을 인 집'을 말하는데, 보통 '기와집'에 상대되는 의미로 쓰이기도 한다. '초가집'은 엄밀하게는 잘못된 조어인데, '초가'가 이미 집이라는 뜻이기 때문이다. 그러나 '초가'에 집이라는 의미가 점차 부각되지 못하자 여기에 추가로 '집'을 덧붙여 사용하게 된 것이다. 이것은 '역전앞'의 경우처럼 오분석으로 생긴 잘못된 형태이지만, '초가집'은 널리 사용되다 보니 표준어의 지위를 획득하게 되었다. '상가(喪家)-상갓집'도 이와 비슷한 사례다.

한편, 일제강점 이후에는 양식과 일본식 건축과 구별하여 전래된 전통적인 집을 한옥(韓屋)이라 부르기도 했다. 서양식 집은 양옥(洋屋) 또는 양옥집이라고 불렀으며, 일본식 집은 '적산가옥(敵産家屋)'이라고도 했다. 적들이 지은 집이라는 뜻인데 아마도 일제강점기에 일본인들이 지은 일본식 집이라서 이러한 이름이 붙여진 것이 아닌가 한다. 이처럼 집의 명칭은 역사적으로 다양하게 불렸으며 그 재료와 기능에 따라서도 매우 다양한 이름을 갖고 있다.

재료: 너와집, 토담집, 기와집, 초가집, 함석집
기능: 꼭짓집, 다림방, 푸줏간, 대장간, 선술집, 드팀전, 안채, 사랑채

초가삼간

초가삼간 집을 짓고 양친 부모 모셔다가 천년만년 살고지고.

이 민요에서 알 수 있듯이, 우리의 전통 가옥은 3칸으로 구성되어 있는 것이 보통이었다. 이때 3칸이라는 것은 가옥의 공간이 셋으로 나뉘어 있다는 것을 말하는데, 방 1칸, 마루 1칸, 부엌 1칸이 바로 그것이다. 방은 잠자리를 위한 공간이요, 마루는 조상의 제사를 모시거나 물품들을 보관하는 곳으로 기능을 하고, 부엌은 음식을 만들고 난방을 할 수 있는 공간으로서 기능을 하는 것이니, 이 삼박자가 골고루 갖추어지면 하나의 가옥이 완성되는 것이다. 일반 백성들은 3칸짜리 집에서 소박하게 살았지만, 권세 높은 양반집은 99칸짜리 집을 지어 살기도 했다. 조선시대 100칸이 넘는 집은 임금만이 살 수 있었으므로 99칸 집이 나온 것이다.

여기서 마루는 대부분 앉아서 생활하도록 꾸며져 있으며, 부엌은 서서 활동하는 공간이니 앉음과 섬의 조화가 또한 한 데 어우러져 있고, 마루는 저장의 공간이지만 제사를 모시는 종교적인 공간이므로 과거와 현재가 교차되는 공동의 장소이기도 한 것이다. 이렇게 보면 3칸짜리 집의 짜임새와 기능은 매우 효과적이고도 효율적이 아닐 수 없다. 오늘날 서양식 가옥 구조와 비교했을 때 대부분은 별 차이가 없으나 화장실이 가옥의 공간에 포함된 점이 커다란 차이라고 할 수 있다. "뒷간과 친정은 멀수록 좋다."는 속담이야말로 요즘 시대에 가장 어울리지 않는 속담이 아닐까.

자연친화적인 우리의 집

안빈낙도(安貧樂道)의 삶을 엿볼 수 있는 고려말 학자 길 재의 시조이다. 한가로운 전원에서 아무 욕심없이 자연과 더불어 살아가는 자연인의 모습이 그려진다. 문득 19세기 미국 작가 헨리 데이빗 소로우의 『월든』이 떠오른다. 월든 호수가의 작은 통나무집에서 자연과 조화를 이루며 소박하고 검소하게 살았던 소로우의 안빈낙도의 삶이 길 재의 시조와 오버랩되는 것은 나만의 생각일까. 오늘날 고층 빌딩 숲처럼 하늘 높이 솟아올린 성냥갑 같은 아파트에서 사는 현대인들에게는 시냇가의 띠집은 아득한 옛이야기처럼 들릴지도 모르리라. '띠집'은 지붕을 띠나 짚으로 이어 만든 집이니 자연을 벗삼아 만든 집이 아니고 무엇이겠는가.

옛날에는 '띠집'말고도 '굴피집, 투막집(귀틀집), 너와집, 토담집' 등도 있었다. 굴피집은 참나무나 상수리 나무 껍질로 지붕을 얹었다고 해서 붙여진 이름이며, 투막집(귀틀집)은 통나무를 우물 정(井)자 모양으로 귀를 맞추어 얽고 흙으로 틈을 메워 만들어서 붙여진 이름이다. 또 널빤지 같은 얇은 돌조각으로 지붕을 얹은 것이 너와집이고, 흙으로 담을 쌓은 후에 지붕을 얹은 것이 바로 토담집이니, 오늘날의 시각에서 보면 모두 자연 친화적인 집들이 아니고 무엇이랴. 초가집 굴뚝에서 저녁연기가 모락모락 피어오르던 그 시절로 되돌아갈 수는 없겠지만 마음만이라도 초가집 처마에서 떨어지던 빗방울에 흠뻑 젖고 싶다.

1. 다음은 '옷'과 관련해 민간에서 전해오는 말이다. 이들을 읽어보고 왜 이런 말이 생기게 되었을지 생각해 보라. 그리고 '옷'에 관련한 다른 말들이 있는지 더 찾아보자.

   - 옷을 거꾸로 입으면 떡을 얻어먹는다.
   - 옷가게에서 옷을 사 가지고 손님이 입고 가면 재수 가져간다고 한다.
   - 옷투정하면 가난하게 산다.
   - 옷을 짓다가 해를 묵히면 해롭다.
   - 옷을 빌어 입으면 안 좋다.

2. 아래 글을 읽고 물음에 답하라.

   우리말에서 맛을 나타내는 미각어는 그 표현이 매우 풍부하다. 이들이 다시 가지를 쳐서 다양하고 절묘한 맛의 뉘앙스를 만들어낸다. 이를테면 단맛 하나를 표현해도 아래처럼 계속 파생시켜 나가는 식이다.

   달콤하다, 달큰하다, 들큰하다, 달그므레하다, 달짝지근하다...

   매운 음식을 많이 먹게 되면서부터 매운 맛을 표현하는 말도 다양해졌다.

   맵다, 맵디맵다, 맵싸하다, 맵짜다, 매콤하다, 매캐하다, 매큼하다, 매옴하다, 매움하다, 알알하다, 얼얼하다, 알근하다, 얼근하다, 알큰하다, 얼큰하다, 알짝지근하다, 얼쩍지근하다,

   (1) 위의 글에서 '달다'와 '맵다' 어휘가 파생되는 과정에 어떤 공통점이 있는가?

   (2) '달다'와 '맵다'처럼 '짜다', '시다', '쓰다'의 파생형을 다양하게 찾아보자.

   (3) '맵다'라는 말은 음식의 맛 외에 사람의 성격이나 날씨 등을 비유적으로 표현하기도 한다. 예를 들어 '눈초리가 맵다, 손끝이 맵다, 매운 바람' 등. 이처럼 비유적으로 표현되는 미각어가 더 있는지 찾아보자.

3. 자신이 사는 집, 부모님과 조부모님이 살던 집은 어떤 종류의 집이었는지 찾아보고 비교해 보자. 우리나라 집의 외형이 시대에 따라 어떻게 변천해 왔는지 조사해 보고, 변천의 원인이나 이유는 무엇인지 함께 생각해 보자.

사회가 변하면
말도 변할까?

사회 변화와 말의 변화

사회가 변하면 말도 변한다

『성자가 된 청소부』(1999, 정신세계사)란 책을 기억하는가? 청소부로 태어나 성자가 된 사람에 대한 이야기다. 저자 바바하리다스는 진솔한 청소부의 이야기를 통해 마음의 평화를 얻는 것이 얼마나 중요한 것인가를 우리에게 말해 주고 있는 듯하다. 책을 읽고서 아침 일찍 거리를 청소하는 청소부 아저씨들을 만날 때면 반가움이 앞서곤 했다.

그러나 어느 순간부터 청소부 아저씨는 사라지고 '환경미화원'이 등장했다. 사회가 달라지면서 청소부도 엄연한 하나의 직업이 되고, 직업에 걸맞는 새로운 이름이 필요했을지도 모른다. '공무원'처럼 '원'이라는 명칭이 더 근사하고 전문성이 있어 보일지도 모를 일이다. 또 환경미화원이라는 말은 '우리 주위를 아름답게 해 주는 사람'이라는 뜻이니 의미로만 놓고 본다면 더없이 좋은 말이 아닌가. 그렇지만 '청소부 아저씨'에서 느꼈던 푸근함과 정겨움은 조금 사라진 것 같아 아쉽다.

사회가 급변할수록 말의 변화도 시시각각 달라진다. 지역에 따라 말이 달라지고, 표준어와 사투리가 구분되고, 계급이나 연령에 따라 말이 달라진다. 또한 말은 유행도 탄다. 사람들 사이에 유행되어 널리 쓰이다가도 이내 사라지기도 한다. 그런가 하면 사회가 변하고 의식이 변하면서 거기에 맞춰 말이 변하는 경우도 있다. 이 장에서는 사회 변화에 따라 언어가 어떻게 달라지는지 알아본다.

미리 한번 생각해보자

- 자기 고향에서 쓰는 사투리를 3가지만 말해보자.
- 요즘 가장 유행하는 말은 무엇인가?
- '간호원'과 '간호사'라는 말을 비교할 때 어떤 느낌의 차이가 있는지 말해보자.

1. 지역에 따라 말이 다르다

퀴즈 하나! "이 콩깍지가 깐 콩깍지냐 안 깐 콩깍지냐?"를 충청도말로 하면? "깐겨 안 깐겨?", "저하고 춤 한번 추실래요?"를 충청도말로 하면 "출텨?". 압축적이고 간결하면서 정감 있다는 충청도말의 특징이 잘 드러난 예가 아닌가. 또 서울에서는 '부추'라고 하는 것을 경상도에서는 '정구지'라 하고 전라도에서는 '솔', 충청도에서는 '졸', 강원도는 '분초', 제주도는 '새오리'라고 한다니 어쩌면 지역마다 이렇게 말이 다를 수가 있을까?

일반적으로 우리는 그 사람이 사용하는 말을 보고서 그의 고향이나 출신을 추측할 수 있을 정도로 지역에 따라 그 어휘나 어미 그리고 억양 등이 차이가 난다. 하나의 공통언어는 오랜 세월이 흐르면서 지리적 요인에 의해 각 지방마다 독자적으로 발달을 하게 된다. 예를 들어 큰 산맥이나 강, 바다 등에 의해 두 지역이 단절되어 있다든지 아니면 어떤 지역이 다른 문화권에 속하면서 각기 다른 발달을 하게 된다.

이러한 방언은 표준어와 달리 그 지역의 음운, 어휘, 문법 체계를 고스란히 잘 간직하고 있는 경우가 많아서 중세나 고대 언어를 밝히는 데 많은 도움을 준다. 또한 그 지역만의 독특한 정감을 담고 있다. 여기에서는 이러한 지역방언의 특징과 방언의 형성과정, 그리고 방언의 의미는 무엇인지 등에 대해 살펴보기로 한다.

방언은 나쁜 말인가요

갑 : 국수와 국시의 차이점은?
을 : 국수는 밀가루로 만들고, 국시는 밀가리로 만들지?

갑 : 그러면 밀가루하고 밀가리의 차이점은?
을 : ???

갑 : 그건, 밀가루는 봉투에 담고, 밀가리는 봉다리에 담는 거야.
을 : !!!

갑 : 그러면 봉투와 봉다리의 차이점은 뭐지?
을 : ???

갑 : 그건, 입구를 붙일 때, 봉투는 '춤'을 발라 붙이고, 봉다리는 '침'을
    발라 붙이기 때문이야... (^_^)
을 : 띠용...... (˘-˘)

정경일 외 『한국어의 탐구와 이해』(2000)

이 우스개에 나오는 '국시와 봉다리, 춤'은 경북방언으로 표준어로 '국
수, 봉투, 침'을 뜻한다. 이처럼 일정 지역에 사는 사람들이 공통적으로
사용하면서 일정한 체계를 갖추고 있는 언어를 '방언(方言)'이라고 한다.
표준어는 하나의 언어 체계 내부에 존재하는 여러 방언 가운데 특별히
사회적으로 공용어로 인정받은 방언을 의미한다. 대표 방언이라고 생각
하면 된다. 방언을 사투리라고 해서 좋지 않은 시각으로 바라보는 경우
가 있는데, 이는 잘못이다.

방언학자 정승철 서울대 교수는 저서 『방언의 발견』(2018, 창비)에서 방
언의 가치에 대해 다음과 같이 말한다. 조선시대에는 서울말과 지방어
간에 그렇게 차이가 나지 않았는데, 근대화 과정에서 표준어라는 개념이
등장하고 일제강점기를 거치면서 서울말이 표준어가 되었다고. 1900년
10월 9일 발행된 『황성신문』에는 팔도의 말씨를 논한 글이 실렸는데 내
용을 보면 팔도 각 지방말의 장점과 특색이 잘 묘사되어 있다.

"경기도 말씨는 새초롬하고, 강원도 말씨는 순박하며, 경상도 말씨는 씩씩하다. 그리고 충청도 말씨는 정중하며, 전라도 말씨는 맛깔스럽다. 황해도 말씨는 재치 있고, 평안도 말씨는 강인하며, 함경도 말씨는 묵직하다는 인상을 준다."

이후 조선어학회에서 1936년 『조선어 표준말 모음』을 편찬하면서 표준어의 위상이 커지기 시작했고, 해방 이후 표준어의 권위는 더욱 높아졌다고 한다. 자연스레 사투리는 '잡스러운 언어'가 되었고 순화의 대상으로 전락하고 만 것이다. 각 지역에서 자신의 방언이 존중되고 주체적으로 사용될 수 있는 분위기가 필요하지 않을까(『연합뉴스』 2018.04.04.).

정지와 부엌

어느 지역에서는 부엌을 '정지'라고 부른다. 그렇다면 지역마다 말이 달라지는 이유는 무엇일까? 다시 말하여 방언은 어떻게 하여 생기는 것일까? 이에 대해서는 유명한 언어학자 소쉬르(F. Saussure)의 이주설이 가장 설득력을 갖고 있는데, 그 내용은 다음과 같다.

$$
\begin{array}{ccc}
F & & F' \\
a & = & a \\
\downarrow & & \downarrow \\
b & & c
\end{array}
$$

위의 그림은 언어의 분화를 육지와 떨어진 섬에 비유하여 섬 F에 살던 사람이 다른 섬 F'로 이주하였을 경우를 가정한 것으로, 이주 당시에는 두 섬 사이의 언어에는 아무런 차이가 없었지만 오랫동안 서로 격리되어 살아간다면, 차차 서로 다른 모습으로 변하게 된다는 것이다. 즉 두 섬의 동일한 언어 체계인 a는 각각 b와 c로 바뀌어 간다는 것이다.

이때 이 두 섬의 언어를 달라지게 한 장애물은 지형적인 것이 일반적이다. 예를 들어 바다나 산맥 같은 경우가 대표적이다. 이러한 지리적 제약 공간은 자연스레 두 언어를 구분하는 경계선이 되는 것인데, 전문 용어로는 이 경계선을 '등어선'이라고 부른다. 아래 그림에서 '바다'가 등어선이 되는 셈이다.

F	바다	F'
a	바	a
↓	다	↓
b		c

이렇듯 민족 집단이 이주하면서 생긴 언어의 분화는 서로 다른 언어를 만들지만, 한 언어 안에서 집단의 이주로 생긴 언어 분화는 서로 다른 방언을 만든다고 할 수 있다.

고장의 말, 고장의 정취

어느 시인의 말처럼 사투리에는 그 지방 사람들의 삶의 체취가 고스란히 베어 있어 거부감보다는 정겨움과 애착이 느껴지는 경우가 많다. 경상도 사투리에는 "아침 잡샀니껴?"와 같은 '~니껴체'가 정겹게 남아 있어, 그런 억양을 내비치는 사람을 우연히 만나기라도 하면 마치 고향의 이웃집 '아재'를 만난 것처럼 마음이 푸근해진다. '징하게', '겁나게', '솔찮이', '새똥빠지게'와 같은 부사어는 전라도 사투리에서 손쉽게 만날 수 있는데, 이 또한 얼마나 정겨운 말들인가.

사투리를 쓰지 말고 표준어를 써야 한다지만, 표준어로 사투리의 미묘한 맛을 제대로 표현하기가 어려운 경우도 많다. 전라도에서 활동 중인 작가라면 종종 사투리 때문에 애를 먹는 경우가 있다고 한다. 예를 들어 전라도 말 중에 '뜬금없이'라는 말이 있는데, 간혹 원고를 쓸 때, '뜬금없이'라는 말을 쓰면 서울의 신문사에서는 어김없이 '느닷없이'라는 표준어로 바꾸어 버린다는 것이다. 사실 '뜬금없이'와 '느닷없이'의 뜻이 정확히 일치하는지는 더 생각해 보아야 한다. 전라도 사투리의 '뜬금없이'는 '갑자기', '느닷없이'라는 의미도 있지만, 그보다는 '엉뚱하게'라는 뜻을 더 많이 갖고 있는 것 같다. 『표준국어대사전』에도 '갑작스럽고도 엉뚱하게'라고 뜻풀이가 되어 있는 것을 보면 '뜬금없이'에는 이 두 가지 의미가 다 섞여 있는 듯하다.

이밖에도 경상도 사투리의 '속닥하게'라는 표현도 표준어로 바꾸었을 때 그 말맛을 적절히 표현해 주기 어려운 예라고 할 수 있다. '속닥하게'는 보통 '오붓하게'의 방언이라 되어 있지만, 그 뜻과 어감까지 정확히 일치하는지는 생각해 볼 일이다. '오붓하게'에는 '아늑하다'라는 느낌이 강한 반면, '속닥하게'에는 '조용하고 단촐하게'라는 느낌이 더 풍기는 것 같다. 말맛이라는 것은 그 말을 구사하는 모어화자만이 정확히 알 수 있듯이 그 맛깔나는 말맛도 계속 유지되었으면 한다(『우리말의 수수께끼』(2002)).

사례 1	표준어 : 『돌아가셨습니다』
	경상도 : 『운명했다 아임니까』
	전라도 : 『뒤져버렸어라』
	충청도 : 『갔슈』

사례 2	표준어 : 『잠시 실례합니다』
	경상도 : 『좀 내좀보소』
	전라도 : 『아따 잠깐만 보더라고』
	충청도 : 『좀 봐유』

사례 3	표준어 : 『정말 시원합니다』
	경상도 : 『억수로 시원합니더』
	전라도 : 『겁나게 시원해 버려라』
	충청도 : 『엄청 션해유』

사례 4	표준어 : 『빨리 오세요』
	경상도 : 『퍼뜩 오이소』
	전라도 : 『허벌라게와버리랑께』
	충청도 : 『빨와유』

사례 5	표준어 : 『괜찮습니다』
	경상도 : 『아니라예』
	전라도 : 『되써라』
	충청도 : 『됐슈』

출처: 네이버 블로그

2. 말에도 유행이 있다

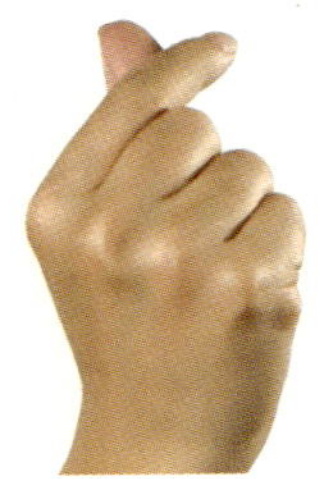요즘 엄지와 검지 손가락을 이용해 만든 '손가락 하트'가 유행이다. 두 손을 머리 위로 올려 하트를 만든 '머리 하트'가 유행하더니 이제는 손가락을 이용해 귀엽고도 간편한 하트를 만들고 있다. 이러한 유행 행동을 '밈(meme)'이라고 부르기도 한다. '밈'은 문화 요소로 인터넷 커뮤니티나 SNS 등에서 유행하는 문화적 창작물을 총칭하는 말이다.

사실 이 말은 『이기적 유전자』(1976)의 저자인 동물학자 리처드 도킨스이 제기한 말로 인간의 '유전자(gene)'와 같이 자기복제의 특징을 갖고 번식하는 문화적 진화 요소를 말한다. 이 말이 2000년대 즈음 점점 파생되고 확대되어 '패러디되고 변조되어 새로운 의미로 퍼지는 문화 요소'라는 의미가 된 것이다. 그렇게 보면 '손가락 하트'는 '밈'이라고 부를 수 있겠고, 최근에는 '볼 하트'가 '밈'으로 그 바통을 이어받고 있는 것 같다.

'밈'의 의미를 언어에까지 확대해 보면 유행어도 일종의 밈이라고 볼 수 있다. 요즘 '오타밈'이라는 유행어가 있는데, '돼'를 일부러 '되'로 써서 재미를 유발하는 방식이다. 예를 들어 '소녀가 되', '공주가 되'. '거지가 되', '착한 학생이 되' 등 여러 가지 상황과 결합하면서 순식간에 퍼지고 있다. 유행어도 복제되듯이 널리널리 퍼져 나가며, 지속적으로 패러디되고 변조되어 새롭게 파생된다는 점에서 '밈'으로 볼 수 있겠다.

유행어의 역사

요즘 '럭키비키잖아!'라는 말이 유행이다. 가수 장원영이 매사에 긍정적으로 생각하는 사고방식에서 만들어진 말로, '럭키'라는 말에 장원영의 영어 이름 '비키'를 합쳐 만든 일종의 감탄사처럼 사용된다. 또한 이처럼 어려운 상황에서도 긍정적으로 생각하는 그녀의 사고방식을 팬들이 '원영적 사고'라고 칭하며 이 말 또한 유행어가 되었다. 취업도 어렵고 결혼도 어렵고 삶이 어려운 현실에서 젊은이들에게 조그마한 위로가 될 수 있는 말이기에 더 유행이 되지 않았을까 생각해 본다.

그럼 유행어의 역사는 언제부터일까? 사회, 정치적 상황을 풍자하거나 비판한 유행어의 시초는 "뭉치면 살고 흩어지면 죽는다."가 아닐까 싶다. 초대 대통령인 이승만 박사가 1945년 10월 27일 귀국하면서 내뱉은 일성이다. 60년대는 방송을 통한 첫 유행어가 나왔는데, "이거 되겠습니까?"라는 말이 유행했다. 군사독재 시절 눈치보기에 바빴던 공무원들의 부패상을 비꼰 것이다. 그러다가 70년대말 박정희 대통령 시해 사건에서 나온 김재규의 "나는 한다면 한다."는 말도 유행을 했다. 이후 '복지부동', '우째 이런 일이…' 등이 있었고, 1996년에는 올림픽 후 나온 "빠떼루 줘야 합니다."라는 말이 일대 유행하기도 했다. 그러다가 IMF 시절을 겪으면서 '정리해고, 빅딜, 퇴출' 등 우울한 유행어가 등장하기도 했다.

2000년대에 들어와서도 유행어는 계속 등장했다. 영화 『봄날은 간다』(2001)에서는 "라면 먹고 갈래요?"라는 말이 유행어가 되기도 했고, 2002년에는 광고에 나온 "부자되세요~"라는 인사말이 엄청난 히트를 쳤다. IMF를 겪고 나서인지 모든 사람에게 부자되라는 말은 신선하고 강렬하게 다가왔다. 비슷한 시기에 "너 미미미 했냐?"는 말도 유행했다. 이 말은 "너 미쳤냐?"는 말인데 듣기 거북한 욕설을 자체적으로 순화시켜 재치 있게 말하는 것이 포인트였다. "너 돌았구나."를 "너 도도도 했구나."라고 말하는 식이다. 또한 영화 『신세계』(2013)에서는 "드루와~, 드루와~", "살려는 드릴게~" 등의 말이 유행어가 되었고 수많은 패러디를 만들어내기도 했다. 최근에는 "묻고 더블로 가!"라는 말이 밈처럼 유행했다. 이 말은 영화 『타자』(2006)에 나온 대사로 도박판에서 두 배로 키워서 배팅한다는 뜻인데, 사회적 현상과 맞물려 뒤늦게 유행을 타게 되었다. 앞으로는 어떤 유행어가 나올지 궁금하다.

까라면 까, 짜샤!

최근 가수 방탄소년단(BTS) 멤버들의 군 입대가 화제가 된 적이 있었다. 국위선양을 했으니 병역혜택을 주는 것이 옳다느니 그래도 군대는 가야 한다느니 설왕설래 말이 많았다. 결국 방탄소년단의 멤버들은 당당히 군에 입대했고 현재 하나둘씩 전역을 해서 팬들에게 돌아왔다. 그런가 하면 군 입대를 약속했다가 홀연히 미국으로 가서 미국국적을 취득하여 사회적 물의를 빚은 가수 유승준에 대해 법무부가 또다시 입국금지를 내린 사건을 두고 한국에서 남성들의 신성한 국방의 의무가 다시금 화제가 되기도 했다.

대한민국 남자라면 군대에 모두 가야 하고, 그만큼 군대 생활이나 군대 문화는 사회 속에 자연스럽게 자리 잡게 되었다. 남자들끼리의 만남에서는 언제 군대를 갔다 왔는지, 어디에서 근무했는지, 무엇으로 제대했는지가 대화의 우선순위로 자리 잡는다. 그만큼 군대가 우리 사회에 미치는 영향이 크다는 말이다.

이 때문에 우리가 사용하는 말 가운데서도 군대 문화의 잔재가 많은데, 그 대표적인 말이 바로 '가라'(일본어 から)다. '가짜'라는 말이다. 이 말은 일제강점기 군대에서 사용했던 말이다. 임기응변과 결과를 중요시하는 군대 문화에서는 거짓으로 장부를 고치는 것이 비일비재한데 이를 일컫는 말이다. '가라를 친다', '가라로 한다' 등으로 사용된다.

또 "까라면 까!"라는 말도 있다. 이 말은 군대에서 사용하는 말로 명령하면 무조건 하라는 말이다. 상명하복이 생명인 군대의 생리가 반영된 말이다. '쫄다구', '쫄병', '신삥(しんぴん)'이라는 말도 군대에서 나온 말이고 최근에는 '짬찌 = 짬밥 + 찌끄레기'라는 합성어도 등장했다. 무엇보다도 "대가리 박어!"도 군대의 얼차려 문화에서 나온 말이니 군대 문화가 우리 문화에 얼마나 깊숙이 뿌리 박혀 있는지를 단적으로 보여주는 예가 아닌가 한다.

컴퓨터 채팅언어

미국에서 자주 쓰는 채팅언어로 'A3(anytime, anywhere, anyplace)', 'B4(before), BF(boyfriend), LOLO(lots of love), LTNS(long time no see)' 등 줄임말이 젊은층에서는 유행이라고 한다. 말하듯이 손으로 타이핑해야 하는 상황에서 좀더 빨리 말의 속도에 맞춰 타이핑하려다 보면 자연스레 줄임말을 사용하게 되는 것이다. 우리 채팅언어에도 이러한 줄임말은 흔히 볼 수 잇다. 'ㄱㅅ(감사)', 'ㅇㅋㅇㅋ(오케이오케이), '초딩(초등학생)', '쌤(선생님)', '출첵(출석체크)', '얼죽아(얼어 죽어도 아이스아메리카노)', '닥본사(닥치고 본방 사수)' 등등.

어디 이뿐이랴. 줄임말 말고도 말을 압축하거나 소리나는 대로 표기하는 방식도 등장한다.("어솨요", "안냐쩨요", "밥 머거써요?", "시로", "글쿠나"). 이런 요상한 말들이 SNS 등 실시간 온라인 채팅 공간에서 흔히 볼 수 있는 말이다. 그러나 때때로 기성세대들은 이러한 말을 쉽게 이해하지 못하는데, 이것은 바로 특수한 집단에서 그네들끼리 은밀하게 사용되기 때문이다. 이러한 언어를 이른바 '은어(隱語)'라고 한다.

필자도 이러한 은어를 접하기 위해 실제로 컴퓨터 대화방에 들어가 본 적이 있는데, 초보인 필자가 어리둥절하기도 하고 어찌할 바를 몰라 잠시 머뭇거리자 이내 화면에는 "00님 모해요?"가 뜨더니, 그래도 머뭇거리자, "이론...", "컴사고?"라는 말이 연달아 나오고 마침내는 "야어디야그할사람업나?", "가바야겟어요", "담에 바요."라는 말로 끝을 맺고 말았다. 은어를 절실하게 실감한 순간이었다.

어떤 집단이든지 다른 집단에 대하여 무엇인가를 숨길 목적으로 말을 한다면 이는 은어로 볼 수 있다. 예를 들면 중학생이 초등학생에 대해, 의사가 환자에 대해 자기들끼리 비밀스럽게 말을 할 수 있는데, 이것도 은어라고 할 수 있다. 은어는 어느 순간 은밀하게 만들어지다가 일반 사회에 알려지게 되면 즉시 사라져 버리는 속성을 가지고 있다. 더 이상 은밀성이 유지되지 않으면 사라지는 것이다.

한편 은어와 비슷한 표현 가운데 '속어(俗語)'라는 것이 있다. '쪽팔린다, 방방뜬다, 죽여준다, 졸라' 같은 말들이 그것이다. 이러한 표현들은 은밀성이 없다는 점에서는 은어와 다르지만 어느 순간 유행했다가 유행이 지나가면 바로 사라져 버린다는 점에서는 은어와 비슷한 속성이 있다.

3. 사회 변화와 언어 인플레이션

우리 사회도 점점 다문화 사회로 나아가고 있다. 이제는 단일혈통 단일민족이라는 말이 무색할 정도로 많은 외국인이 우리 사회에 정착해서 함께 살아가고 있다. 동네마다 외국인 전용마트가 있고, 외국인 출신 국회의원이 등장하기도 한다. 이에 맞춰 '다문화 사회, 다문화 가족, 결혼이주여성, 이주민, 난민, 새터민' 등 새로운 개념의 단어들이 등장한다.

그런가 하면 옛날 버스에서 표를 검사하고 승하차를 도와주던 '안내양'은 사라진 지 오래다. 이제는 대중교통을 이용할 때 현금을 사용하는 사람이 없기 때문이다. 전자시대에 사람들은 모두 교통카드를 단말기에 대고 자율적으로 대중교통을 이용한다. 기차는 또 어떤가. 스마트폰으로 예약하고 종이로 된 승차권 대신에 전자승차권으로 대신하지 않는가. 스마트폰이 등장하고 인터넷이 보편화되면서 이제 기차표도 신용카드도 메모하는 노트도 모두 사라져 버렸다. 사회가 변하고 기술이 변하면서 문화도 자연스레 달라지게 된 것이다.

이처럼 사회가 변하면 그에 따라 언어도 변하고, 새로운 문화와 문물이 들어오면 사람들의 의식도 달라지고 그에 따라 언어도 달라진다. 또 사회가 팍팍해지면 언어도 팍팍해지고 더 과장되고 센 표현이 등장하기도 한다. 인간은 사회적 동물이고 언어는 사회와 밀접한 관련을 맺기 때문이다. 여기에서는 사회 변화에 따라 언어가 어떻게 변하는지 알아보기로 하자.

사회 변화와 의식의 변화

사회가 변하면서 구성원들의 의식도 달라져 왔다. '3D(Dirty·Dangerous·Difficulty) 업종'이라는 말이 있는데, 더럽고, 위험하고, 어려운 일은 피하겠다는 사회 풍조를 대변하는 말이다. 문제는 이 같은 3D 업종에는 한국인들이 취업을 꺼려하고, 그 빈자리를 외국인 노동자들이 채워가고 있다는 사실이다. 이러한 현상은 이제 도시와 농촌 등 사회 곳곳에서 쉽게 찾아볼 수 있다.

2024년 5월 기준으로 국내에 체류하고 있는 외국인노동자 수는 100만명을 넘어섰다. 농어촌에서 땀 흘리며 일하는 사람들은 대부분 외국인이며, 도시의 웬만한 식당에서도 서빙을 하는 사람들은 대부분 외국인으로 바뀐 지가 오래다. 이러한 사회 변화는 우리가 상상하지 못할 정도로 빠르게 일어나고 있다. 수천년 동안 농업을 주업으로 삼았던 우리 민족은 문화와 관습도 거기에 걸맞게 이루어졌다. 명절이나 사시사철의 이름들만 보아도 농업사회의 뿌리가 얼마나 깊은 것인지를 쉽게 짐작할 수 있기 때문이다.

조상들은 농사일을 천직으로 알고 살아왔지만, 요즘은 3D 업종 중에서도 가장 기피하는 직업이 되어버렸다. 이제 도시화로 인해 인구의 대부분이 도시에 몰려 살고, 외국인의 유입으로 우리 사회는 이제 다문화 사회로 나아가고 있다. 이에 따라 우리의 사회문화도 급속도로 달라지고 있는 것이다. 그리고 그 변화에 맞춰 우리의 생각과 우리의 언어도 변해가는 것은 어쩌면 자연스러운 일이 아닐까.

간호부 - 간호원 - 간호사

언제부터인가 '간호원 언니'는 '간호사 선생님'으로 호칭이 달라지게 되었다. 개인적으로는 '선생님'이라는 말보다는 '언니'라는 말이 더욱 친근감이 느껴지는 것이 사실이지만, 당사자인 '간호사'들은 '선생님'이라는 호칭을 더 선호하지 않을까 싶다. 사실 '간호원'이라는 말도 그 이전에는 '간호부'라고 불렀었다. 그러던 것이 '원'으로 승격(?)된 것이다. '사' 자 들어가는 직업을 선호하는 사회적 분위기를 고려한다면 '간호원'보다는 '간호사'가 더 나은 명칭일 것이다.

간호사가 고도의 전문적 수련을 필요로 하는 직업이라는 면에서 '간호사'라는 명칭은 자연스러운 것인지도 모른다. 이러한 언어의 상승 변화는 비단 '간호사'에만 국한되지 않는다. '청소부 → 환경미화원'이 되었고, '식모 → 가정부(가사도우미)'가 되었으며, '보험 아줌마 → 보험 설계사'가 되었다.

단어 자체로만 보면 '식모(食母)'나 '보험 아줌마'라는 말이 가정부나 보험 설계사보다 더욱 정겨운 말이지만, 일이 전문화되면서 전문직업으로서 인정받고 싶은 사회적 욕구의 결과로 이런 변화가 생긴 것이 아닌가 생각해 본다. 그리고 보면 직업 명칭에 '아저씨'를 붙이던 것들이 요즘은 모두 '원'으로 바뀌어 버렸다. '우체부 아저씨'는 '집배원'으로, '수위 아저씨'는 '경비원'으로. '운전사 아저씨'는 '기사님'으로 말이다. 이를 반영이라도 하듯이 운전사들이 단골로 가는 식당도 '기사식당'이라고 부르거나 더 나아가 '기사님식당'이라고 부른다. 경제에만 인플레이션 현상이 있는 것은 아니다. 물가가 오르듯 갈수록 언어의 인플레이션 현상도 나타나니 말이다.

말은 변해도 달라진 게 없다.

'찻집'은 차를 파는 곳이지만, 젊은이들에게 찻집에 가자고 하면 이상한 눈으로 쳐다본다. 그만큼 젊은이들에게는 어울리지 않는 곳이 되었다. '다방'은 또 어떤가. 과거 사람들의 사랑방 노릇을 톡톡히 해냈던 '다방'도 지금은 나이 많은 사람들만 가는 특정한 구역이 되어버렸다. '찻집'과 '다방'의 자리를 한동안 '커피숍'이 차지하더니, 요즘은 '까페'나 '스타벅스'와 같은 특정 브랜드가 차지하고 있다.

'주막'은 조선시대 술집 겸 식당 겸 여관이었다. 복합적인 기능을 갖췄다는 점에서 오늘날 호텔에 가깝다. 그러다가 1880년경부터는 '여관'이 등장하고 일제강점기 때 급속도로 확산된다. 1960년대에 등장한 것이 '여인숙'이다. 여인숙은 여관보다 더 급이 낮은 숙소로 객실에 욕실이 없는 경우가 많다. 1980년대에는 미국의 '모텔'이 유입되면서 주차장을 갖춘 형태의 숙박업소가 등장했다.

기능은 모두 같지만, 유행에 따라 새로운 것들이 옛것을 덧칠하고 있는 느낌이다. 그러나 그 기능이 어찌 달라질 수 있으랴. 찻집이든, 까페든 차를 마시며 담소를 나누는 곳이며, 여관이든 모텔이든 하룻밤을 쉬어갈 수 있는 곳이 아니겠는가. 그러나 젊은 사람일수록 까페를 선호하는 것은 무엇일까? 어느 나라건 외래문화에 대한 선호가 없을 수는 없겠으나, 이것이 자칫 고유문화의 폄하로 이어져서는 곤란하다. '아내, 부인'보다는 '와이프'를, '조리법' 대신에 '레시피'를, '요리사' 대신 '셰프'라는 말을 사용해야 더 세련되고, 우리 가락보다는 서양의 클래식을 듣는 것이 더 고상하다고 느껴본 적은 없는지 되새겨 볼 일이다.

1. 자기 주변에 있는 친구들의 말을 조사해 보자. 어느 지역에서 왔는지, 그 지역 말의 특징은 무엇인지 조사해서 비교해 보자.

2. 방언에 '쎄빠지게'라는 말이 있다. '아주 힘들게'라는 뜻인데, 이 말은 원래 '혀가 빠지도록'이란 말로, 여기서 '쎄'는 '혀'의 지방말이다.

   (1) 자신의 고향에서는 '혀'를 무엇이라 부르는지 알아보자.

   (2) 자신의 방언에서 '아주 힘들게'라는 뜻의 말을 찾아보자. 그리고 구체적으로 어떤 상황에서 사용되는지 문장을 만들어보자.

   (3) '쎄빠지게'처럼 우리 신체어(입, 눈, 코 등)를 활용한 방언에는 어떤 말이 있는지 알아보자.

3. 요즘 유행하는 유행어는 어떤 것이 있는지 찾아보자. 인터넷 공간에서 밈이라고 불리는 행동이나 말 같은 문화 요소를 주위에서 찾아보고 어떤 의미가 있는지 알아보자.

4. '청소부–환경미화원'처럼 동일한 대상의 호칭이 변화한 예를 있는 대로 찾아보라. 또 실제로 이러한 호칭의 변화가 이들의 사회적 지위에 대한 인식 변화로 이어진다고 생각하는가? 그렇다면 (그렇지 않다면) 그 이유는 무엇인지 말해보자.

5. '표준어는 권력이다'라는 말이 있다. 이 말이 의미하는 것은 무엇이고 이 말에 찬성하는지 아니면 반대하는지 자신의 견해를 밝히고 주위 친구들과 생각을 교환해보자.

6. 일상 언어생활에서 '말의 권력 구조'를 느낄 때가 있는가? 대표적인 예로 군대에서 계급이 높은 사람과 낮은 사람의 관계에서 이루어지는 대화체를 보면 권력관계를 느낄 수 있다. 이 밖에도 우리 주변에서 '대화의 권력 구조'가 나타나는 경우를 찾아보고 그 배경과 이유에 대해 알아보자.

16 사이버 공간에서 어떻게 대화를 나눠야 할까?

AI 시대의 바람직한 언어문화

새로운 매체가 등장할 때마다 우리의 언어생활은 많은 변화를 겪었다. 옛날에는 사람들이 의사소통을 하기 위해서는 직접 만나거나 아니면 편지를 쓰는 방법이 고작이었지만, 인터넷 시대인 오늘날에는 쌍방향 편지 대화나 SNS의 등장으로 과거와는 다른 새로운 언어표현이 등장하게 되었다. 매체가 달라지면서 거기에 따라 우리의 언어생활도 그때그때 달라졌음을 알 수 있다. 매체가 우리 언어생활에 얼마나 커다란 영향을 미치고 있는지를 잘 알 수 있는 대목이다.

그러나 때때로 대중매체에서 사용하는 언어에 여러 문제가 나타나기도 한다. 새로운 형식의 언어표현 방법이 지나치게 규범에서 벗어나는 경우가 있기 때문이다. 신문이나 방송에 나타난 언어는 말할 것도 없거니와 인터넷을 통한 언어생활에서도 이러한 일탈적 언어사용은 심각할 정도이다. 이 장에서

는 인터넷 시대에 바람직한 언어문화를 위해서는 우리가 어떤 역할을 해야 할지 알아본다.

1. 신세대, 낀세대, 쉰세대

요즘 부모들은 아이들이 주고 받는 말을 이해하지 못해 소외감을 느끼는 경우가 많다고 한다. 그야말로 '신세대'(10-20대)와 '쉰세대'(50대 이상)의 차이가 보다 명확해지는 순간이다. '쉰 밥'을 연상해보면 쉰세대의 의미를 금방 알 수 있을 것이다. 과거에는 아이돌그룹 'god'를 부를 때 '갓'이라 부르면 쉰세대, '지오디'로 부르면 신세대라 했던 적이 있었다. 요즘은 둘 사이에 '낀세대'(30-40대)도 등장하고 있다. 신세대가 아는 노래인데 그걸 모르면 쉰세대이고, 알듯말듯 하다면 낀세대라는 말이 있다.

신세대를 '철부지'라고, 쉰세대를 '꼰대'라고 바라보는 이러한 시각 차이가 과거에 없었던 것은 아니지만, 인터넷이 발달하면서 새로운 인터넷 언어가 등장한 후에, 그 차이가 더욱 벌어지지 않았나 생각한다.

‘크크, 키키, ㅋㅋ’(웃음소리), ‘ㅇㅇ’(응응), ‘헐’(황당하다), ‘ㅠㅠ’(눈물 흘리는 표정), 주린이(주식＋어린이), 벼락거지(갑자기 빈곤층으로), 영끌(영혼까지 끌어모아 투자), 개이득(정말 이득)

위의 말들은 인터넷에서 주로 사용되는 말들인데, 이를 처음 대하는 기성세대들은 무척 당황스럽다고 한다. 이처럼 인터넷 언어에 익숙한 신세대와 기존 언어생활에 익숙한 쉰세대는 서로 의사소통에서 문제를 드러내고 있다. 학교에서도 학생들끼리 웃고 떠드는 이야기를 이해하지 못하는 선생님이 한둘이 아니다. 여기서는 신세대 언어의 여러 모습들을 살펴보기로 한다.

세대 차이를 느껴요

“역시 B치킨이 맛있지만 입맛은 닝바닝이야”
“이걸요? 제가요? 왜요? 지금요?”
“나는 인싸인가 아싸인가?”
“그녀의 머리가 리셋(RESET)돼버린 것 같아”
“나 아템 현질하다 오링났어.”

‘닝바닝’의 ‘닝’은 일본어에서 사람을 뜻하는 ‘닝겐’에서 온 말로, 영어 ‘case by case’(경우에 따라 다르다)를 ‘닝겐 바이 닝겐’(사람마다 다르다)로 대체해서 만든 말이다. 요즘은 ‘case by case’를 줄여서 ‘케바케’라고 하듯이, ‘닝바닝’이라는 말도 이렇게 줄인 형태이다. “이걸요? 제가요? 왜요?

지금요?"와 같은 '요요요' 말투는 최근 MZ세대에서 유행하는 것으로, 직장에서 상사가 시키면 무조건 복종하고 하는 것이 아니라 그 이유와 근거를 따지면서 타당성이 있을 때만 일을 한다는 신세대 행동방식을 나타내는 말이다. '인싸'는 'insider'에서 온 말로, '무리에서 인기가 많은 사람'의 뜻이며 '아싸(outsider)'는 그 반대의 의미이다. '리셋(reset)'은 '컴퓨터를 초기 상태로 돌리는 것'을 말하고, '현질'은 '현금으로 아이템을 사는 행위'를, '오링'은 '영어 all-in'의 일본식 발음으로 '모두 소진하다'는 뜻이다.

신세대가 주로 사용하는 신조어는 통신 언어 즉, 인터넷, 유튜브, SNS 등을 통해 생산되고 재생산되기 때문에 확산 속도도 빠르며, 기성세대가 그 유행을 좇기가 어려워 자연스레 세대 차이가 생겨난다. 한 조사에 따라면 전체 응답자의 83%가 우리 사회의 세대 갈등이 심각하다고 답했다. 그 가운데 81%는 '10대와 세대차이 느낀다'고 말했고, 73%는 '20대와 세대차이 느낀다'고 답했다.(한국리서치 정기조사 『여론 속의 여론』, 2024년 3월 13일)

이러한 언어의 세대 차이 현상에 대해 의견은 다양하다. 모 인터넷통신업체의 관계자는 "언어 파괴 우려도 있지만 새로운 언어가 생긴다는 것을 신선하다고 볼 수도 있다."고 긍정적으로 보기도 하고, 어떤 국어학자는 "네티즌 언어는 일종의 유행어다. 네티즌도 이런 언어가 비정상적이라는 것을 잘 알고 있기때문에 큰 문제는 없을 것으로 본다. 그들만의 문화를 만끽할 수 있게 내버려두는 것이 좋을 것"이라고 말하기도 했다. 한편, 교육 현장에서는 "우리말의 소중함이 반감되고 세대 갈등을 유발한다."는 문제점을 지적하고 사이버 언어에 대한 교육을 더욱 체계적으로 해야 한다는 목소리도 나온다.

MZ세대 언어의 이모저모

갑분싸 (갑자기 분위기가 싸한 상황)
어쩔티비 (어쩌라고 티비나 봐)
당모치 (당연히 모든 치킨은 옳다. 아무 치킨이나 다 좋지)
알잘딱깔센 (알아서 잘 딱 깔끔하고 센스있게)
핵인싸 (인싸 중 최고의 인싸)
할많하않 (할 말은 많지만 하지 않겠다)
만반잘부 (만나서 반가워, 잘 부탁해)
띵작 (명작)
노답 (No+답 = 답이 없을 정도로 답답함)

위의 예는 신세대들이 즐겨 쓰는 은어들이다. 자기네끼리 은밀하게 사용하는 은어는 집단의 결속감과 재미 요소 때문에 젊은층 사이에서는 널리 확산되고 있다. 특히 줄임말을 통해 새로운 단어를 만들어 내는 것이 대부분이다. 또한 속된 표현이나 영어를 사용하는 경우도 있고, 특수 기호 사용까지 다양한 방법으로 새로운 말을 만들어 낸다. 위의 예에서 '어쩔티비'는 상대방이 듣기 싫은 말을 했을 때 이에 대처하는 언어표현으로, '저쩔티비'나 '어쩔세탁기' 등처럼 진화되고 파생되기도 한다.

2021년 스마트학생복에서 실시한 '청소년 언어 사용 실태 조사'에 따르면 '줄임말이나 신조어에 대해 어떻게 생각하는지'에 대한 질문에는 △저속한 표현을 제외한다면 계속 사용해도 된다(49.2%, 562명) △가능하면 자제해야 한다(40.1%, 458명) △사용하지 않아야 한다(5.4%, 62명) △구분 없이 계속 사용해도 된다(4.6%, 53명) 순으로 응답했으며, 줄임말 및 신조어를 계속해서 사용하는 이유에 대해서는 △짧게 말하고 쓰는 것이 편하기 때문에(51.9%) △친구들이 대부분 사용하기 때문에(24.5%) △재미있기 때문에(13.3%) △유행에 뒤처지고 싶지 않기 때문에(8%) 등으로 응답했다(『NBN』 2021.10.20.). 편리함과 재미, 그리고 집단의 결속과 은밀함을 유지하는 데 은어가 촉매 역할을 하고는 있지만, 그것이 가져오는 문제점도 잘 알고 있는 듯하다. 신세대 언어의 미래는 어떻게 될까?

언어공동체와 은어

언어공동체란 동일한 언어가 통용되는 집단을 말한다. 즉, 일정한 지역에서 공동생활을 하며 커뮤니케이션을 행하는 사람들 사이에는 언어에 있어서도 어떤 차이를 느낄 수 없다. 바로 이러한 사회를 '언어공동체(Sprachgemeinschaft)'라고 말하는 것이다. 남북한의 경우 하나의 언어공동체를 공유하고 있다고 말한다. 그러나 분단 이후 언어의 이질화로 인해 조금씩 간극이 벌어지고 있어, 언어공동체를 회복하기 위한 노력이 지금도 꾸준히 진행되고 있다.

그러나 언어공동체라는 것이 반드시 같은 지역에 한정되지는 않으며, 그 집단의 크기는 여러 가지로 달라질 수 있다. 예를 들어 작게는 가족으로부터 넓게는 국가와 국제사회로까지 확대될 수 있기 때문이다.

이런 점에서 최근의 인터넷 통신 언어를 다시 바라보자. 〈사랑의 전화〉에서 실시한 조사에 따르면 "은어를 모르면 집단에서 소외

2024 제2차 남북문화교류 교육 및 포럼, 문화체육관광부

될지 모른다는 생각에 은어를 습득하고 사용하고 있는 것"이라고 한다. 신세대들의 은어 집단을 언어공동체로 간주할 때, 소외될 것을 우려하여 은어를 사용한다면 이 또한 언어공동체에서 벗어나지 않기 위한 방법으로 생각된다. 같은 언어공동체에서 소속감과 안락함을 느낄 수 있기 때문이다. 그러나 은어 집단은 작은 언어공동체에 불과하다. 그를 넘어서 보다 커다란 언어공동체가 존재하고 있다는 점도 고려할 필요가 있다.

2. 통신 언어는 문자의 혁명인가

A: ㅇㄷ?
B: 다왔당, 넌ㅇㄷ?
A: 가고잇어, ㄱㄷ
B: 으구 ㅎㅎㅎ
A: 빨리이 가께~,
B: ㅇㅋㅇㅋ

위의 글은 SNS 통신 내용의 일부를 옮겨 놓은 것으로, 요즘 젊은이들의 언어생활을 엿볼 수 있는 대목이다. 줄여 쓰거나 약자를 쓰거나, 또는 소리나는 대로 쓰기도 한다. 그렇다면 젊은 세대들은 왜 이런 통신 언어를 사용하는지, 그것의 언어학적 의미와 사회적 문제점은 없는지, 여기서는 통신 언어의 요모조모를 살펴보기로 한다.

시간은 돈이다

위의 예에서 알 수 있듯이 통신 언어에서는 줄임말을 많이 사용한다. 또, 첫글자를 따서 만든 약어도 범람하고 있다. 이러한 특징들의 원인에는 여러 가지가 있겠지만, 무엇보다도 시간을 줄여보고자 하는 마음이 가장 큰 원인이 아닌가 한다. 통신에서 시간은 돈이기 때문이다. 복잡하고 긴 단어를 제대로 맞춤법에 맞춰 쓰려고 하면 시간이 많이 필요하게 되고, 또 시간이 흐르면 그만큼 통신비가 많이 들기 때문이다.

요즘이야 정액제가 일반화되어 일정한 금액만 내면 한달 내내 인터넷을 사용할 수 있지만, 초창기에는 모두 전화선을 이용한 통신이 일반적이었다. 이런 까닭에 맞춤법에 어긋나는 간결한 표기방식이 발달한 게 아닐까 추측해 본다. 이렇게 보면 겹받침을 홑받침으로 쓴다거나, 소리 나는 대로 쓴다거나 자판 치기가 편한 말을 주로 쓴다거나 이모티콘으로 감정을 간단하게 나타내고자 하는 것도 모두 시간적 요인과 관련이 있지 않을까.

받침은 생략

인터넷 통신 언어의 특징은 소리나는 대로 적고 어법이 틀리는데다 문장의 완결성이 떨어지고 호칭과 경어법이 사라지는 대신 은어, 외래어, 각종 기호문자를 사용한다는 점이다. 그 가운데서도 받침의 문제가 가장 심각하지 않나 생각한다.

「먹고 싶은」→「머꼬 시픈」
「같이 갈까」→「가티 가까」
「친구」→「칭구」
「놈」→「넘」, 「년」→「뇬」
「놀자」→「널자」
「맘 맞고」→「맘 맞거」
「없어요」→「업싸여」

위의 말처럼 받침을 소리나는 대로 적고자 하는 심리가 통신 언어에는 잘 나타나 있음을 알 수 있다. 시간도 절약하고 특이한 글씨기로 은어 집단의 결속을 다질 수 있다는 장점도 있으리라. 그러나 그보다는 소리대로 쓰고자 하는 마음이 우리 표기법에 더 잘 어울리는 것인지도 모른다. 지금처럼 형태를 분리해 적는 표기법은 100년 정도밖에 되지 않았기 때문이다. 세종대왕이 훈민정음을 만들 때는 소리대로 표기했었다는 점을 기억해 보자.

이모티콘도 말이 될 수 있나요?

이모티콘은 원래 네티즌들이 채팅을 할 때 키보드로 만들 수 있는 특
수 기호로 다양한 감정을 재치있게 표현하는 수단이었다. 이모티콘은 정
상적인 문장보다는 감각적이고 짧은 표현을 선호하는 신세대들이 만들
어낸 인터넷 만국 공용어다. 초기에는 ^^, ㅠㅠ 등과 같은 기호기반 이모
티콘이 등장했고, 이어서 😊 😚 같은 표정기반 이모티콘이 등장하더니,

그후로는 🐰 같은 캐릭터기반 이모티콘이 등장했다. 최근에는 🦁 처
럼 캐릭터에 글이 추가된 이모티콘이 나오기도 했다.

대화가 있는 이모티콘

한 연구에 따르면 카카오톡 메시지를 교환할 때 20대 이용자가 60대 이용자에 비해 이모티콘을 더 자주 사용하며(20대는 대화중 2-3개, 60대는 대화중 1개 또는 0개), 남성에 비해 여성의 사용 빈도가 약 2.5배 더 높았다. 이모티콘 사용 이유를 묻는 질문에는 '감정을 더 잘 표현하려고' (20대 53.6%, 60대 31%), '재미있으니까'(20대 25.7%, 60대 48.4%), '더 친해지려고'(20대 8.4%, 60대 9.8%), '원활한 의사소통을 위해서'(20대 7.3%, 60대 7.4%), '적당히 대답할 말을 찾기 어려워서'(20대 5%, 60대 3.3%) 등을 꼽았다. 세대별로는 20대의 경우 감정을 더 잘 표현하고자 이모티콘을 주로 사용하는 반면, 60대의 경우 재미를 위해 이모티콘을 선택한다는 차이를 보였다 (시정곤·장정우 2017).

	20대	60대
	151명 (75.5%)	91명 (45.5%)
	30명 (15%)	61명 (30.5%)
^^, ^o^, ㅠ_ㅠ, ㅜ_ㅜ, :-), :-(	14명 (7%)	26명 (13%)
모름/무응답	5명 (2.5%)	22명 (11%)

20대의 경우 캐릭터 이모티콘을 압도적으로 많이 사용하고, 그 다음으로 표정 기반 이모티콘을 사용하며, 초기 이모티콘은 거의 사용하지 않는다. 반면, 60대 이용자의 경우는 캐릭터 이모티콘과 함께 스마트폰에서 기본으로 제공하는 표정기반 이모티콘을 활발하게 사용하고 있었

으며, 활자에 기반한 이모티콘을 사용하는 이용자도 20대에 비해 약 2배
정도 많았다.

3. 새로운 언어문화를 찾아서

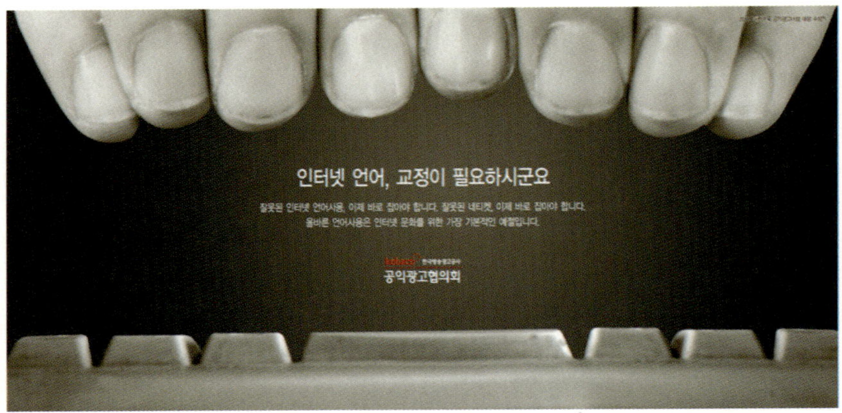

출처: 공익광고협의회, 한국방송광고공사

　　인터넷이나 SNS 채팅방에는 알 수 없는 언어들로 가득차 있어 당혹감
을 느낀다. 인터넷을 즐기는 이른바 네티즌들 사이에 확산된 통신 언어
가 긍정적인 측면이 없지 않으나, 부정적인 측면도 내포하고 있기 때문
이다. 심하게는 적나라한 욕설과 비속어도 만연하고 있다. 문제는 이러

한 문법파괴 현상이 일상 언어생활에까지 분별없이 사용된다면, 건전한 언어생활에 악영향을 미칠 뿐 아니라, 기성세대와의 언어소통에도 커다란 장애를 일으켜, 커다란 사회 문제로 발전될 수도 있다는 데에 문제가 있다. 사이버공간에서 언어를 사용할 때도 상대방을 존중하고 예의를 갖춰야 한다.

문법 파괴? 새로운 언어?

'커엽다'(귀엽다), '댕댕이'(멍멍이), '머박'(대박) 등의 표현을 이른바 '야민정음'이라고 한다. '야구갤러리 + 훈민정음'의 혼성어로 시각적으로 유사한 문자 모양을 다르게 읽거나 뒤집어서 다르게 표현하는 일종의 말놀이다. 이러한 표현이 방송이나 매체에 등장하면서 일부는 실제 언어생활에까지 영향을 미치고 있다.

문체부의 '국민의 언어생활' 설문 조사를 보면, 국민 10명 가운데 5명은 인터넷이 언어파괴에 큰 영향을 미친다고 생각하는 것으로 조사됐다(『연합뉴스』 2013.12.05.). 『인터넷 때문에』(2022)의 저자 그레천 매컬러는 오늘날 언어생활의 특징을 '텍스트의 폭발'로 규정한다. '인터넷 때문에' 이전에 겪지 못한 변화가 나타나고 있다는 것이다. 우리가 SNS로, 문자 메시지로, 톡으로 매일 글을 쓰면서 벌어지는 일. 음성 언어로만 가능했던 '실시간 상호작용'이 인터넷 덕분에 문자로 가능해졌고, 이러한 새로운 형식의 '비격식 문어(文語)'의 폭발적 증가는 인류

야민정음	
커엽다	귀엽다
머구팡역시	대구광역시
머통령	대통령
머한민국	대한민국
머박	대박
동됴	동묘
ldH	배
윺늪 롬곡	폭풍 눈물
띵작	명작
괄도네넴띤	팔도비빔면
RtA	너구리

가 처음 경험하고 있다는 것이다(『조선일보』 2022.06.26.).

학생들의 글쓰기가 구어체 위주로 흐르고, 맞춤법과 어법에 맞지 않는 표현이 버젓이 사용되고 있는 것도 이러한 매체와 새로운 언어 양식의 영향이라고 볼 수 있다. 한 연구에서 카카오톡 메시지를 교환할 때 소리 나는 대로 쓰려고 하는지 아니면 맞춤법을 준수하는지를 알아보았다. 예를 들면 "사랑해여(사랑해요)", "화낫오?(화났어?)", "나두 언능 가겟습니다(나도 얼른 가겠습니다)", "점심 머글꺼냐고?(점심 먹을 거냐고?)" 등으로 메시지를 작성하는 식이다. 20대 이용자는 47.5%가 맞춤법에 구애 받지 않고 소리나는 대로 쓴다고 답했다. 그 이유로는 '말하듯이 의사를 표현하니까 맞춤법을 굳이 지킬 필요가 없다'(66.3%), '소리 나는 대로 표기하는 것이 재미있으므로'(25.3%), '상대방과 더 친해지고 싶어서'(8.4%) 순으로 나타났다(시정곤·장정우 2017).

통신 예절이 필요하다

자동차 문화를 만들자는 구호가 한창 유행인 적이 있었다. 자동차가 급증하자 교통문화의 필요성이 절실해졌고, 이에 따라 양보하기, 상대방 배려하기, 질서 지키기 등 자동차와 관련된 새로운 문화가 정착되기 시작했다. 이제는 인터넷 문화의 정착이 필요한 시기가 아닌가 생각한다. 운전대를 잡으면 갑자기 난폭해지는 사람처럼 PC 통신만 접속하면, 스마트폰만 잡으면 거칠어지는 사람이 적지 않기 때문이다.

정보통신 윤리위원회에 신고된 사례 가운데 PC 통신에 관련된 사항은 모두 2천1백46건이나 되며, 이중 욕설과 성적 모욕을 포함한 언어폭력이 9백81건으로 가장 많았다고 하니 말이다. 또한 교육부가 발표한 '2022년 학교폭력 실태조사'를 보면 언어폭력이 41.8%로 가장 높게 나타났으며, 모든 학교에서 언어폭력이 가장 높은 비중을 차지하여 학교 현장에서도 언어 지도 문제가 심각하게 대두된다고 한다. (『충청게릴라뉴스』 2023.03.03.). 통신 언어가 늘어날수록 사이버상에서도 언어예절이 더욱 필요할 때다.

> **깊이 읽기**
>
> - 소셜 네트워크 서비스(Social Network Service, SNS) 사용 예절
>   1. 타인의 명예를 해치는 내용 피하기
>   2. 타인의 사진과 소식은 함부로 올리지 않기
>   3. 확인되지 않은 정보는 공유하지 않기
>   4. 친구 초대 및 추가 등 강요하지 않기
>
> - 채팅할 때 예절
>   1. 채팅 시간 지키기
>   2. 사적인 질문하지 않기
>   3. 채팅방 따돌림 하지 않기
>
> - 게시판을 사용할 때 예절
>   1. '악플' 달지 않기
>   2. 사실이 입증되지 않은 내용 올리지 않기
>   3. 욕설, 과격한 표현 하지 않기
>
> 출처: https://kidshyundai.tistory.com/1026 [키즈현대: 티스토리]

사이버 언어예절에서 또 하나 중요한 것이 이메일 예절이다. "이메일을 주고받을 때도 통신예절을 지킵시다."라는 구호는 인터넷에서 흔히 볼 수 있다. '글로벌 이메일 에티켓 10계명'이란 내용도 오래전 인터넷상에 회자된 적이 있는데, 인터넷을 이용하는 사람들이 최소한으로 지켜야 할 예절로 지금도 그 내용은 유효한 듯하다. 한편 '네티켓 = 네티즌 +

에티켓'이라는 신조어가 생겨난 것도 이러한 문화의 필요성을 절감했기 때문이 아닐까.

사이버 언어의 미래

정보화 시대에는 인터넷을 통해 수많은 정보를 교환할 수 있고, 세계 어느 곳이나 정보를 보낼 수 있게 되었다. 이것이 가능한 것은 물론 정보가 디지털화되어 있기 때문이다. 디지털 정보는 정보의 이동은 물론, 저장과 검색, 공유가 손쉽다는 점이 특징이다. 이러한 속성에 대해 맥루한(Mcluhan)은 "시간은 멈추고, 공간은 사라졌다.(Time has ceased, space has vanished)"라고 하였으며, 디지털 전도사인 네그로폰테(Negroponte)는 "우리는 전우주적이고도 초고속의 커뮤니케이션 네트워크 시대로 나아가고 있다(We are moving toward a universal, fiber-optic, high speed communication network.)"이라고 한 바 있다(Barnes 2003).

디지털 커뮤니케이션의 정체성을 좀더 구체화한 것은 상호작용성(interactivity)과 익명성(anonymity), 그리고 언어성이다. 상호작용성이란 생산자와 소비자의 경계를 없애고 쌍방향 의사소통 구조를 가능케 한 것이고, 익명성은 사용자를 밝히지 않으니 자신을 변모시켜 개인은 다양한 인물로 재등장하게 된다. 언어성은 사이버공간에서는 기존 구어와 문어의 두 언어성이 교묘히 융합되는 현상을 보인다는 점이다. 이를 우리는 구어와 문어와는 다른 제3의 언어라고 부를 수 있다(시정곤 1999).

이 경우 제3의 언어인 사이버 언어를 바라보는 시각에 따라 사이버 언어의 정체가 다르게 해석될 가능성이 있다. 즉, 문어의 시각에서는 사이버 언어를 '문법의 파괴'나 '외계어'와 같은 규범에서 일탈된 현상으로 해석할 가능성이 높다. 반면에 구어적 시각에서는 사이버 언어가 자연스러운 언어 변화의 한 양상으로 이해될 수 있을 것이다.

그렇다면 사이버 언어의 미래는 어떻게 될 것인가. 현재의 변화 속도를 보면 앞으로 디지털 문화는 사회 전 분야에 걸쳐 더욱 공고하게 구축될 것이며, 모든 지식은 정보화되고, 정보 교환의 신속성과 효율성이 사회의 가치 기준이 될 것이다. 이러한 분위기 속에서 디지털 커뮤니케이션은 갈수록 그 영역이 넓어지고 매우 다양해지고, 사이버 언어도 더욱 다양하고 개인중심적으로 변해갈 것이다. 사람들은 자신의 욕망이나 의도를 알리고, 감정이나 기분을 표현하기 위해 인터넷에 접속할 것이기 때문이다.

이 대목에서 우리는 과거 철학자들의 말에 한번쯤 귀를 기울일 필요가 있다. 그들은 한결같이 의소사통의 중요성을 강조했기 때문이다. 야스퍼스는 "철학적 진리는 모든 인간을 의사소통이 가능한 타자로 보고 있으며, 그들과 의사소통하는 것은 우리의 의무다."라고 주장하면서 인간관계에서 의사소통의 중요성을 역설한 바 있다(조지 마이어슨 2003).

또 철학자 하이데거는 의사소통의 핵심은 자아가 아니라 타자라고 했다. 즉, 의사소통은 전적으로 청자의 이해가 중요하다는 것이다. 더 나아가 하버마스는 이러한 화자와 청자의 상호이해를 통해 사회적 인간관계가 형성되며, 이를 토대로 건실한 사회적 토대가 마련된다고 역설할 바 있다(듀스 발리스, 2002). 물론 이러한 철학자들은 인터넷과 같은 새로운 매체를 예견하지 못한 채, 의사소통의 개념을 정의한 것이지만, 그 기본 원칙과 개념만은 앞으로도 유효하기를 바라는 마음 간절하다.

1. 사이버 언어의 신조어와 관련하여 다음 글을 읽고 물음에 답하라.

> 사이버 언어의 조어 유형과 특성과 관련하여, 먼저 새로운 단어형성을 크게 '기존 형태와 관련된 단어형성'과 '기존 형태와 관련이 없는 단어형성'으로 나누고, 다시 전자는 형태변이에 의한 단어형성, ① **형태결합에 의한 단어형성**, ② **의미변화에 의한 단어형성** 등으로 세분할 수 있다. 이 가운데 '형태변이에 의한 단어형성'의 부분이 사이버 언어의 가장 큰 특징 중 하나인데, 이는 다시 ③ **형태축약, 형태변이, 형태교환** 등으로 나눌 수 있다. 또한 후자인 기존 형태와 관련이 없는 단어형성은 주로 사이버 상에서 새롭게 등장한 ④ **다양한 의성의태어**들이 해당될 수 있다.
>
> — 시정곤(2006) 사이버 언어의 조어법 연구

(1) 위의 글에서 ①②③④에 해당하는 예를 세 개씩 들어보라.

(2) 사이버상에서 새로 만들어지는 신어의 긍정적인 면과 부정적인 면은 무엇인지 찾아보자.

(3) 사이버 언어가 만들어진 배경에 대해 찾아보고, 앞으로의 전망과 대책을 이야기해 보자.

2. '야민정음'에 대해 아래 글을 읽고 물음에 답하라.

> 정보의 은폐와 문자가 가지고 있는 **시각적 기호를 해체하고 재정의하는 작업들은** **한글이라는 언어가 가지고 있는 기존의 법칙들과 그것들 위에 구축되어 있는 사회** **적 구조에 대한 일종의 부정과 개성적인 유용의 결과이다.** 그렇다고 야민정음의 사용자들이 한글에 대한 모독이나 한글을 훼손하는 것인가 하면 오히려 그 반대의 위치에서 발생하고 있다고 할 수 있다. 기존의 신조어들이 한글이라는 기호에 천착하지 않고 한국어의 의미들을 표현하기 위해 새로운 문자나 기호들을 유용했다면, 야민정음은 한글의 자음과 모음 체계가 가지고 있는 시각적 기호성을 해체하

(1) '띵작(명작)'과 같은 '야민정음'의 다양한 예를 찾아보고 이것이 우리 언어생활에 미치는 긍정적인 면과 부정적인 면을 찾아보자.

(2) 윗글에서 저자는 색으로 강조한 것처럼 '야민정음'을 기존 법칙을 부정하는 한글에 대한 새로운 인지 방식의 탄생으로 해석하고 있는데, 여기에 대해 자신의 생각을 말해 보자.

3. 자신이 보내거나 받은 전자우편(이메일) 가운데 최고의 이메일과 최악의 이메일이라고 생각하는 것을 하나씩 찾아보자. 그렇게 선정한 이유는 무엇인지 말해보자. 자신이 생각하는 이메일 에티켓이 있다면 무엇인지 말해보자.

4. '인터넷 언어 강국'이라는 자부심을 가지고 있는 우리나라에서 바람직한 인터넷 문화의 확립은 반드시 필요한 일이다. 기존에 제시된 인터넷 에티켓 사례를 참조하여 젊은 사람들에게 좀더 재미있게 다가갈 수 있는 '인터넷상의 에티켓'을 만들어 보자.

더 읽을거리·더 볼거리

공통 참고문헌

고종석. 1999. 『국어의 풍경들』, 문학과지성사.

고종석. 2018. 『언어의 무지개』, 알마.

국립민속박물관. 『한국민속대백과사전』.

권영민. 2009. 『외국인을 위한 한국문화 읽기』, 아름다운한국어학교.

김경희. 2018. 『한국어와 문화』, 한국외국어대학교 출판부.

김덕호 외 저. 2024. 『한국인을 위한 한국어문화론』, 역락.

김민수 편. 1997. 『우리말 어원사전』, 태학사.

김윤경. 1996. 『언어와 행동』, 한국문화사.

김진우. 2017. 『언어: 이론과 그 응용』, 한국문화사.

남광우. 2001. 『고어사전』, 교학사.

마빈해리스 저, 김찬호 역. 1995. 『작은 인간』, 민음사.

박영순. 2006. 『한국어 교육을 위한 한국문화론』, 한림출판사.

백두현 외 저. 2019. 『한국어로 보는 한국문화』, 한국문화사.

유창돈. 1985. 『이조어사전』, 연세대학교출판부.

이복규. 2018. 『한국 전통문화의 이해』, 민속원.

이상억. 2016. 『한국어와 한국문화』(한중대역판), 소통.

이승재 외 편저. 2001. 『한국어와 한국문화』, 새문사.

이어령. 2022. 『우리 문화 박물지』, 디자인하우스.

정경일 외. 2000. 『한국어의 탐구와 이해』, 박이정출판사.

정대현. 1985. "한국어와 철학적 분석", 『철학』 24, 267-270.

정주리. 1994. 『생각하는 국어』, 도설.

주강현. 2004. 『우리문화의 수수께끼1,2』, 한겨레신문사.

천소영. 2000. 『우리말의 속살-우리말 어원 에세이』, 창해.

천소영. 2018. 『한국어와 한국문화』, 우리책.

한국학중앙연구원. 『한국민족문화대백과사전』.

단행본/논문

권연진. 2019. "언어상대성 가설에 대한 재조명", 『인문과학연구』 60, 223-242.

김세원. 2019. 『문화코드로 읽는 지구』, 인물과사상사.

노정화. 2024. 『외국인이 마주한 한국인』, 한국학술정보.

데즈먼드 모리스 저, 과학세대 역. 1994. 『맨워칭: 인간행동을 관찰한다』, 까치.

벤자민 리 워프 저·신현정 역. 2010. 『언어 사고 그리고 실재』, 나남. *Language, Thought, and Reality*, 1964, by Benjamin Lee Whorf, The MIT Press.

시정곤. 2018. '우리'와 찌개문화, 『Magazine SK』 2018년 1월호.

에반 티 프리처드 저, 강자모 역. 2004. 『시계가 없는 나라』, 동아시아.

이어령. 2020. 『한국인 이야기: 너 어디에서 왔니』, 파람북.

제닌 드라이버 저, 황혜숙 역. 2011. 『당신은 생각보다 많은 것을 말하고 있다-우리가 미처 몰랐던 몸짓과 표정의 행동 심리학』, 비즈니스북스.

존 파이어 레임디어 외 저, 정도윤 역. 2004. 『무엇 하나 소중하지 않은 것이 없다』, 아름드리미디어.

진 쿠퍼 저, 이윤기 역. 1994. 『그림으로 보는 세계문화상징사전』, 까치.

피터 콜릿 저, 이윤식 역. 1997. 『습관을 알면 문화가 보인다』, 청림출판.

신문/잡지

강현화. "한류는 계속될 것인가", 『연세춘추』 2018.12.14.

고두현. "영국서 화제 된 콩글리시", 『한국경제』 2021.10.22.

고종석. "언어는 생각의 감옥인가?-사피어·워프 가설에 대하여", 『한국일보』 2007.02.07.

김성윤. "한식 대표 된 'Gukbap'… 외국인 관광객 줄 서 먹고 인증샷", 『조선일보』, 2024.10.05.

김세훈. "작년 결혼 10쌍 중 1쌍은 '다문화 혼인'…13년 만에 최대 비중", 『경향신문』 2024.11.07.

김윤구. "외국인이 좋아하는 한식은…치킨·라면·김치", 『연합뉴스』 2024.01.04.

나명옥. "외국인이 가장 먹고 싶어하는 한식 간편식은 '비빔밥', 한국 주류 인지도 1위는 '소주'", 『식품저널』 2024.05.10.

로버트 파우저. "언어가 사고와 세계관을 지배하는가", 『시사저널』 2020.04.12.

박경희. "[소년중앙] 배려·조화·기쁨·겸손·인내…알로하 정신 담은 훌라춤 추며

힐링해요”, 『중앙일보』 2023.04.17.
박준서. “〈한週를열며〉‘샬롬! 샬롬!’”, 『중앙일보』 1996.05.26.
이현우·김진선. “세쌍 중 한쌍 5년도 못살고 이혼도장 찍었다”, 『아시아경제』
　　　2025.02.11.
이혜은. “문화 간 소통 능력에 대하여”, 『이대학보』 2018.03.04.
장규호. “침 뛰는 언어”, 『한국경제』 2020.05.28.
정끝별. “우리 모두는 연결되어 있다”, 『한겨레』 2024.10.20.
한식진흥원. https://www.hansik.or.kr/

방송/동영상

[BTN 한글날특집] “1부: 한글의 탄생 - 나랏말소리, 글자취를 따라가다”, 『BTN』
　　　2022.10.09. https://www.youtube.com/watch?v=BF9sg0FS0GI
[KBS 특별기획] “‘위대한 여정, 한국어’ 3부작”, 『KBS』 2004.10.09.
[다큐ON] “나날이 올라가는 한국 문화의 세계화”, 『KBS』 2023.10.15.
[다큐S프라임] “한식, 먹거리를 넘어 문화로 성장하다!”, 『YTN사이언스』, 2023.
　　　12.11.
[클래스e] “인류를 움직인 외국어 발전사”, 로버트 파우저, 『EBS』 동영상 시리즈.
“1세대 외국인 번역가들이 한국어를 보고 충격받은 이유: 세상을 번역하다”,
　　　『세상연구소』 2024.11.26. https://www.youtube.com/watch?v=T0D_3IhlWr4

제2장　말은 적게 해야 제 맛이다

단행본/논문

권익호. 2006. 『한일 양국 신체어휘 관용어의 비교·대조 연구』 충남대 국어국문
　　　학과 박사학위논문.
남기심. 1984. “금기어와 언어의 변화”, 『언어와 언어학』 8, 75-79.
박영준·최경봉 편(1996) 『관용어사전』. 태학사.
백문식. 2018. 『한국 전통문화와 상상력』. 그레출판사.
심재기. 1982. 『국어어휘론』, 집문당.
요네하라 마리 저, 한승동 역. 2017. 『속담 인류학』, 마음산책.
이어령. 2002. 『말로 찾는 열두 달』, 문학사상.

이종호. 2023. 『한국의 유네스코 세계문화유산』. 마리북스.
이중생 저, 임채우 역. 1999. 『언어의 금기로 읽는 중국문화』, 동과서.
일 연 저, 이동환 역. 1995. 『번역과 해설 삼국유사』, 서연바람.
진기환. 2008. 『중국인의 속담』, 명문당.
천소영. 1997. 『한국의 전설기행』, 한국문원.
최상진·유승엽. 1994. "속담을 통해 본 한국인의 심리 표상." 『새국어생활』 4-2.

신문/잡지

"가족에 상처 주지 마세요… '추석 금기어' TOP 3는?", 『조선일보』 2022.09.08.
국립세계문자박물관, 구결학회. "동아시아 한자 변용 문자", 학술대회, 2024.
       02.23.
영축총림 통도사. "훈민정음 창제 이전의 문자 생활", 학술대회, 2024.10.20.
임인택. "오늘은 내가 쏜다'는 말의 유래는?", 『한겨레21』 2020.05.03.
장경준. "10세기 우리말은 어떤 모습이었을까, 궁금하잖아요", 『고대신문』 2019.
       10.06.
전소윤. "삼칠일 동안 걸어두는 금줄", 『지역N문화』(한국문화원연합회).
       https://ncms.nculture.org/ceremonial/story/1509
국가유산청. https://www.khs.go.kr/
한국전통문화예절원. https://koreaculture.co.kr/

방송/동영상/영화

풀짚공예박물관, 『풀짚공예박물관에서 보내온 선물』, 동영상 시리즈.
[문화에 반하다] "전통문화 그리고 우리 역사", 『국악방송TV』 동영상 시리즈.
"외국인 한국학 박사들이 뽑은 '가장 한국적인 속담' TOP 5", 『2023 국제한국학
       학회 프로젝트』. https://www.youtube.com/watch?v=yUIwUMf7PVM
『올드보이』(박찬욱 감독, 2003), 『왕의 남자』(이준익 감독, 2005), 『오징어게임』
       (넷플릭스, 2021)

단행본/논문

강정희. 1987. 『제주 방언 연구』, 한남대출판부.

고영근. 2007. 『한국어의 시제 서법 동작상』(보정판), 태학사.

기유미. 2025. 『중국어에 숨은 숫자 찾기』, 역락.

김광해. 1998. "국어 수사의 발달", 심재기 편, 『국어어휘연구의 기반과 역사』, 태학사.

김종대. 2007. 『숫자3의 비밀』, 사파리.

데이비드 빈센트 저, 안진이 역. 2025. 『사생활의 역사』, 더퀘스트.

문숙영. 2009. 『한국어의 시제 범주』, 태학사.

송기호. 2023. 『이 땅에 태어나서- 한국인의 삶과 죽음』, 서울대학교출판문화원.

신효필·유현조. 2015. 『한국어 사건과 시간 표현』, 서울대학교출판문화원.

에마뉘엘 레비나스 저, 강영안·강지하 역. 2024. 『시간과 타자』(개정판), 문예출판사.

오토 베츠 저, 배진아·김혜진 역. 2009. 『숫자의 감춰진 비밀』, 푸른영토.

유도영. 2023. 『한국어 발화의 시간구조』, 고려대학교 민족문화연구원.

이은봉. 2007. 『한국인의 죽음관』, 서울대학교출판부.

이창익. 2025. 『시간의 연대기-잊힌 시간 형태의 기록』, 테오리아.

전완경. 2003. 『아랍의 관습과 매너』, 부산외국어대학교출판부.

정승철. 2024. 『제주방언 연구』, 태학사.

정재원. 2019. 『운명을 바꾸는 숫자-나를 길흉으로 이끄는 숫자의 놀라운 힘』, 상상나무.

최용호. 2000. 『언어와 시간』, 박이정.

하랄트 하르만 저, 전대호 역. 2013. 『숫자의 문화사-언어와 문화 속에 담긴 숫자의 흔적과 수의 상징성에 관하여』, 알마.

홍종선 외. 2009. 『국어의 시제 상 서법』, 박문사.

신문/잡지

"'빨리빨리 문화가 이번에도…' 블룸버그, 韓 계엄정국 조명", 『연합뉴스』 2024.12.18.

"'잠깐' '금방' '잠시'는 몇 시간일까?...시간개념 조사", 『아이뉴스24』 2006.07.20.

"근대적 시간 관념", 『조선일보』 2024.11.07.

“빨리빨리의 한국인, 기다리는 유럽인”, 『brunchstory』 2018.08.07.
“숫자에 숨은 각국의 문화”, 『주간조선』 2014.09.21.
“영화 ‘신과 함께’ 속 숫자 49와 환생”, 『네이트뉴스』 2018.09.05.
“한국의 ‘빨리빨리’ 문화를 경험하며”, 『네이트뉴스』 2020.11.05.
“The state funeral of President Jimmy Carter”, 『CNN』 2025.01.10.
경희대 중앙박물관. http://museum.khu.ac.kr/
한국공예디자인문화진흥원. https://www.kcdf.or.kr/

방송/동영상/영화

“느린 거 못 참음, 외국인에겐 충격적인 ‘빨리빨리 문화’?!”『비정상회담 JTBC』
　　　2015.09.07.
“한국인을 말하다-오지랖, 경쟁, 빨리빨리, 꼰대? 한국인은 왜 그럴까?” [다큐S프
　　　라임], 『YTN 사이언스』 2021.01.14.
“죽음 : 사람이 통과하는 마지막 관문-죽음을 대하는 고귀한 문화, 예(禮)로써
　　　죽음(死)을 말하다-주자가례와 관혼상제의 상례”『YTN다큐』 2015.05.06.
『관상』(한재림 감독, 2013), 『수상한 그녀』(황동혁, 2014), 『가려진 시간』(엄태화
　　　감독, 2016), 『당신, 거기 있어줄래요』(홍지영 감독, 2016), 『신과함께』(김
　　　용화 감독, 2017), 『명당』(박희곤 감독, 2018), 『유열의 음악앨범』(정지우
　　　감독, 2019), 『파묘』(장재현 감독, 2024), 『인터스텔라』(크리스토퍼 놀란
　　　감독, 2014), 『도깨비』(tvN, 2016)

제4장　우리말에는 어떤 정서가 담겨 있을까?

단행본/논문

김재은. 2021. 『떼창의 심리학-한국인의 한, 흥 ,정 그리고 끼』, 푸른사상.
박영준·최경봉 공편. 1997. 『관용어사전』, 태학사.
이규태. 2012. 『한국인의 정서구조 1, 2』, 신원문화사.
이어령. 2023. 『푸는 문화 신바람의 문화·문화 코드-신바람과 코드에 깃든 한국
　　　문화』, 21세기북스.
이재진·윤성용. 2010. “한국인의 체면중시 문화가 명품태도에 미치는 영향에 관
　　　한 연구”, 『글로벌경영연구』 22-3, 63-80.

임태섭. 1995. 『정 체면 연줄 그리고 한국인의 인간관계』, 한나래.
주민욱. 2014. 『중국인의 체면』, 커뮤니케이션북스.
최상진. 1991. "'한'의 사회심리학적 개념화 시도", 『한국심리학회 연차대회 학술
　　발표논문초록』, 339-350.
최상진·김기범. 2000. "체면(體面)의 심리적 구조", 『사회 및 성격』 14-1,
　　185-202.
홍 린. 2022. "현대 한국인의 '예의(禮儀)' 인식과 선진시기 예(禮)의 정치적 함
　　의", 『공자학』 47, 243-278.

신문/잡지

"2030에 주는 가왕의 위로…"기죽지 마, 끝까지 해봐"", 『중앙일보』 2024.10.23.
"일본인은 한국인의 '한(恨)의 정서'를 헤아려야 한다", 『동아일보』 2019.10.26.
"체면문화 강한 대한민국…고비용 결혼·장례문화 바꿔어야", 『아주경제』 2016.
　　11.16.
"한국인 체면문화에 대한 단상", 『미주한국일보』 2018.07.17.
"한국인의 에너지원 한과 한풀이", 『brunchstory』 2023.10.24.
"한국인의 한(恨)과 울분", 『대학신문』 2019.11.17.
"한류 '빅뱅' 만든 한국인의 기질은 이것에서 왔다", 『한겨레』 2022.06.07.
"South Koreans are the world's biggest spenders on luxury goods", 『CNBC』,
　　2023.01.12. https://www.cnbc.com/2023/01/13/south-koreans-are-the-
　　worlds-biggest-spenders-on-luxury-goods.html

방송/영화/동영상

『서편제』(임권택 감독, 1993), 『미녀는 괴로워』(김용화 감독, 2006), 『청담보살』
(김진영 감독, 2009), 『박수건달』(조진규 감독, 2013), 『만신』(박찬경 감독,
2014), 『도리화가』(이종필 감독, 2015), 『사도』(이준익 감독, 2015), 뷰티인사이
드(JTBC, 2018), 『오징어게임』(넷플릭스, 2021), 『마스크걸』(넷플릭스, 2023),
『정년이』(tvN, 2024)

단행본/논문

국립국어원. 2020. 『우리, 뭐라고 부를까요?』.
김동섭. 2012. 『미국을 만든 50개 주 이야기』, 미래의창.
남길임 외. 2022. 『현대 신어 연구』, 한국문화사.
문금현. 2003. "고유어 이름에 대한 고찰", 『새국어교육』 66, 119-149.
박정운. 1997. "한국어 호칭의 체계", 『사회언어학』 5-2, 507-527.
사상사회연구소. 2016. 『관혼상제』, 사사연.
석주연. 2022. 『언어라는 세계』, 곰출판.
신지영. 2021. 『언어의 높이뛰기』, 인플루엔셜.
신지영. 2021. 『언어의 줄다리기』, 21세기북스.
신호철 외. 2014. 『한국어 학습자를 위한 한국 예절과 문화』, 소통.
쓰지하라 야스오 저, 김미선 역. 2008. 『인명의 세계사』, 창조문화.
이명아. 2016. "한중 이름 호칭어의 사회문화적 의미", 『철학·사상·문화』 21,
    192-214.
이병철. 2021. 『모국어를 위한 불편한 미시사』, 천년의상상.
이복규. 2007. "한국인의 이름에 대하여", 『온지논총』 16, 363-389.
이용해. 2006. 『문화 심리와 언어 의식 - 한·중 문화비교론』, 역락.
전계현. 2017. 『증보 가례초해』, 명문당.
최준식. 2017. 『한국인의 생활문화 1: 관혼상제 의례와 복식문화』, 도서출판 하우.
한갑수. 1989. "호칭과 칭호", 『국어생활』 19, 74-83.

신문/잡지

"[한성우의 말과 글의 풍경] 가정 울타리 넘어간 '호칭'은 무죄, 그 대상이 합당한
    행동만 한다면…", 『경향신문』 2024.10.23.
"'○○맘'이라는 호칭이 문제였구나, 이제야 뒤늦게 깨닫습니다", 『오마이뉴스』
    2025.04.08.
"'아가씨 호칭, 듣기 불쾌'…논란 왜 생기나 봤더니", 『YTN』 2025.01.27.
""세종대왕도 못 외우겠네"…별별 '아파트 이름'의 세계", 『KBS뉴스』 2022.
    10.09.
"4050세대 놀이터 된 '페이스북'…1020은 '인스타그램'으로", 『조선비즈』 2025.
    01.06.

"남편을 '오빠'라 부른다면", 『경향신문』 2024.10.23.
"어렵고 난해한 코로나19 용어", 『동아사이언스』 2020.08.19.
"젊은 신바람 문화의 엄청난 힘", 『미주중앙일보』 2025.01.09.
"코엑스몰 278개 간판 다 확인해봤습니다…한글은 63개뿐", 『연합뉴스』 2023.
    10.08.
"한국어는 평등할까?", 『brunchstory』 2023.03.15.
로버트 파우저. "딱딱하고 강해지는 한국어", 『한겨레』 2024.06.26.

방송/동영상/영화

"지금 우리 성씨는 수입했다?", 『CBS』 이강민의 잡지사, 2023.11.21.
"우리도 몰랐던 '성씨'의 시작!" [역사저널 그날], 『KBS』 2024.02.11.
추억의 문화영화 20회, 『그 시대의 결혼식 풍경』 (2023.08.04.)
『씨받이』(임권택 감독, 1987), 『축제』(임권택 감독, 1996), 『학생부군신위』(박철수 감독, 1996), 『결혼은 미친짓이다』(유하 감독, 2002), 『나의사랑 나의신부』(임찬상 감독, 2014), 『너의 결혼식』(이석근 감독, 2017), 『파묘』(장재현, 2024), 『장손』(오정민 감독, 2024), 『대가족』(양우석 감독, 2024), 『며느라기』(카카오TV, 2022), 『혼례대첩』(KBS2, 2023)

제6장   종교와 언어는 어떤 관계가 있을까?

단행본/논문

고대혁. 2009. "한국 유교 말 문화와 언어예절", 화법연구 14, 29-56.
국립한글박물관, 한국연구재단. 2016. "불교와 한글, 한국어 국제학술대회" 8.18
    -19일 국립한글박물관 강당, 연세대학교 위당관.
김광해. 1989. "훈민정음과 108", 『주시경학보』 4, 158-162.
김민수 외, 1997. 『외국인의 한글 연구』, 태학사.
김성례. 2018. 『한국 무교의 문화 인류학』, 소나무.
김슬옹. 2021. "숫자로 보는 『훈민정음』 해례본의 의미와 가치 확산 방안", 『주제로 보는 한국의 세계기록유산』, 경상북도, 한국국학진흥원, 9-41.
미셸 푸코 저, 이상길 역. 2023. 『헤테로토피아』, 문학과지성사.
민현식. 2004. "국어학에 나타나는 언어와 종교의 상관 요소", 『제11회 통합연구

학회 학술대회』, 22-41.

성광수·김성도. 2001. "한국인의 유교문화와 신체 언어", 『기호학연구』 10, 77-114.

시정곤·최경봉. 2018. 『한글과 과학문명』, 들녘.

에드워드 버넷 타일러 저, 유기쁨 역. 2018. 『원시문화 1-신화, 철학, 종교, 언어, 기술, 그리고 관습의 발달에 관한 연구』, 아카넷.

이어령. 2020. 『한국인의 신화』, 서문당.

이필영. 2003. 『솟대』, 대원사.

이희근. 2002. 『우리 민속 신앙 이야기』, 삼성당.

전혜영. 1998. "한국어에 반영된 유교 문화적 특성", 『한국문화와 한국인』, 사계절출판사.

주명애. 2011. "유교 문화와 한국어", 『한중인문학연구』 32, 181-206.

최준식. 2024. 『무교: 권력에 밀린 한국인의 근본신앙(개정판)』, 모시는사람들.

최호철 외. 2005. 『외국인의 한국어 연구』, 경진문화사.

한국민속사전편찬위원회, 1993. 『한국민속대사전』, 민족문화사.

신문/잡지

"[김한수의 오마이갓] '악착' '횡설수설' '자비량'이 불교에서 온 용어라는데", 『조선일보』 2021.03.10.

"'불안한 한국 젊은이들, 무당 찾아'…외신이 분석한 '샤머니즘' 인기 이유", 『조선일보』 2024.06.11.

"'신(神)나다'와 '신나다'" 『문화일보』 2015.05.22.

"'자식 복 없네'가 아니라 '제 일하며 잘 살겠네'로…무속은 어떻게 모두의 의례가 됐을까", 『한국일보』 2024.04.13.

"9.11 테러로 암에 걸린 5400명, 그 이유는?" 『중앙일보』 2016.08.16.

"외신이 주목한 한국의 젊은 무당", 『매거진한경』 2024.06.10.

"우리 언어에서 찾는 불교문화의 흔적", 『전북일보』 2011.07.27.

"존 로스 한글성경 번역, 민중 복음 전파의 토대", 『이이굿뉴스』 2022.04.28.

"통도사, "차자표기 발전에 불교가 구심점 역할했다"", 『현대불교』 2024.10.21.

"한글 사용 선구자 대한기독교서회 130돌 기린다", 『한겨레』 2021.10.01.

이부영. 2015. "샤머니즘과 한국인의 마음", 『민속소식』(국립민속박물관) 309호.

방송/동영상/영화

"비밀의 왕국, 고조선?", 『KBS 역사스페셜』 2000.10.07.
"이차돈의 순교는 정치쇼였나?", 『KBS 역사스페셜』 2005.09.02.
"임금도 막을 수 없다, 조선의 묘지소송", 『KBS 역사스페셜』 2012.10.04.
"정감록, 조선의 운명을 말한다", 『KBS 역사스페셜』 2011.03.31.
"정약용 3형제, 과연 신을 버렸나", 『KBS 역사스페셜』 2012.01.26.
추억의 문화영화 23회, 『한국인과 축제』, 2023.08.09.
추억의 문화영화 71회, 『한국인의 얼굴 장승』, 2023.10.18.
『밀양』(이창동 감독, 2007), 『만신』(박찬경 감독, 2014), 『곡성』(나홍진 감독, 2016), 『변신』(김홍선 감독, 2019), 『검은사제들』(장재현 감독, 2020), 『도깨비』(tvN, 2016)

제7장   우리말의 뿌리를 찾아서

단행본/논문

김방한. 1990. 『어원론』, 민음사.
김석동. 2022. 『김석동의 한민족 DNA를 찾아서』, 김영사.
김선기. 1968. "한·일·몽 단어 비교-계통론의 긷돌-", 『한글』 142, 377-421.
김양진. 2011. 『우리말 수첩』, 정보와사람.
댄 주래프스키 저, 김병화 역. 2015. 『음식의 언어-세상에서 가장 맛있는 인문학』, 어크로스.
리처드 니스벳 저, 최인철 역. 2004. 『생각의 지도』, 김영사.
마빈 해리스 저, 서진영 역. 2012. 『음식문화의 수수께끼』, 한길사.
마크 포사이스 저, 홍한결 역. 2023. 『그림과 함께 걸어 다니는 어원 사전』, 윌북.
박정재. 2024. 『한국인의 기원』, 바다출판사.
서정범 저, 박재양 엮음. 2019. 『우리말의 뿌리』(개정증보판), 보고사.
송정근. 2023. "한국어 '쌀'의 어원에 대하여", 『국어문학』 82, 147-166.
유창돈. 1954. "친족칭호의 어원적 고찰", 『사상계』 10호.
이기문. 1991. 『국어사개설』, 탑출판사.
이남덕. 1998. 『한국어 어원연구 3』, 이화여자대학교출판부.
이동석 외. 2024. 『어원으로 보는 국어 문법』, 역락.

이어령. 1995. 『말속의 말』, 동아출판사

이어령. 2020. 『한국인 이야기: 너 어디에서 왔니』, 파람북.

이홍규. 2010. 『한국인의 기원-유전학·고고학·언어학·신화학으로 풀어 본 우리 과거』, 우리역사연구재단.

장영준. 2005. 『언어 속으로』, 태학사.

정연규. 1997. 『언어로 풀어보는 한민족의 뿌리와 역사』, 한국문화사.

조항범. 1997. 『다시쓴 우리말 어원이야기』, 한국문원.

조현용. 2016. "한국어 의태어의 어원 고찰", 『우리말연구』 47, 155-186.

주영하. 2018, 『한국인은 왜 이렇게 먹을까?』, 휴머니스트.

천소영. 2000. 『우리말의 속살-우리말 어원 에세이』, 창해.

크리스틴 케닐리 저, 전소영 역. 2009. 『언어의 진화-최초의 언어를 찾아서』, 알마.

홍대선. 2024. 『한국인의 탄생-한국사를 넘어선 한국인의 역사』(개정증보판), 메디치미디어.

홍윤표. 2009. 『살아있는 우리말의 역사』, 태학사.

Huntley, D. J., Godfrey-Smith, D. I., & Thewalt, M. L. W. (1985). "Optical dating of sediments". Nature 313 (5998): 105-107.

Oxford English Dictionary. https://www.oed.com

신문/잡지

"일어 뿌리는 한국어… 외면하는 한 근원 못 찾아", 『세계일보』 2016.01.22.

"[우리말·일본말 뿌리산책 ③] 일본서기에서 만난 '어모니'", 『월간중앙』 2025.01.17.

"[우리말과 한국문학] 경북 방언의 뿌리는", 『영남일보』 2022.02.17.

김석동. "한민족의 기원과 추정 이동 경로", 『한국NGO신문』 2021.01.26.

"[최태호의 우리말 바로 알기] '흐지부지'의 유래", 『프레시안』 2024.060.07.

"대통령, 민주주의, 철학…이게 다 일본어에서 온 말", 『한국일보』 2014.11.04.

"일본 '스루스루' 어원은 우리말 '슬슬'", 『조선일보』 2001.04.22.

"한국선 '일어', 일본선 '국어'…'구두'야 넌 어디에서 왔니", 『머니투데이』 2020.05.30.

"한국어와 인류초기의 역사를 밝히다", 『조선비즈』 2015.02.25.

김준래. "유물의 연대, 탄소 아닌 빛으로 측정한다?", 『The ScienceTimes』 2020.12.29.

"'희대의 조작극?'…벼루에 새겨진 '일본 最古 문자'서 유성펜 성분 검출", 『동아일보』2022.09.10.
"'달걀도 사치' 20년간 9억 모은 45세 日남성, 짠내나는 식단", 『중앙일보』
    2023.07.05.

방송/동영상/영화

KBS 특별기획 『위대한 여정, 한국어』 3부작, 2004.10.10.
KBS 스페셜 『바람의 말, 제주어』, 200610.08.
『황산벌』(이준익 감독, 2003)

제8장   시대가 다르면 글쓰기도 다르다

단행본/논문

국립청주박물관. 2000. 『한국 고대의 문자와 기호유물』, 통천문화사.
김영욱. 2007. 『한글』, 루덴스.
김주원. 2013. 『훈민정음-사진과 기록으로 읽는 한글의 역사』, 민음사.
노마 히데키 저, 김진아 등 역. 2010. 『한글의 탄생』, 돌베개.
박영준 외. 2002. 『우리말의 수수께끼』, 김영사.
사이토 마레시 저, 황호덕 외 역. 2010. 『근대어의 탄생과 한문』, 현실문화.
스티븐 로저 피셔, 박수철 역. 2000/2010. 『문자의 역사』, 21세기북스.
시정곤. "이두문의 문체 연구", 수고본
시정곤. 『한글, 문자, 문명』, 수고본
시정곤. 2006. "사이버 언어의 조어법 연구." 『한국어학』 31, 215-244.
시정곤·최경봉, 2018. 『한글과 과학문명』, 들녘.
신동원. 2010. 『한국 과학사 이야기 1, 2, 3』, 책과함께.
앤드류 로빈슨 저, 박재욱 역. 1995/2003. 『문자 이야기: The story of writing』,
    사계절.
연규동. 2021. "한국 한자어 '편지(片紙/便紙)'의 형성 과정" 『국어국문학』 194,
    73-96.
유발 하라리 저, 조현욱 역. 2015. 『사피엔스』, 김영사.
이정복. 2000. 『바람직한 통신 언어 확립을 위한 연구 보고서』. 문화관광부.
전상운. 1992. "조선전기의 과학과 기술", 『한국과학사학회지』 14-2, 141-169.

정인상. 1996. "국어학에서 본 컴퓨터와 한글", 『새국어생활』 6-2.
조르주 장 저, 이종인 역. 1995. 『문자의 역사』, 시공사.
최경봉 외. 2008. 『한글에 대해 알아야 할 모든 것』, 책과함께.
Karen Brookfield. 1993. *Writing*, Dorling Kindersley.

신문/잡지

"[책의 향기] 서기 100년에 쓴 로마 편지, 요즘 SNS와 비슷했네", 『동아일보』
        2018.04.28.
"근대 유럽에는 지식 공동체 '편지 공화국'이 있었다", 『한겨레』 2015.05.14.
"아버지, 그 지독한 개인", 『한겨레21』 1061호, 2020.05.03.
"120년 전 미국으로 가는 이승만의 편지", 『월간조선』 2024.06.
"여성 선비 '송덕봉'의 당당하고 통쾌한 '편지'", 『전북의소리』 2022.09.28.
"나의 사랑하는 글쓰기 도구들", 『brunchstory』 2022.04.17.
박영철. 2006. "한글은 정보화 시대에 딱 맞는 문자", 『주간조선』 통권1925호.

방송/동영상/영화

추억의 문화영화 59회, 『우표의 기록과 편지의 시대』 2023.10.02.
추억의 문화영화 64회, 『한글의 얼』 2023.10.09.
EBS 기획 다큐『문자』 1, 2, 3편, 2002.
MBC 한글날 특선 타큐『문자, 천년의 여정-신라 이두에서 한글까지』 2009.10.09.
"소리문자 훈민정음, 어떻게 만들어졌나"『KBS 역사스페셜』 2010.10.09.
"고종의 밀사, 헐버트의 꿈"『KBS 역사스페셜』 2011.06.30.
"마도 3호선, 목간 37점의 비밀"『KBS 역사스페셜』 2012.10.25.
"3000년전의 암각화, 그 비밀이 풀리고 있다?"『KBS 역사스페셜』 2002.04.20.
"천년 전 이땅에 또 다른 문자가 있었다?"『KBS 역사스페셜』 2002.10.12.
『시월애』(이현승 감독, 2000), 『나랏말싸미』(조철현 감독, 2019), 『천문』(허진호
감독, 2019), 『윤희에게』(임대형 감독, 2019), 『뿌리깊은 나무』(SBS, 2011)

단행본/논문

김광해. 1999. 『일제 강점기 대중 가요 연구』, 박이정.

김주현. 2011. 『대중가요 가사의 정서표현과 시대적 의미 연구』, 중앙대학교 대학원 신문방송학과 석사학위논문.

박광희. 2021. 『그 옛날의 트로트』, 종합출판 범우.

박병채. 1994. 『새로 고친 고려가요 어석연구』, 국학자료원.

박선민. 2017. 『디지털시대 한국대중음악의 변화양상연구』, 고려대학교 대학원 응용언어문화학협동과정 문화콘텐츠학전공 박사학위논문.

서정민갑. 2019. "K-POP 한류 현대사: 싸이부터 방탄소년단 직전까지", 『황해문화』 104, 278-285.

이영미. 2009. 『한국대중가요사』, 민속원.

장소원. 2015. "한국 대중가요 가사의 문체 분석", 『텍스트언어학』 39, 283-311.

장유정. 2020. "기획 특집 : 한국전쟁과 대중음악, 끝나지 않은 노래", 『KOREANA』 2020 여름호, 한국국제교류재단.

주광호. 2021. "2천년대 이후 한국 대중가요의 정서변화", 『인문사회21』 12-5, 665-678.

천소영. 1997. 『한국의 전설기행』, 한국문원.

최상진·조윤동·박정열. 2001. "대중가요 가사분석을 통한 한국인의 정서 탐색: 해방 이후부터 1996년까지의 가요를 대상으로", 『한국심리학회지』 20-1, 41-66.

홍연주. 2011. "한국 대중가요 노랫말의 특성에 관한 담론", 『한국엔터테인먼트산업학회논문지』 5-1, 1-4.

Jo, W., & Kim, M. J. 2023. "Tracking emotions from song lyrics: Analyzing 30 years of K-pop hits", *Emotion* 23(6), 1658-1669.

신문/잡지

"[권경률의 노래하는 한국사(5)] 일제 침략전쟁 속 꽃핀 트로트 대중가요", 『월간중앙』 2022.07.21.

"[권경률의 노래하는 한국사(18)] 한국인의 즉흥곡 플랫폼 '아리랑'", 『월간중앙』 2023.08.21.

정덕현, "대중문화, 전통을 품다", 『한류NOW』 2021년 3+4월호.

“‘날 찾고 지키자’… K팝 가사가 바뀌고 있다”, 『한국일보』 2019.02.27.
“한국인은 역시 노래…가요무대부터 언프리티랩스타까지”, 『연합뉴스』 2015.
    03.29.
“우리네 민요 속 삶과 애환 담긴 ‘트로트 전성시대’”, 『경북매일』 2025.03.21.
“한국의 대중문화”, 『brunchstory』 2024.05.22.
“이동순의 부산 가요 이야기 민족 아픔 서린 부산역 노래”, 『국제신문』
    2021.08.15.

방송/동영상/영화

국립한글박물관. 2020 기획특별전 『노랫말-선율에 삶을 싣다』
    https://www.youtube.com/watch?v=4mFlamvPAjI
“최초의 국가는 금지곡이었다” 『KBS 역사스페셜』 2011.09.22.
추억의 문화영화 04회, 『시대의 애환을 담은 한국의 가곡』 2023.07.13.
추억의 문화영화 47회, 『소중한 문화유산 민요의 흥과 가락』 2023.09.13.
추억의 문화영화 60회, 『가야금의 유래와 음율』 2023.10.03.
추억의 문화영화 61회, 『노래의 고향』 2023.10.04.
추억의 문화영화 80회, 『흘러간 옛 노래』 2023.10.31. KTV국민방송.
추억의 문화영화 81회, 『그 시절의 농사법』 2023.11.01.
『서편제』(임권택 감독, 1993), 『도리화가』(이종필 감독, 2015), 『해어화』(박흥식
    감독, 2016), 『정년이』(tvN, 2024)
『케이팝 데몬 헌터스(KPop Demon Hunters)』(매기 강과 크리스 아펠한스 감독,
    2025)

제10장   욕쟁이할머니가 그리운 까닭은?

단행본/논문

김열규. 2018. 『욕:그 카타르시스의 미학』, 사계절.
낸시 M. 헨리, 김쾌상 역. 1990. 『육체의 언어학』, 일월서각.
박영준. 2004. “한국어 금기어 연구-유형과 실현 양상을 중심으로-”, 『우리말연
    구』 15, 79-105.
심현보·이정희. 2024. “Netflix 오리지널 한국 콘텐츠에 나타난 비속어·욕설 양

상 분석”, 『어문연구』 52-2, 197-226.

윤재학. 2014. “욕설의 형성과정에 관한 소고”, 『비교문화연구』 35, 237-268.

이동민. 2012. “청소년 욕설 사용 실태와 개선 방안”, 『화법연구』 20, 171-204.

이선영. 2012. “청소년 말문화 개선을 위한 캠페인 유형 분석”, 『화법연구』 20, 205-240.

이선영. 2015. “비속어와 욕설의 개념에 대하여”, 『어문론집』 64, 59-80.

이정복. 2018. “뉴스 댓글에서의 욕설 사용 실태와 한국 사회의 금기 문화”, 『우리말연구』 55, 61-92.

이중생 저, 임채우 역. 1999. 『언어의 금기로 읽는 중국문화』, 동과서.

장경희. 2010. “국어 욕설의 본질과 유형”, 『텍스트언어학』 29, 401-427.

전병용. 2012. “인터넷 댓글에 나타난 ‘성기’ 관련 욕설의 변이형 고찰”, 『어문연구』 74, 105-130.

조항범. 2019. 『우리말 비어, 속어, 욕설의 어원 연구』, 충북대학교출판부.

황성빈. 1996. 『씨불알』, 풀잎문학.

신문/잡지

김경은. “한중일 3국3색의 욕설 문화”, 『뉴스프리존』 2023.12.05.

김재화. “엄청나게 품위(?)있는 욕”, 『시사주간』 2022.03.14.

김진해. “[말글살이] ‘존버’와 신문”, 『한겨레』 2023.08.10.

김태관. “욕설의 부메랑”, 『경향신문』 2011.06.06.

서일호. “요즘 영화, 욕으로 시작해 욕으로 끝나네”, 『주간조선』 2002.03.02.

선우정. “[만물상] 상사(上司)의 폭언”, 『조선일보』 2016.06.28.

손진호. “젠장!”, 『동아일보』 2016.12.20,

송두율. “비속어와 욕설”, 『경향신문』 2022.10.12.

아난드 자가티아 & 캐시 에드워즈, “욕설의 과학”, 『BBC뉴스 코리아』, 2021.05.12.

이규태. “4文字語”, 『조선일보』 2003.04.09.

한동하. “질병에 대한 두려움이 ‘욕(辱)’을 창조하다”, 『경향신문』, 2015.01.14.

방송/동영상/영화

『황산벌』(이준익 감독, 2003), 『마파도2』(이상훈 감독, 2007), 『써니』(강형철 감독, 2011), 『헬머니』(신한솔 감독, 2015)

단행본/논문

공진치오우·이화형. 2013. "한·중 속담에 나타난 여성비하양상의 비교 고찰", 『텍스트언어학』 34, 1-32.

구현정. 1995. "남성형 - 여성형 어휘의 형태와 의미 연구", 『국어학』 25, 99-135.

민현식. 1995. "국어의 여성어 연구", 『아세아여성연구』 34, 7-64.

박승혁. 2009. "Man과 He: 영어의 성차별", 『여성학논집』 26-2, 67-98.

신지영. 2021. 『언어의 줄다리기 - 언어 속 숨은 이데올로기 톺아보기』, 21세기북스.

이익섭. 1994. 『사회언어학』, 민음사.

이정복. 2023. "한국어 차별 언어 연구의 몇 가지 문제", 『한말연구』 64-26, 1-21.

이정복. 2024. "성별 갈등 새말과 언어 태도", 『한국어학』 103, 71-106.

전혜영. 2004. "남자와 여자의 언어, 어떻게 다른가", 『새국어생활』 제14권 제4호, 25-43.

진단욱. 2023. 『2010년대 한국 TV드라마에 나타난 남녀 성 역할의 변모양상에 관한 연구』, 서울대학교 대학원 비교문학전공 석사학위논문.

한국방송학회. 2017. 『미디어에 의한 성차별 모니터링』, 국가인권위원회 연구보고서.

한국양성평등교육진흥원. 2019, 『대중매체 양성평등 내용분석 보고서 - 웹드라마』. http://moa.seoulwomen.or.kr/items/show/25946

Broverman, I. K., etc. 1972. "Sex-Role Stereotypes: A Current Appraisal", *Journal of Social Issues* 28-2, 59-78.

Crystal, D. 2010. *The Cambridge Encyclopedia of Language*, Cambridge University Press.

Spender, D. 1980. *Man Made Language*, Routledge & Kegan Paul.

Trudgill, P. 1983. *Sociolinguistics*, Harmondsworth: Penguin Books.

신문/잡지

"당신의 성별 인칭대명사는 무엇입니까", 『이코노믹리뷰』 2020.11.21.

로버트 파우저, "시대 변화 따라 남녀 말투는 어떻게 달라질까", 『시사저널』

2020.03.31.
"왜 남성의 '여성화'는 웃음거리가 되는가", 『경향신문』 2020.08.12.
"'아빠가 애 봐준대' 한 문장에 담긴 가족의 역학", 『오마이뉴스』 2025.03.08.
""구조적 성차별 정말 없을까"…통계로 본 한국 여성 인권", 『시사저널』 2025.
        03.08.
"성차별은 존재한다", 『한겨레』 2022.02.07.
"저출산 대신 '저출생', 학부형 대신 '보호자'…성차별 의미 담긴 언어순화해 표
        현을", 『동아일보』 2022.10.06.
"남성은 사장? 여성은 비서?…성 고정관념 표현 여전", 『경향신문』 2019.11.24.
"대법 '미성년 자녀 둔 성전환자, 성별정정 가능' 11년만에 판례 변경", 『한겨레』
        2022.11.24.

방송/동영상/영화

『82년생 김지영』(김도영 감독, 2019), 『며느라기』(카카오TV, 2022), 『히든 피겨
스』(데오도르멜피 감독, 2017), 『루스 베이더 긴즈버그: 나는 반대한다』(다큐,
2018), 『거꾸로 가는 남자』(넷플릭스, 2018), 『세상을 바꾼 변호인』(미미레더 감
독, 2019)

제12장　말도 수입하고 수출을 한다고요?

단행본/논문

강준만. 2014. 『인문학은 언어에서 태어났다』, 인물과사상사.
고이즈미 마키오 저, 홍경수 역. 2018. 『어원은 인문학이다』, 사람in.
고종석. 2007. 『감염된 언어』, 개마고원.
김민수 편. 1997. 『우리말 어원사전』, 태학사.
김시현·윤여태. 2021. 『개화기 한국 커피역사 이야기』, 피아리스.
박영준 외. 2002. 『우리말의 수수께끼』, 김영사.
백낙청 외. 2020. 『한국어, 그 파란의 역사와 생명력』, 창비.
서울특별시시사 편찬위원회. 2014. 『서울 2천년사 25-근대 문물의 도입과 일상
        문화』, 서울책방.
신카이 마코토 저, 김효은 역. 2017. 『언어의 정원』, 대원씨아이.

심헌용, 사타로프 마스우종 A. 2015. 『한국과 중앙아시아의 문명 교류-벼 재배의 기원, 전파, 발전 그리고 문화 교류』, 폴리테이아.

야마모토 다카미쓰 저, 지비원 역. 2023. 『그 많은 개념어는 누가 만들었을까』, 메멘토.

오페르트 저, 한우근 역. 2003. 『조선기행』, 한국학술정보.

유길준. 저, 허경진 역. 1895/2004. 『서유견문』, 서해문집.

차순철, 2020. "신라공방의 생산과 유통 검토", 『한국고대사연구』 제98호, 239-280.

홍윤표. 2002. "'오이지', '짠지', '단무지', '장아찌'", 『새국어소식』 2002년 5월호.

신문/잡지

"[에바 존의 문화산책] 각국 언어에 스며드는 영어, 어디까지 괜찮나", 『중앙일보』 2024.06.05.

"[이규태 코너] 축음기", 『조선일보』 1997.01.22.

"개방과 통제 사이에 놓인 외래어", 『brunchstory』 2025.04.03.

"고대 한국의 외래계 문물-다름이 만든 다양성", 『대한경제』 2021.11.26.

"군산 선유도 앞바다서 분청사기·백자·담뱃대 등 발견", 『연합뉴스』 2024.11.29.

"둔황 막고굴의 고대 한국인 그들은 누구인가", 『주간조선』 2013.07.15.

"모찌? 찹쌀떡!", 『한국일보』 2020.08.07.

"옥스퍼드 영어사전에 'dalgona', 'hyung' 등 한국어 단어 7개 새로 등재", 『동아닷컴』 2025.01.07.

"일본 젊은층, 한국어로 '대박' '최고' 쓰는 게 최고 핫한 유행", 『중앙일보』 2024.10.22.

"4000년 전 이집트인이 먹은 인류 첫 발효빵은 어떤 맛?", 『동아사이언스』 2017.05.26.

방송/동영상/영화

추억의 문화영화 32회, 『지금 봐도 놀라운 전통 수공예품』 2023.08.23.

울산MBC 다큐멘터리, 『바실라 1, 2, 3부』, 2024.11.28.-12.12.

"1400년 전의 한류, 미마지 탈춤", 『KBS 역사스페셜』 2012.09.27.

"계림로 14호분 황금보검의 비밀", 『KBS 역사스페셜』 2010.02.06.

"뗏목대탐험, 고대 바닷길은 문화의 고속도로였다?", 『KBS 역사스페셜』 2003.04.26.

“목화씨 한 톨, 세상을 바꾸다?”, 『KBS 역사스페셜』 2006.03.31.
“잉글리쉬 조선 상륙기”, 『KBS 역사스페셜』 2012.11.08.
“최초의 한류, 구다라 열풍?”, 『KBS 역사스페셜』 2005.09.16.
“How to Pronounce Basic Taekwondo Terms” / 태권도 용어(기본)
        https://www.youtube.com/watch?v=kcNJj-KPiGM
『K-팝 최강 서바이벌』(채널A, 2012), 『오징어게임』(황동혁 감독, 2021)

제13장   배꼽잡는 한국인의 유머감각과 언어감각

단행본/논문

김동주. 2019. 『언어유희 사전』, 페르소나.

김열규. 2003. 『한국인의 유머』, 한국학술정보.

김찬호. 2018. 『유머니즘-웃음과 공감의 마음사회학』, 문학과지성사.

김철호. 2021. 『아재개그를 권함-말놀이가 인간 행복에 끼치는 영향에 대한 고찰』, 뿌리와이파리.

류수열(2000) “판소리 사설의 언어유희와 그 구연적 성격”, 『국어교육』 102, 357-380.

류정월. 2006. 『오래된 웃음의 숲을 노닐다』, 샘터사.

박성우 저, 홍그림 그림. 2020. 『삼행시의 달인』, 창비.

이동근. 2004. 『한국문학의 풍자와 해학』, 대구대학교출판부.

이창식. 1999. 『한국의 유희민요』, 집문당.

조동일. 1988. 『우리 문학과의 만남』,, 기린원.

최승호 저, 윤정주 그림. 2025. 『문해력을 위한 최승호 시인의 말놀이 동시집 베스트 컬렉션 100』, 비룡소.

태을출판사 편집부. 2014. 『한국인의 해학-선조들의 재치와 해학 그리고 풍자의 한마당』, 태을출판사.

한국일어일문학회. 2021. 『일본인의 언어유희』, 글로세움.

황충기. 2019. 『고시조 속 언어유희』, 푸른사상.

신문/잡지

[김삼웅의 인물열전] “정치인들이 왜 이토록 여유가 없어졌는가”, 『오마이뉴스』

2019.07.20.
“요즘 유행어 대충 살자 시리즈 모음”, 『네이버 블로그』 철미넙, 2018.09.20.
        https://m.blog.naver.com/davle9073/221362424591
“‘심각해도 즐겁게’…NYT, 한국 시위 깃발의 ‘풍자와 해학’ 조명”, 『연합뉴스』
        2024.12.23.
“엄숙주의 등짝에 ‘유머 스매싱’”, 『조선일보』 2018.02.02.
“한국은 왜 일본보다 유머 없는 사회가 됐을까”, 『한국일보』 2023.09.02.
“‘촌철살인’ 구호·풍자 놀이…‘유쾌한 민주주의’ 활짝 피다”, 『한겨레』 2008. 06.07.
““재미보다 친근함?” 비주류 유머 ‘아재개그’가 사랑받는 이유”, 『연합뉴스』
        2017.11.02.

방송/동영상/영화

추억의 문화영화 33회, 『다시 보는 명랑 코미디』 2023.08.24.
『두사부일체』(윤제균 감독, 2001), 『가문의 영광』(정흥순 감독, 2002), 『왕의 남
자』(이준익 감독, 2005), 『과속스캔들』(강혈철 감독, 2008), 『평양성』(이준익 감
독, 2011), 『흥부』(조근현 감독, 2018), 『기생충』(봉준호 감독, 2019), 『극한직
업』(이병헌 감독, 2019), 『광대: 소리꾼』(조정래 감독, 2020)

제14장 말도 옷을 입고 밥을 먹어야 산다

단행본/논문

구난숙 외. 2022. 『세계 속의 음식문화』, 파워북.
김은정·임린. 2021. 『한국 전통복식문화의 이해』, 전남대학교출판부.
도현신. 2012. 『한국의 음식문화』, 살림.
동북아역사재단. 2025. 『한국복식문화사: 한국의 옷과 멋』.
린다 시비텔로 저, 최정희 외 역.2017. 『인류 역사에 담긴 음식문화 이야기』,
        린(LINN).
마빈 해리스 저, 서진영 역. 2018. 『음식문화의 수수께끼』, 한길사.
세계김치연구소. 2022. 『김치에 관한 세상의 모든 지식』, 콘텐츠하다.
오가와 야수로 저, 조우현 역. 『세계민족복식 - 의복문화 인류학』, 민속원.
월드해피북스 편집부. 2024. 『한옥의 전통양식과 주거문화의 체험학습』, 월드해

피북스.

이해원. 2010. 『중국의 음식 문화』, 고려대학교출판부.

전남일 외. 2008. 『한국 주거의 사회사』, 돌베게.

정시화. 1981. "한국인의 색채의식", 『정신문화』 11호, 135-147.

조희진 외. 2017. 『한국인, 어떤 옷을 입고 살았나-한국 현대 의생활사』, 한국학
　　　중앙연구원.

주거학연구회. 2004. 『안팎에서 본 주거문화』, 교문사.

한국관광공사. 2024. 『K-로컬 미식여행 33선』

헨리 데이빗 소로우 저, 강승영 역. 2011. 『월든』, 은행나무.

홍원화. 2013. 『인간과 주거문화』, 경북대학교출판부.

황교익. 2011. 『한국음식문화박물지』, 따비.

신문/잡지

"사라지는 전통의 맛", 『brunchstory』 2025.02.24.

"김밥이 일본 거라고? 15세기 문헌에서 찾은 반박 증거", 『brunchstory』 2025.
　　　03.21.

""외국인들이 이걸?"…한국여행서 인기 폭발한 '뜻밖의 음식'", 『한국경제』
　　　2024.09.25.

"시대에 따른 한복, 변화를 입다", 『고대신문』 2018.03.12.

"중국의 '한복 빼앗기' 시도는 대국 패권주의", 『한겨레』 2022.03.05.

"'김치가 中 파오차이 영향받았다고?'…반박 근거 나왔다", 『한국경제』 2023.
　　　04.24.

"자연환경따라 맛·멋이 그대로", 『충북일보』 2008.08.19.

방송/동영상/영화

"북녘땅 고구려 고분벽화, 무엇을 그렸나?" 『KBS 역사스페셜』 2000.06.17.

"'한우랩소디' 1부 소고기 민족", 『KBS1 다큐인사이트』 2021.12.21.

[다큐S프라임] "한식, 먹거리를 넘어 문화로 성장하다!", 『YTN사이언스』 2023.
　　　12.11.

[다큐 한복] "2천년 넘게 사랑받는 한복의 역사", 『광주MBC』 2019.03.05.

추억의 문화영화 06회, 『한국 전통음식의 유래』 2023.07.17.

추억의 문화영화 14회, 『시대별 여성 패션의 변천사』 2023.07.27.

추억의 문화영화 22회, 『지역의 민속주 이야기』 2023.08.08.

추억의 문화영화 53회, 『한옥의 매력 탐구』 2023.09.21.
추억의 문화영화 70회, 『천년의 맛 한국의 김치』 2023.10.17.
추억의 문화영화 89회, 『집과 내집 마련』 2023.11.13.
추억의 문화영화 92회, 『사라져가는 전통 옹기장』 2023.11.01
추억의 문화영화 100회, 『조선왕조 궁중음식』 2023.11.28.
『상의원』(이원석 감독, 2014), 『리틀포레스트』(임순례 감독, 2018), 『대장금』(MBC, 2003), 『바람의 화원』(SBS, 2008), 『한국인의 밥상』(KBS1, 2011), 『냉장고를 부탁해』(JTBC, 2014), 『식객 허영만의 백반기행』(TV조선, 2019), 『킹덤』(넷플릭스, 2019), 『김치의 나라』(넷플릭스, 2023), 『흑백요리사』(넷플릭스, 2024)

제15장 사회가 변하면 말도 변할까?

단행본/논문

금정연. 2022. 『그래서... 이런 말이 생겼습니다』, 북트리거.
리처드 도킨스 저, 홍영남·이상임 역. 2023. 『이기적 유전자』, 을유문화사. *The Selfish Gene*(1976).
바바 하리 다스 저, 류시화 역. 1999. 『성자가 된 청소부』, 정신세계사.
박영준 외, 2002. 『우리말의 수수께끼』, 김영사.
박재권. 2013. 『한국과 일본의 유행어 분석-1980년대에서 2000년대까지』, 제이앤씨.
오니시 타쿠이치로 저, 다키구치 게이코·이상규 역. 2015. 『현대 방언의 세계』, 한국문화사.
이길재. 2023. 『방언-겨레의 작은 역사』, 마리북스.
이상규. 2007. 『방언의 미학-우리말 풍경 돌아보기』, 살림.
이재현. 2017. 『유행어 사전-가장 가벼운 말들에서 읽어낸 한국사회의 마음과 감각』, 글항아리.
정경일 외. 2000. 『한국어의 탐구와 이해』, 박이정출판사.
정승철. 2018. 『방언의 발견』, 창비.
최명옥. 2015. 『한국어의 방언』, 세창출판사.
한성우. 2015. 『방언, 이 땅의 모든 말』, 커뮤니케이션북스.
Milroy, J. 저, 정영인 역. 1998. 『언어변이와 변화』, 태학사.

Traugott, E. C., L. J. Brinton 저, 최전승·서형국 역. 2015. 『어휘화와 언어 변화』, 역락.

신문/잡지

"뉴진스·BTS의 K하트…미국 젠지 세대 '시크하다'", 『한겨레』 2024.06.11.
"'신삥·짬찌·아쎄이'…암호보다 어려운 軍은어", 『이데일리』 2015.03.14.
"제주 방언(제주어)의 아름다움, 말 속에 담긴 문화", 『교육플러스』 2024.10.21.
"서울말을 표준어 아닌 권장어로…사투리 쓸 자유를 허하라", 『연합뉴스』 2018.04.04.

방송/동영상/영화

『공동경비구역 JSA』(박찬욱 감독, 2000), 『친구』(곽경택 감독, 2001), 『황산벌』(이준익 감독, 2003), 『웰컴투동막골』(배 종 감독, 2005), 『용서받지 못한 자』(이상일 감독, 2005), 『말모이』(엄유나 감독, 2019), 『마이 페어 레이디』(조지 큐커 감독, 1964), 『스팽글리쉬』(제임스 브룩스 감독, 2005), 『DP』(넷플릭스, 2021), 『폭삭속았수다』(넷플릭스, 2025)

제16장   사이버공간에서 어떻게 대화를 나눠야 할까?

단행본/논문

국립국어원, 2024. 『2024 국어 사용 실태 조사』.
그레천 매컬러 저, 강동혁 역. 2022. 『인터넷 때문에』, 어크로스.
김성희. 2020. 『센 세대, 낀 세대, 신 세대 3세대 전쟁』, 쌤앤파커스.
니콜라스 네그로폰테 저, 백욱인 역. 1996. 『디지털이다(being digital)』, 박영률출판사.
듀스 발리스 저, 남도현 역. 2002. 『그림으로 이해하는 현대사상』, 개마고원.
서대석. 2012. "한류의 원류", 『겨레어문학』 49, 7-26.
시정곤. 1999. "디지털 네트워크와 커뮤니케이션의 구조", 『디지털 시대의 문화예술』, 문학과지성사, 113-134.
시정곤. 2004. "디지털 네트워크와 사이버 언어의 미래", 『한국학연구』 20.

45-72.

시정곤. 2006. "사이버 언어의 조어법 연구", 『한국어학』 31. 215-244.

시정곤. 2007. 『디지털로 소통하기』, 도서출판 글누림.

시정곤. 2020. "계량적 방법을 이용한 트위터 언어의 특징 연구-구어와 문어의 언어 양상을 중심으로-", 『한국어문교육』 31, 1-32.

시정곤·송민규. 2002. "사이버 언어와 경제성의 원리." 『국제어문』 25, 1-25.

시정곤·장정우, 2017. "실시간 모바일 메신저에 나타난 세대 간 언어 사용 양상 연구", 『한국어학』 76, 1-54.

이정복 외. 2006. 『인터넷 통신 언어와 청소년 언어문화』, 한국문화사.

이정복. 2024. 『미디어 언어와 문화』. 소통.

이종하·이미정. 2006. "문화의 세계화, 그리고 '한류'", 『언어와 문화』 2-1, 191-204.

이지용. 2018. "새로운 인지방식의 탄생, '야민정음' 현상의 의미와 가치", 『한국 사전학회 학술대회 발표논문집』, 81-87.

조민하. 2016. "통신언어의 경제성과 연령별 특징", 『돈암어문학』 29, 63-86.

조지 마이어슨 저, 김경미 역. 2003. 『하이데거, 하버마스, 그리고 이동전화』, 이제이북스.

최현철. 2021. "한류 4.0, 신(新)한류는 어떤 대중문화인가?", 『인문과 예술』 11, 253-272.

한국리서치 정기조사. 『여론 속의 여론』, 2024.03.13.

현남숙. 2012. "문화횡단 시대의 한류의 정체성", 『시대와 철학』 23-3, 301-327.

Barnes, S.B.(2003). *Computer-Mediated Communication*, Pearson Education Inc.

Crystal, David(2001). *Language and the Internet*, Cambridge Press.

Minseo Kim, Chung-Kon Shi, Jeounghoon Kim. 2014. "Reinterpret 3G Emoticons from a Persona Theory" *HCI International*, 462-473.

신문/잡지

"청소년 65.6% '습관적으로 줄임말과 신조어 쓴다'", 김윤지 기자, 『NBN』 2021. 10.20. https://www.nbntv.kr/news/articleView.html?idxno=261536

"주린이·골린이·요린이… 실력 없고 미숙하면 무조건 '~린이'?", 『한겨레』 2022.05.02.

"'좋아요' 하다가 큰일 납니다… 소셜미디어 부모 지침서", 『경향신문』 2023. 06.17.

“청소년 10명 중 4명 ‘사이버폭력’ 경험…‘언어폭력’ 많아”, 『KBS뉴스』 2023.
　　03.24.
“‘괜히 읽었네’ 사회생활 필수템 이모티콘…요즘 직장인들의 소통 트렌드”, 『아시
　　아경제』 2024.05.11.
“[문화,人] 이모티콘, 소통을 만들다”, 『연세춘추』 2022.11.06.
“이 ‘웃픈’ 감정 써보셨죠?… 이모티콘, 제2의 언어로”, 『동아일보』 2022.10.01.
“언어파괴에 가장 영향 미치는 매체는 인터넷”, 『연합뉴스』 2013.12.05.
“인터넷 언어 대폭발… 투항할 것인가, 저항할 것인가”, 『조선일보』 2022.06.26.
“우리 아이 언어 사용은 안녕하신지?”, 『충청게릴라뉴스』 2023.03.03.
“e메일 주고받기도 에티켓이 먼저”, 『경향신문』 2019.11.01.
“자판 크고 귀찮아서…모바일 메신저 속 ‘한글 파괴’”, 『세계일보』 2017.10.08.

방송/동영상/영화

[한글날특집 다큐멘터리] “한국어에 빠진 세계 젊은이들! 한국어를 통해 꿈을 이
루다, 한국어로 꿈꾸다”, 『KBS』 2024.10.09.
[다큐ON] “나날이 올라가는 한국 문화의 세계화”, 『KBS』 2023.10.15.
추억의 문화영화 75회, 『전화는 추억을 싣고』 2023.10.24.
『접속』(장윤현 감독, 1997), 『8월의 크리스마스』(허진호 감독, 1998), 『동감』(김정
권 감독, 2000), 『완벽한 타인』(이재규 감독, 2018), 『댓글부대』(안국진 감독,
2024), 『그녀(her)』(스파이크 존즈 감독, 2014), 『컨택트』(드니 빌뇌브 감독, 2017)